데이터세법

데이터 주권을 강화하는 데이터 조세 어떻게 개발할까?

데이터세법

초판 1쇄 인쇄 2022년 12월 10일
초판 1쇄 발행 2022년 12월 20일

지은이 김신언

펴낸이 조현철
펴낸곳 카리스
출판등록 2010년 10월 29일 제406-2010-000097호
주소 경기도 파주시 청석로 300, 924-401

전화 031-943-9754
팩스 031-945-9754
전자우편 karisbook@naver.com
총판 비전북 (031-907-3927)

값 15,000원

ISBN 979-11-86694-10-7 03300

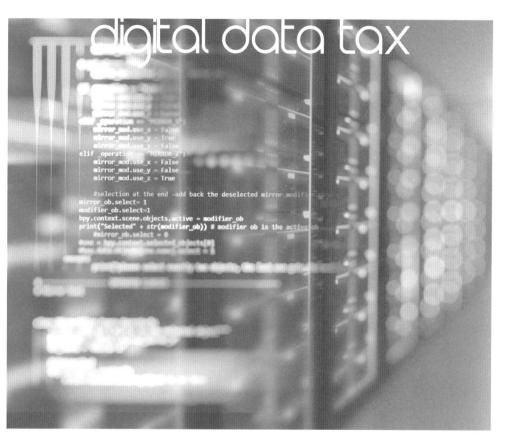

digital data tax

데이터 주권을 강화하는
데이터 조세 어떻게 개발할까?

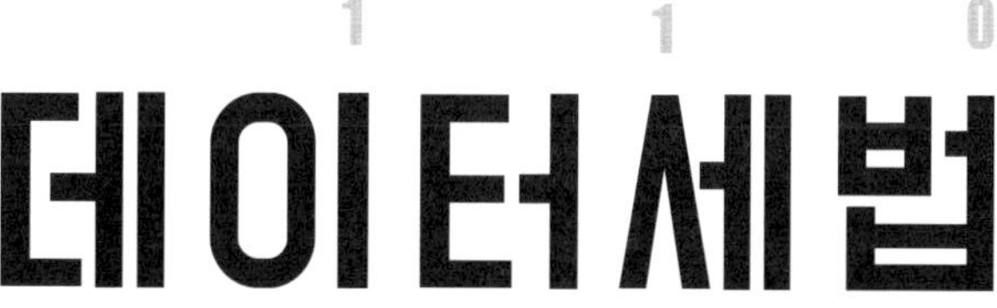

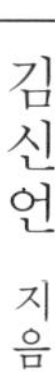

카리스

머리말

국내는 물론 해외에서 이른바 구글세라고 불리는 다국적 기업들의 조세 회피를 방지하기 위한 과세 노력이 오랫동안 계속되었고, OECD를 중심으로 141개국이 참여한 포괄적 이행체제(Inclusive Framework)가 합의한 디지털세가 2024년 시행을 앞두고 있다. 하지만 OECD가 밝힌 바와 같이 100년간 소득을 과세 대상으로 하는 현행 국제 조세체계에서 구글과 같은 IT 기업의 조세 회피를 방지하는 것은 한계가 있다. 따라서 소득 과세인 디지털세의 보완세로서 데이터 자체에 직접 과세하는 소비세인 데이터세에 대한 필자의 연구는 글로벌 기업에 대한 과세 가능성에 가장 염두를 둔 것이다.

데이터를 과세 대상으로 보아 직접 과세하려는 노력은 과거부터 있었다. 1994년 미국에서 처음 제안된 비트세(Bit tax)는 당시 막 시작한 전자상거래에 부정적인 영향을 미친다는 정책적 이유와 더불어 과세 대상이 되는 가치가 생성되는 거래나 업무와 관련한 데이터를 기술적으로 파악하기 곤란하다는 점, 기업뿐만 아니라 국민 일상생활의 데이터 사용까지 과세할 수 있어 국민의 부담이 증가한다는 이유 등으로 배제되었다.

그러나 최근 기술의 발달로 데이터 사용 용량을 초 단위로 측정하여 요금을 과금하기에 이르렀고, 인터넷을 통한 거래가 오프라인 거래를 앞서기 시작하였다. 거의 무상으로 수집한 데이터를 통해 막대한 초과이익(Excess profit)을 얻는 기업에 대한 과세의 필요성도 점차 제기되고 있다. 미국, 독일은 물론 중국에서도 데이터를 광물 자산과 같은 귀중한 자원으로 인식하고 플랫폼 기업이 독점하는 데이터 자체에 과세하는 방안이 필요하다는 의견이 최근에 제시되었다.

데이터는 디지털 시대에 자원과 같다. 개인정보를 중심으로 소비자의 구매력을 파악하고 수익사업에 이용하는 구글, 아마존, 애플과 같은 글로벌 IT 기업의 가치가 세계에서 상위권을 차지하고 있는 것이 그 증거이다. 우리나라 헌법은 국내 자원에 대한 국가의 통제권을 인정하고 있지만, 글로벌 IT 기업들이 국내 발생 데이터를 해외로 반출하더라도 정부가 이를 자원으로 보아 보호하고자 하는 노력은 없다.

실례로 국내에서 연간 발생하는 데이터의 양이 세계 5위에 이른다는 미국의 한 대학 연구팀의 논문이 있지만, 정작 우리나라 정부 또는 공공기관 중에서 데이터 발생이나 사용량에 대한 조사나 통계를 만드는 곳은 없다. 프라이버시권을 중심으로 하는 개인정보 보호와는 달리 데이터를 경제적 가치가 있는 재화로 보아 데이터 주체의 재산적 권리를 인정하는 마이(본인) 데이터 산업은 우리나라를 비롯한 세계 주요국이 도입하여 시행 중이다. 하지만 비식별 조치를 한 개인 데이터는 법적으로 프라이버시의 보호 대상이 될 수 없고, 정보 주체도 영리 기업이 이를 사용하는지 알 수조차 없어 이를 통제하는 것은 사실상 어렵다. 유럽을 중심으로 한 데이터 보호 법률인 GDPR(General Data Protection Regulation)도 개인정보의 EU 역외 반출을 통제하기 위한 개인정보 보호 조치를 두고 있을 뿐, 데이터 자체에 대한 경제적 기능에는 초점을 맞추진 못하고 있다.

우리나라의 「개인정보보호법」 등은 유럽의 GDPR보다 낮은 단계의 보호 조치에 해당하므로 다국적 기업의 국내 데이터 자원의 유출을 통제하기에는 역부족이다. 이러한 데이터 사용 환경에서 데이터세는 서버의 위치와 상관없이 데이터를 잘 사용하되 해외로 반출하는 경우 조세 부과를 통한 경제적인 제재를 함으로써 데이터 현지화 정책의 하나로 사용될 수 있다.

데이터세는 이처럼 구글세의 보완세로서 현행 소득 중심의 국제조세체계를 보충하고 마이데이터의 사각지대인 비식별 처리된 개인 데이터의 무상 사용으로 인한 다국적 기업의 초과이익에 대한 효과적인 과세 제도로 정착될 수 있다. 또 물리적으로 데이터의 현지화가 곤란한 상황에서 국내 발생 자원에 대한 국가의 주권을 확보하게 하는 장점도 가진다.

필자는 실제 세법을 해석하고 신고 등 제반 실무를 수행해 온 세무사로서 데이터에 대하여 지적재산권 등에 대한 국제적인 흐름과 국내 조세법 체계의 연구를 바탕으로 국회 법제실에 제출하여 검토되었던 데이터 세법의 원리와 실제 법안을 소개하였다. 세법을 전공하는 학자들은 데이터에 관한 법률에 관심이 없고, 데이터 관련 법률에 대해 연구하는 학자들은 세법에 대한 접근이 곤란한 점이 있다.

따라서 정작 「데이터 산업진흥 및 이용촉진에 관한 기본법」이 제정되었음에도 불구하고 그 목적에 맞는 재원의 마련 방법에는 전혀 진전이 없었다. 데이터를 다루는 법학에서 데이터세를 제재의 수단이 아닌 국내 데이터 산업의 경쟁력 제고와 재원 마련에 대한 관점에서 긍정적인 접근이 필요하다. 조세법학에서도 디지털 경제의 새로운 세원으로서 데이터에 대한 과세 방안에 대한 연구가 계속되길 기원한다.

2022년 12월

김신언

차례

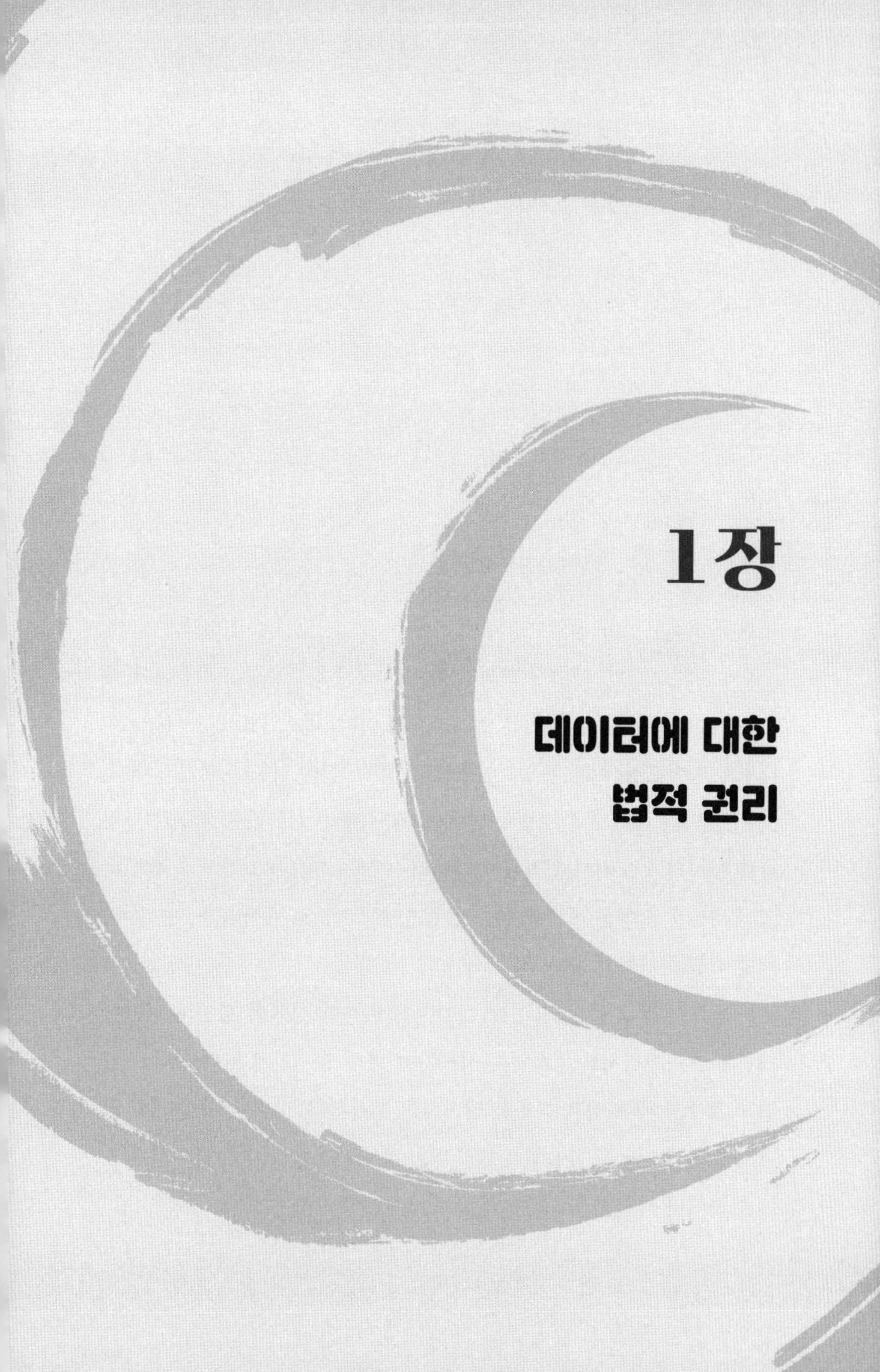

1장

데이터에 대한 법적 권리

1절 디지털 경제의 핵심, 데이터

현대 사회는 4차 산업혁명의 특징이라 할 수 있는 초연결(hyperconnectivity)과 초지능(superintelligence)화의 영향으로 세계 경제도 디지털화되어 가고 있다. 4차 산업혁명의 기본 인프라는 데이터, 네트워크, 인공지능으로 대변되고 있으며, 이를 통칭하여 DNA(Data-Network-AI)라고 부르기도 한다. 4차 산업혁명이라고 부르는 이면에는, 경제 활동에서 비롯된 수많은 정보와 데이터가 모여서 집적된 빅데이터(big data) 세상이 도래했고, 데이터 없이 새로운 산업을 확장한다는 것이 곤란할 정도로 데이터가 디지털 경제의 핵심이 되었기 때문이다.

한편, 디지털화된 개인 정보 데이터를 이용한 산업의 발전과 더불어 개인의 프라이버시를 침해하는 사례가 빈번히 발생함에 따라 각국은 개인 정보 보호에 관한 법률들을 강화하기 시작했다. 그러나 현재 개인 정보의 수집과 이용을 규율하는 법률들은 정보 사용을 엄격히 통제하던 시대를 벗어나 적절히 활용하는 방향으로 점차 변모하고 있다.

예를 들어, 유럽연합(EU)이 2018년 5월부터 시행하는 「개인 정보 보호 규정(General Data Protection Regulation)」이나 미국 캘리포니아주가 2020년 1월부터 시행하고 「소비자 정보 보호법(California's Consumer Privacy Act, 이하 CCPA)」도 그러하다. EU집행위원회는 2020년 2월 19일 향후 5년간 디지털 정책의 방향과 대원칙을 담은 정책 문서 세 가지를 발표했는데, 「유럽의 디지털 미래[Shaping Europe's Digital Future COM(2020) 67 final]」「유럽의 데이터 전략[A European Strategy for Data COM(2020) 66 final]」「인공지능 백서[White Paper on Artificial Intelligence COM(2020) 65 final]」가 그것이다. 국내에서도 이른바 '데이터 3법'이라고 하는 개인 정보 보호와 관련된 법률들이 2020년 1월에 개정되었고, 「데이터 산업진흥 및 이용촉진에 관한 기본법(약칭 데이터 산업법)」도 2021년 10월 19일 제정되어 2022년 4월 20일부터 시행되었다.[1] 이러한 변화의 근원에는 인터넷의 발달이 가져온 디지털 경제에서 폭발적으로 증가하는 데이터가 새로운 자원으로서 그 중요성이 인식되고 있기 때문이다.

이와 더불어 데이터에 대한 권리를 원주인인 정보 주체에게 돌려주어야 한다는 마이데이터(My Data) 개념도 새로운 산업으로 자리매김하는 추세다. 데이터의 원래 소유자인 정보 주체가 자신의 데이터에 대한 권리를 소유함으로써 이를 스스로 행사할 수 있어야 한다는 생각을 데이터산업 분야에서 구체화한 것이다.[2] 하지만 데이터의 법적 소유권을 행사하기 곤란한 비식별 데이터로 구성된 빅데이터는 이러한 사회적 · 경제적 배분 정의에도 불구하고 정보 주체가 IT 기업을 대상으로 법적 권리를 행사

---

1 더불어민주당 조승래 의원이 2020년 12월 8일 발의한 「데이터 기본법안」을 중심으로 국회 논의 과정에서 「데이터 이용촉진 및 산업진흥 등에 관한 법률안」「데이터산업 진흥법안」 등 유사 법안과 병합 후 국회를 통과하여 의결된 법이다.

2 한국데이터산업진흥원, 『2019 데이터산업 백서』 통권 22호, 2019, 27면.

하기 곤란한 점이 있다.

4차 산업혁명 시대에서 데이터의 원천은 사회 구성원들의 기여로 만들어지는데, 이 데이터는 마치 천연자원처럼 채굴이 가능하게 되었다. 양방향 네트워크 시장을 기본으로 하는 플랫폼 기업들은 개인이 만들어낸 원시 데이터를 모은 빅데이터를 인공지능을 활용해 필요한 정보로 가공 생산하여 수익 사업에 활용한다. 이러한 비즈니스 모델은 인적 네트워크를 활용하는 페이스북, 제조업 중심의 애플, 물류와 연계한 아마존, 검색 광고 등에 활용하는 구글에 이르기까지 매우 광범위하게 다양해지고 있다.

그러나 디지털 산업이 전 세계에서 차지하는 비중이 확대되면서 구글, 애플, 아마존, 페이스북 등과 같은 플랫폼 회사들이 매년 막대한 수익을 발생시켰음에도 사회 구성원의 기여로 수집된 (원시) 데이터에 대한 대가를 정보 주체에게 거의 지급하지 않고 있다. EU가 유럽의 데이터 단일 시장(European single market for data) 구축을 제안한 이유도 데이터가 생산의 핵심 요소가 되었고, 데이터가 창출하는 가치는 전체 사회 구성원과 공유되어야 한다는 생각에 근거[3]한 것이다. 더 나아가 최근에는 데이터를 무상으로 사용함으로써 발생하는 기업들의 초과 수익에 대해 정부가 데이터세라는 명목으로 과세해야 한다는 주장이 조세법에서 연구되고 있다. 데이터세의 도입을 위해서는 데이터가 경제적 가치가 있는 재화라는 점에서 데이터의 사용(소비)에 대하여 정부가 그 담세력이 있는 자에게 조세를 부과하는 것이 정당하다는 근거를 제시해야 한다. 이를 위해서는 데이터세를 부과하기 위한 법적 근거를 어디에 초점을 두고 발전시켜 나가야 할 것인지 고민해야 한다.

---

3 European Commission, *Shaping Europe's Digital Future*, COM(2020) 67 final, 2020, p. 7.

데이터세를 도입할 때 먼저 정보 주체가 가진 자신의 데이터에 대한 소유권, 즉 인격(프라이버시)권과 재산권을 구분하여 정부가 조세 부과의 법적 근거를 가질 수 있는지 살펴볼 필요가 있다. 이하에서는 각국에서 인격(프라이버시)권으로서의 개인 정보 데이터를 어떻게 보호하고 있는지 검토한 후 경제적 가치를 활용하기 위해 정부가 추진하는 마이데이터 산업과의 관계를 정리할 것이다. 그리고 데이터 사용에 대한 국가의 과세권 행사는 결국 데이터 경제 부흥과 더불어 데이터의 역외 이동에 대한 국가와 개인의 주권 확보와도 연결된다는 점을 도출하고자 한다.

2절 개인 정보 보호 법제의 개편

1. 유럽연합의 GDPR

유럽연합은 일찍부터 EU 회원국 시민들의 개인 정보를 보호하기 위한 조치들을 해오고 있었다. 유럽연합은 2016년 3월, 개인 정보 보호 규정(General Data Protection Regulation, 이하 GDPR)을 입법하여 2018년 5월 25일부터 시행하고 있다. GDPR은 종전의 개인 정보 보호 지침(Data Protection Directive 95/46/EC)이 부족한 「개인정보 보호법」의 통일성을 보완하기 위하여 제정되었다. GDPR의 주목적은 정보 주체에게 권한을 부여하여 자신과 관련한 개인 정보에 대하여 더 많은 통제력을 부여하기 위한 것이다.[4]

---

4 EU Working Party, *Guidelines on the right to data portability*, 16/EN WP 242 rev. 01, 13 December 2016, p. 3.

이 규정은 EU가 통과시킨 가장 광범위한 법률 중 하나이며 자연인의 개인 정보에 관한 권리를 기본적 인권으로 규정하면서 정보 주체의 여러 가지 권리를 명시하고 있다.[5] 특히 삭제권(잊힐 권리: Right of erasure or Right to be forgotten)[6], 데이터이동권(Right to data portability)[7], 프로파일링을 포함한 자동화된 권리에 대한 선택권(Automated individual decision-making, including profiling)[8] 등이 명문화되었다. 유럽연합에서 그동안 통상적으로 제시된 지침(Directive)이 아닌 법규(Regulation)로 만들어졌기 때문에 개인 정보 보호를 위한 각종 소송 등에서 법률가가 직접 GDPR에 근거할 수 있는 이례적인 조치이다.[9] HR(인적자원) 데이터처리법과 같이 EU 회원국들이 필요시에 GDPR의 특례(derogations)를 도입하는 것도 허용된다.[10] GDPR은 정보처리자나 정보를 제공받는 제3자의 정당한 이익을 위해 정보 주체의 추가 동의(Opt in)가 없더라도 데이터를 처리할 수 있게 하여 데이터 활용도를 높였다. 하지만 이후 당초 처리 목적이 변경되거나 확대될 때 반드시 정보 주체의 동의를 다시 받도록 하였고, 정보 주체가 동의한 후에도 이를 철회(withdraw)할 수 있는 권한(Opt Out)까지 명확히 함[11]으로서 정보 주체의 권리가 침해되지

---

5 EU, *Regulation 2016/677 of the European Parliament and of the Council of 27 April 2016*, p. 1[(1), (2)항]

6 EU, *Ibid*, p. 43(Article 17).

7 EU, *Ibid*, p. 45(Article 20).; 데이터 이동권이란 정보 주체가 이를 컨트롤하는 기업 등에게 자신이 제공한 데이터를 체계적으로 구축하여 일반적으로 사용될 수 있고, 기계가 판독 가능한 형태로 제공 받을 수 있는 권리를 의미한다. 컨트롤러는 이러한 요구를 받은 후 1개월 이내에 정보 주체에게 데이터를 무료로 제공해야 한다.

8 EU, *Ibid*, p. 46(Article 22).

9 일반적으로 유럽연합에서 지침(direction)은 각 회원국이 법률을 입법하면서 이를 따르도록 권고하는 성격이 있으나 법규(regulation)는 회원국이 별도의 입법이 필요하지 않고 모든 회원국이 이를 지켜야 하는 연방법과 같은 개념이라고 볼 수 있다.

10 Ruth Boardman, Arian Mole, *Guide to the General Data Protection Regulation*, Bird & Bird, May 2020, p. 4.

11 GDPR 제7조 제3항

않도록 보완하였다. 동의를 철회할 수 있는 opt out은 동의가 있었다는 이유만으로 개인 정보를 처리하는 기업에게 사실상 면제부를 줌으로써 상대적으로 우월한 지위를 차지하게 하고 본래 목적과 달리 정보 주체를 보호하지 못했던 문제점[12]을 극복할 수 있다는 점에서 정보 주체에게 유리한 제도이다.

그밖에도 EU 회원국 시민들의 개인 정보를 이용하고자 하는 전 세계 모든 기업은 반드시 사전 동의를 얻어야 하며, 개인 정보가 EU 역외에 있는 IT 기업에게 이전되는 것을 엄격히 통제하고 있다. 이를 현지화 정책(localization)이라고 하는데, 데이터의 현지화란 보관 장소를 현지에 두기보다는 정보열람에 대한 통제에 초점을 맞추어 데이터의 국외반출 규제한다는 것을 의미한다. 즉, 구글 등의 다국적 IT 기업들로부터 데이터 유통시장을 탈환하기 위해 서버를 EU 내에 두도록 규정(역내 보관)하는 것은 곤란하므로[13] GDPR에서 정보이동권을 규정하여 통제하는 것이다.[14] 그 이유는 개인 정보 보호뿐만 아니라 구글 같은 미국의 거대 IT 기업들로부터 데이터 주권을 확보하기 위함인데, 데이터 활용에 있어 자기 결정권을 확대하려면 반드시 데이터 주권이 필요하기 때문이다. 4차 산업혁명시대에서 개인은 소비자이면서 데이터 가치를 창출하는 자로서 데이터

---

12 김송옥, "유럽연합 GDPR의 동의제도 분석 및 우리 개인 정보 보호 법제에 주는 시사점", 「아주법학」 제13권 제3호, 아주대학교 법학연구소, 2019, 166면.

13 2015년 일본, 싱가포르, 베트남, 말레이시아, 브루나이, 뉴질랜드, 호주, 페루, 칠레, 멕시코, 캐나다 및 미국 12개국이 세계 디지털 경제의 발전과 더불어 자유공정무역(free and fair trade)하에서 세계 경제를 육성하기 위해서 환태평양 경제동반자 협정(Trans-Pacific Partnership)을 맺었다. 이 협정에서 데이터 서버(Computing Facilities)를 현지에 두도록 강제하는 것을 금하고 있다(환태평양 경제동반자 협정 Article 14.13: Location of Computing Facilities).

14 우창완, 김규리, EU 정책분석 보고서 「데이터 주권과 데이터 국경」, 한국정보화진흥원 2020.7, 3,4면.

주권을 가진다. 소비자가 가진 데이터 주권(consumer data sovereignty)은 소비자 자신에 관한 데이터를 생성하고, 저장, 유통 및 활용하는 것에 대하여 정보 주체인 개인이 가진 배타적 권리로써 자신의 이익을 위해 데이터의 흐름, 공개와 비공개, 사용 여부 등을 개인이 직접 통제하고 관리할 수 있는 권리를 의미한다.[15]

한편, EU 역내에 설립되지 않은 개인정보처리자 또는 수탁처리자는 EU 역내에 서면으로 대리인(Representative)을 지정하여야 한다. 대리인은 데이터 주체가 거주하고, 재화와 용역의 제공과 관련한 개인 데이터가 처리되거나 행동이 감시되는 EU 회원국 중 한 곳에 설립하여야 하며, 모든 권한과 책임을 위임받도록 규정[16]하고 있다. 여기서 개인정보처리자는 단독으로 또는 제3자와 공동으로 개인 정보 처리의 목적과 방법을 결정하는 자연인이나 법인, 또는 공공기관, 기구 등을 말한다. 수탁처리자는 개인정보처리자를 대신하여 개인 정보를 처리하는 자연인 등을 가리킨다.[17] 따라서 구글 등의 다국적 IT 기업들이 EU 역내에서 데이터를 수집하여 역외로 반출할 때 자회사를 설립하거나 다른 기업에 위임하여 처리하지 않더라도 국내 대리인을 지정하여 반드시 GDPR을 준수할 수 있게 하였다.

---

15 윤수영, "4차 산업 혁명 시대의 소비자 데이터 주권에 대한 고찰: EU GDPR을 중심으로", 「소비자학연구」 제29권 제5호, 한국소비자학회, 2018, 93면.; 권리 행사의 주체가 개인이고 객체가 개인 정보보다는 세밀한 수준의 데이터라는 것이 개인 정보 자기결정권과 차이가 있다.

16 GDPR 제27조 제1항, 제3항, 제4항

17 GDPR 제4조 제7항, 제8항

2. 캘리포니아주의 CCPA

우리나라 「개인정보 보호법」은 유럽의 GDPR 법체제의 토대를 수용하였지만, 산업적으로 미국의 영향으로 부터 자유롭지 못하므로 미국의 입법상황을 예의주시할 수밖에 없다. 미국 캘리포니아주 의회는 2018년 6월 28일 IP기업들의 개인 정보 수집에 강력한 영향을 줄 소비자 정보 보호법(California's Consumer Privacy Act, 이하 CCPA)을 통과시켰다. 연방법[18]이 아닌 캘리포니아 주법에까지 우리가 관심을 가져야 하는 이유는 구글, 페이스북, 애플 등의 본사가 모두 캘리포니아주의 실리콘 밸리에 위치하고, 캘리포니아의 CCPA는 이러한 세계적인 IT 기업들(조세회피 회사들)에게도 직접 영향을 미치기 때문이다. CCPA의 통과 이후, 약 15개의 다른 주가 CCPA와 유사한 프라이버시 법안을 도입했고, 유사한 제안들이 미연방 차원에서도 고려되고 있다. CCPA가 기존의 미국 프라이버시 법률과 비교해서 눈에 띄는 것은 개인 정보의 정의를 매우 광범위하게 했다는 것이다. 즉, 이전에는 미국법률에서 개인 정보로 간주되지 않았던 데이터 요소들을 포함시켰는데, 생체정보(biometric), 인터넷 네트워크 활동정보, 위치정보, 소비자의 성향, 성격, 심리학적 추세, 기질 등을 보여 주는 소비자 프로파일을 창조하기 위해 추론되는 결과 등이다.[19] 2020년 1월부터 시행된 CCPA는 소비자가 요구하면 회사가 수집하는 정보의 내용[20]과 수집 이유,

---

18 미국은 금융, 아동의 개인 정보 처리 규제와 같이 특수 영역에 대한 개인 정보 보호 규정을 두고 있을 뿐, 일반적인 정보 보호 규정은 두고 있지 않다(이성엽 외, 『데이터와 법』, 사단법인 한국데이터법정책학회, 2021, 234면.)

19 BakerHostetler, *The California Consumer Privacy Act: Frequently Asked Questions*, 2019, p. 1.

20 12개월 동안 실제로 수집되거나 판매된 소비자 개인 정보의 범주에 대하여 공개해야 한다. 이를 위해서 사업자는 지난 12개월 동안 수집했던 개인 정보 범주를 12개월마다 갱

제3자에게 공유한 정보를 공개하여야 하며, 소비자는 자신의 정보를 삭제하거나 판매 또는 공유하지 못하게 요구할 수 있다.[21] 또한, 소비자로부터 정보요구를 받은 사업자는 상응하는 조치를 하기 위해서 지난 12개월 동안 판매하고 사업목적으로 사용했던 개인 정보 내역을 공개하고 12개월마다 이를 갱신해야 한다.[22]

한편, CCPR은 사전에 개인 정보 수집을 위한 정보이용 동의 등의 조건에 대한 명문 규정이 없는데, 계약관계를 바탕으로 이미 개인 정보가 수집된 것을 전제로 해서 법안이 완성되었기 때문이다.[23] 즉, 인격권을 기반으로 만들어진 GDPR과 우리 「개인정보 보호법」과 달리 CCPA는 계약관계를 기반으로 개인 정보를 보호하면서도 각 기업의 데이터 활용을 저해하지 않으려는 실용주의 방식을 취하고 있다.[24] 미국법은 데이터의 소유권이 주로 개인 정보 영역에서 논의되지만, 대륙법계 국가와 같은 인격권 개념을 가지지 않고 있다. 인격권의 법리가 1890년 이후 성립되기 했지만, 프라이버시에 대한 불법행위법(Torts) 영역에서 다루어지고 있을 뿐이었다. 이후 개인 정보에 대한 정보 주체의 재산권에 대한 학술적으로 논의가 활발해졌지만, 2019년에 들어서야 연방 상원의원이 발의한 US Bill of Congress, S806 116th에서 정보 주체가 배타적 재산권을 가진다는 통제권에 관한 규정을 두었을 뿐이다.[25]

신해야 한다. 다만 일회성 거래의 경우에는 적용되지 않는다.

21 CCPA § 1798.100 (a), (b), (c), (d)

22 CCPA § 1798.140 (o):(2), (3)

23 개인의 정보는 사업자가 소비자로부터 수집한 정보라고 본다. 따라서 법에서도 정보 주체가 아니라 소비자라는 명칭을 사용한다.

24 이창민, “캘리포니아 소비자 프라이버시법(CCPA)에 대한 비교법적 연구”, 「정보법학」, 제24권 제1호, 한국정보법학회, 2020, 79, 85, 98, 102면.

25 이성엽 외, 앞의 책, 62~63면 재인용.

미국은 데이터와 관련된 별도의 법적 규정이 없지만, 저작권법이 적용되기 위해서는 저작물의 요건을 갖추어야만 한다.[26] 과거 전화번호부 판결에서 미국연방법원은 전화번호부에 수록된 개인 정보 데이터는 단지 사실(facts)에 지나지 않고 저작권 보호의 대상이 되는 최소한의 독창성(originality)도 인정되지 않는다고 하였다.[27] 이후 데이터의 생산자는 힘들게 저작물 요건을 갖추어야 하는 저작권법보다는 계약법이나 다른 법적 장치를 통해 데이터에 대한 보호를 받으려는 경향[28]이 생겨났는데, 결국 CCPA도 이러한 영향을 받은 것이라 볼 수 있다. 우리나라를 포함하여 대륙 법제를 따르는 국가들에 비하여 계약법(Contract Law)이 발달한 영미법에서 계약관계를 통해 개인 정보 데이터의 권리를 보호하려는 시도는 새삼스러운 일도 아니다. 따라서 CCPA는 우리나라의 「개인정보 보호법」에 비하여 개인 정보의 범위를 더 넓고 구체적으로 정의하지만, 수집을 위한 동의요건, 정정 청구권 등을 인정하지 않고 개인 정보 삭제청구의 대상이 되는 정보를 좁게 인정한다. 공개적으로 이용 가능한 정보, 비식별화된 소비자 정보, 집합소비자 정보는 CCPA의 보호 대상이 되는 개인 정보에 포함하지 않기 때문이다.[29] 비식별화(deidentified)된 소비자 정보는 직간접적으로 특정 소비자를 합리적으로 식별, 묘사할 수 없거나 특정 소비자와 연관시킬 수 없는 상태의 정보[30]를 말한다. 상업 목적으로 사용하는 비식별 처리된 데이터는 CCPA가 보호하는 개인 정보가 아니므로 소비자가 법적 권리를 행사할 수 없다는 의미이다. 따라서 개인의 권리행

26 17 U.S. Code § 101
27 *Feist Publications Inc., v. Rural Telephone Service Co.*, 499 U.S. 340(1991)
28 *Pollstar* v. *Gigmania, Ltd.*, 170 F. Supp. 2d 974(E.D. Cal. 2000)
29 CCPA § 1798.130 (a)
30 CCPA § 1798.140 (h)

사가 불가능한 비식별 처리된 데이터에 대한 법적 권리에 대하여 국가가 어떠한 조치를 할 여지를 남겨놓고 있다.

3. 우리나라의 데이터 3법

우리나라도 개인 정보 보호와 관련된 이른바 데이터 3법[31]이라고 불리는 「개인정보 보호법」, 「신용정보의 이용 및 보호에 관한 법률(이하 신용정보법)」, 「정보통신망 이용촉진 및 정보 보호 등에 관한 법률(이하 정보통신망법)」을 2020년 1월 개정하였다. 개정된 데이터 3법은 개인 정보 이외에 가명정보[32]와 익명정보[33]라는 개념을 확립하고 이를 활용한 핀테크, 콘텐츠 및 바이오, 마이데이터 산업의 발전 기반을 마련하였다. 뿐만아니라, GDPR의 영향을 받아 데이터의 주인인 개인이 주체적이고 적극적으로 정보를 통제하고 관리할 수 있는 데이터 주권이 많이 향상되었다.

우리나라의 개인 정보 보호 제도도 개인 정보처리에 앞서 정보 주체로부터 원칙적으로 사전 동의를 받도록 설계되어 있다. 최근 개정으로 정보 주체로부터 별도의 동의를 받더라도, 이후 정보를 제공받은 자, 이용 목적, 개인 정보 항목, 보유 및 이용 기간 등의 변동이 발생할 때마다 이

---

31 「위치 정보의 보호 및 이용 등에 관한 법률」까지 포함하여 '데이터 4법'이라고 부르기도 한다.

32 개인 정보의 일부분을 삭제 또는 대체하는 방법으로서 추가 정보를 사용하지 않고는 정보 주체를 식별할 수 없도록 비식별 처리한 것을 말한다(「개인정보 보호법」 제2조 제1의 2항).

33 익명 정보란 추가 정보를 사용하더라도 더 이상 개인을 식별할 수 없을 정도로 비식별 처리된 정보를 말한다(「신용정보법」 제2조 제17호). 따라서 프라이버시권이나 개인의 재산권과 상관없이 자유로운 활용이 가능하다.

를 통지하고 다시 동의를 받게 하였다.[34] 이와 동시에 정보 주체가 원하면 개인 정보의 수집과 이용 및 제공 등의 동의를 직접 또는 대리인을 통해 철회할 수 있도록[35] 하여 정보 주체의 옵트아웃(opt out)까지 명시하였다. 종전 우리나라의 엄격한 사전 동의제도는 동의한 후 정보 주체의 사후거부권(opt out)의 가능성을 배제하여 이러한 옵트아웃 방식이 들어설 자리까지 없앤다는 비판[36]이 있었는데 이 부분이 많이 보완된 셈이다. 사전 동의와 선택으로 인해 플래폼 기업이 개인 정보 데이터를 강제로 뺏은 것이 아니어서 정보 주체의 소유권이 사라졌다고 주장하는 근거[37]로 잘못 사용될 수도 있다는 지적[38]도 사전 동의를 보다 완화하면서 사후거부권을 도입하는 근거가 되었다고 볼 수 있다. 사후거부권은 정보 주체의 개인 정보 자기 결정권이라고 할 수 있는데, 정보 주체가 개인 정보의 수집과 활용에 있어서 모든 결정권을 가지고 있다는 의미로 해석할 수 있다.[39] 반면, 개정된 「개인정보 보호법」은 정보 주체로부터 동의를 받지 않아도 개인 정보를 수집하거나 이용할 수 있는 대상 범위도 확대하였다. 그중에서도 개인정보처리자[40]의 정당한 이익 달성을 위해 필요한 경우로

---

34 「개인정보 보호법」 제18조 제3항

35 「개인정보 보호법」 제39조의7 제1항, 같은 법 제38조 제1항

36 김송옥, 앞의 글, 157~158면.

37 CCPA는 계약 관계에 의해 기업이 정보를 획득한 것이므로 수집 동의와 정정 청구권 자체를 인정하지 않는다는 것과 차이가 있다.

38 목광수, 앞의 글, 165~167면; 하지만 정보 주체는 자신의 데이터가 추후 프라이버시 침해 리스크에 대한 인지가 없거나 불충분한 상태에서 동의하였고, 이후 수십억 불을 벌 수 있는 데 사용한다는 것을 알았다면 쉽게 주지 않을 것이므로 플랫폼 기업의 주장을 정당화하기 어렵다고 한다.

39 반면, 강력한 사전 동의 제도는 개인 정보 자기결정권과 동일하다고 생각하는 오해를 불러일으킬 수 있고, 옵트아웃(opt out)에 대한 권리가 명시되지 않은 상태에서 사전 동의에 대한 예외 규정이 있는 경우에는 정보 주체의 개인 정보 보호권에 불리한 환경을 조성한다.

40 '개인정보처리자'란 업무를 목적으로 개인정보파일을 운용하기 위하여 스스로 또는 다

서 정보 주체의 권리보다 명백하게 우선한다고 인정되는 때[41]에는 개인의 정보수집과 이용을 가능하게 하고 있다. CCPA와 유사하게 개인 정보를 활용하는 사업을 위해 개인의 정보 보호 범위를 축소한 조문이다. 따라서 우리나라의 「개인정보 보호법」은 개인의 권리에 대하여 GDPR보다는 강하지 않지만, CCPA가 인정하지 않는 정보이용 동의나 정정 청구권을 인정하고 있어 CCPA보다는 강력하게 보호하고 있다고 볼 수 있다.

개정된 「신용정보법」은 개인의 정보이동권을 전송요구권이라고 표기하고 있는데, 정보 주체가 개인신용정보를 보유한 기관에게 본인이나 제3자로 전송할 것을 요구하는 권리이다. 이는 정보 주체가 최초 개인 정보의 수집과 제공 이후에 일어나는 유통과정에 능동적으로 참여할 수 없다는 한계를 극복하고 개인 정보의 경제적 가치를 활용할 수 있게 하기 위함이다.[42] 마이(본인)데이터를 이용하면 각종 기관과 기업 등에 분산된 본인 정보를 한꺼번에 확인할 수 있으며, 업체에 이 정보를 제공해서 본인에게 맞는 상품이나 서비스를 추천받을 수 있다. 국내에서는 2021년 12월 1일부터 시범적으로 서비스를 시작해서 2022년 1월 5일부터 전면 시행되었다.[43] 마이(본인)데이터 산업은 개인 정보를 바탕으로 자산관리, 대출, 보험중개 등 금융서비스뿐만 아니라 의료 및 유통업까지도 확대할 수 있는 신사업으로 평가받고 있다. 왜냐하면, 마이데이터 산업이 발전하면 개인의 소비패턴, 재무현황, 위험성향까지 분석하는 새로운 서비스의 개발이 가능하고, 금융회사를 중심으로 관리하던 개인신용정보를 개인이

른 사람을 통하여 개인정보를 처리하는 공공기관, 법인, 단체 및 개인 등을 말한다(「개인정보 보호법」 제2조 제5호).

41 「개인정보 보호법」 제15조 제1항 제6호

42 이성엽 외, 앞의 책, 240, 244면.

43 네이버 지식백과, 『시사상식사전』, pmg 지식엔진연구소

스스로 통합 관리할 수 있기 때문이다.[44] 개인의 원시 데이터는 이를 활용하고자 하는 민간 또는 국가가 반드시 데이터를 제공하는 개인으로부터 동의-유상(거래) 또는 무상(증여)계약[45]-를 받아 수집하여야 한다. 정부는 정보통신망을 이용한 정보의 공동 활용 촉진시책을 마련할 의무[46]가 있으므로 공유데이터 활용을 촉진하기 위해 적절한 조치를 해야 한다. 그러므로 정부가 국민 개인의 데이터 주권 보호와 더불어 정보의 공동 활용을 위해 필요한 경우 데이터요금을 대신 징수하여 분배할 수도 있을 것이다.

3절 데이터의 재산권과 주권

1. 데이터의 경제적 가치

누가 자신의 개인 정보를 어떻게 수집하고 보유하며, 사용하고 있는지

---

44 「정보통신망법」 제12조 제1항에서 정부는 효율적으로 정보통신망을 활용하기 위하여 정보통신망 상호 간의 표준화 및 연계 운영 등의 정보를 공동으로 활용할 수 있는 체제 구축을 권장하고 이를 구축하는 자에게 기술 및 재정 등 필요한 지원을 하고 있다. 또 「개인정보 보호법」 제15조 제3항과 같은 법 제17조 제4항에서 개인정보처리자가 정보주체에 불이익이 발생하는지 검토하고 안전성을 확보하는 데 필요한 조치 등을 하는 경우 정보 주체로부터 동의를 받지 않고도 개인 정보를 이용할 수 있도록 하고 있다. 따라서 가명 정보를 이용한 정보 간 결합을 통해 여전히 개인 정보를 침해할 우려는 남아 있다는 지적도 있다.

45 경기연구원이 전 국민 1,000명을 대상으로 한 여론조사에 따르면, 응답자의 84%가 개인 정보를 공익 목적에 활용할 경우 정보 제공 의향이 있다고 답한 것으로 나타났다. 이 중 인센티브(유상) 제공 시 개인 정보 제공 의향이 있다는 응답은 48.3%인데, 현금 보상(56%)을 가장 선호한다고 응답했다.(배영임·신혜리, "데이터3법, 데이터경제의 시작", 「이슈&진단」 제405호, 경기연구원, 2020, 4면.)

46 「정보통신망법」 제4조 제2항 제4호

에 대하여 알 수 있게 하는 것이 개인 정보 보호를 권리로 인정하는 프라이버시권의 첫 시작이라고 볼 수 있다는 점에서 GDPR, CCPA, 「개인정보 보호법」은 중요한 가치를 가진다. 특히 그 기본철학은 달리하지만 세 가지 모두 정보 주체에게 자신의 정보에 대한 구체적인 통제권을 확보해주었다는 점에서 의미가 있다. 그런데, 앞서 본 바와 같이 우리나라는 금융 및 정보화 산업에서 데이터 활용을 확대할 수 있도록 「개인정보 보호법」을 개정하여 본래 수집목적과 관련된 합리적인 범위 내에서 정보 주체로부터 동의를 받지 않더라도 이를 수집 · 제공할 수 있게 하였다.[47] 최근 개정된 데이터 3법에서 가명정보와 익명정보[48]라는 것이 도입되었고 이를 활용하여 개인 정보의 활용 및 확대를 위한 새로운 산업기반이 마련되었다. 하지만, 가명정보는 정보 주체의 동의 없이도 통계작성과 과학적 연구나 공익목적의 기록보전 등으로 사용할 수 있다.[49] 가명정보 또는 익명정보를 공공재의 성격으로 인식하고 있는 것이다. 이러한 가명정보를 활용하면 빅데이터 산업의 발전에는 용이하지만, 개인 정보의 보호가 아닌 활용에 초점을 둔 기업에게 맡긴다는 점에서 여전히 보안이 취약하다는 점이 지적되고 있다.[50] 금융 및 정보화 산업의 연관 효과를 높이기 위해

---

47 「개인정보 보호법」 제15조 제3항, 제17조 제4항

48 개인을 알아볼 수 없을 정도로 처리한 익명 정보는 더 이상 프라이버시 기능을 가지지 않으므로 자유롭게 활용할 수 있게 된다. 그러므로 향후 마이데이터 사업자는 직간접적으로 개인의 핵심 정보를 통해 자산 관리, 대출이나 보험중개업 등 거의 모든 분야의 금융 서비스 사업뿐만 아니라 건강, 의료, 및 유통업까지도 확대해 나갈 것으로 예상된다.

49 「신용정보법」 제32조 제6항 9의2, 9의4호; 이 기록들이 바로 빅데이터가 된다.

50 따라서 「신용정보법」이 통계 작성, 과학적 연구, 공익 목적의 기록 보전에 대하여 개인에게 그 이용 동의가 필요 없도록 개인의 프라이버시를 침해하지 않을 정도의 안정성을 갖출 것을 전제로 하고 있고, 처벌 규정의 강화 등 보완책을 갖추도록 입법적으로 보완하고 있다[「신용정보법」 제32조 제6항 제9의4호 라목, 제37조(개인신용정보 제공 동의 철회권 등), 제38조의3(개인신용정보의 삭제 요구), 제42조의2(과징금의 부과), 제43조(손해배상의 책임), 제43조의2(법정손해배상의 청구), 제45조(감독·검사 등)].

데이터 활용의 필요성이 부각되면서 개인 정보 보호가 우선순위에서 밀렸기 때문이다.[51] 특히, 개정된 「개인정보 보호법」에 따르면, 그 활용을 확대할 수 있도록 당초 수집목적과 합리적으로 관련된 범위라면 정보 주체의 동의가 없더라도 이를 수집 및 제공할 수 있게 하고 있다.[52]

따라서 데이터 3법의 개정은 오히려 개인이 발생시키고 거기에서 다시 파생된 데이터에 대한 프라이버시권 침해에 대한 우려만 부각되었을 뿐 여전히 재산권으로서 가치는 조명받지 못하고 있다. GDPR을 만든 유럽연합에서도 역외 IT 기업에게 데이터 이용에 대한 수수료를 부과하는 방안을 아직 검토하지 못하고 있는 이유 중의 하나이기도 하다. 데이터를 사용한 대가를 이를 가공하는 IT 기업들로부터 청구하기 위해서는 개인이 직간접적으로 제공하는 원시 데이터에 대하여 각 개인이 프라이버시 보호 목적 이외에도 재산적 가치가 있는 권리로서 인정을 받는 것이 반드시 필요하다. 개인이 간접적으로 제공한 데이터에 대하여 대가를 받기 위해서는 개인 자신이 그 데이터에 대한 재산권이 있음을 증명할 수 있어야 하기 때문이다.

개인 정보나 산업정보가 인격권에 근거한 단순히 프라이버시 보호 대상으로서만 가치를 가진다면 조세법 측면에서도 아무런 실익이 없다. 반면에 개인 정보 또는 산업정보가 재산적 가치가 있는 재화라면 정부가 과세하지 못할 이유가 없다. 4차 산업혁명 시대에서 데이터가 전 산업의 혁신성장을 가속화 하는 매개체로서 현대 사회를 데이터 경제로 탈바꿈

---

51 이양복, "데이터 3법의 분석과 향후과제", 「비교사법」 제27권, 제2호, 한국비교사법학회, 2020, 425, 430, 436면.; 우리나라의 데이터 3법 개정이 유럽의 GDPR을 근간으로 하였지만, 유럽에 비해 개인 정보 보호 기능이 떨어진다고 평가하고 있다.

52 「개인정보 보호법」 제15조 제3항, 제17조 제4항

시키고 있는 상황에서 데이터가 가지는 경제적 가치의 중요성은 이미 인식되고 있다. 따라서 데이터를 활용하여 수익을 챙기는 전 세계 거대 IT 기업에 대한 보다 본질적인 통제를 위해서라도 경제적 가치가 있는 권리로써 데이터를 평가해야 할 필요가 있다.

2. 데이터 소유권

데이터에 대한 소유권(Data Ownership)을 인정하게 하면 정보 주체의 데이터 지배권을 인정하는 것이어서 제3자가 정보 주체의 데이터를 무단으로 복제하거나 이용하는 것을 막을 수 있고 정보 주체의 의사에 따라 데이터를 이전하거나 거래할 수 있게 된다. 개인이 가진 데이터의 소유권에서 논의의 핵심은 데이터의 재화적 측면에서 디지털 서비스를 제공할 때 데이터가 교환수단으로서 발생한 경제적 이익인 재산권과 개인 정보 보호 목적 등으로 더 이상 개인 정보를 사용하지 못하도록 할 수 있는 프라이버시권 또는 인격권(Opt in, Opt out 권리) 두 가지로 구분할 수 있다.[53] 앞서 언급한 미국의 경우와 달리 독일도 데이터의 소유권을 주로 비개인 정보(non-personal information)를 논의하고 있어 기본적으로 개인 정보에 대한 정보 주체의 재산권과 인격권을 구별하고 있다.[54]

한편, 디지털 데이터 중에서 개인 정보는 우리의 법제에서 프라이버시와 연결되어 다루어져 왔기 때문에 재산권으로서 경제적인 가치에 대하여 인식이 부족했던 것은 사실이다. 그러므로 정보 주체(개인, 법인)에게 데

---

53 박상철, "데이터 소유권 개념을 통한 정보 보호 법제의 재구성", 「법경제학연구」 제15권 제2호, 한국법경제학회, 2018, 262면.

54 이성엽 외, 앞의 책, 66면.

이터의 소유권이 인정되는지도 법적 정리가 필요하다.

가. 개인 정보에 대한 정보 주체의 법적 지위

현재 인터넷 쇼핑몰을 이용하는 소비자는 개인 정보 이용에 반드시 동의해야만 물품을 구매할 수 있다. 동의하지 않으면 상품을 구매할 수 없어서 어쩔 수 없이 동의하는 사람이 많다. 그런데, 기업들은 개인이 동의한 개인 정보를 물품의 구매나 배송과 관련되지 않은 광고 등에 활용하는 사례도 적지 않다. 본래 상품판매 목적 외에 다른 기업의 수익 창출을 위해서도 광범위하게 사용되는 것이다. 그러나 소비자는 앞으로 자신의 개인 정보를 이용하는 회사들을 예측하거나 그 사용 용도(범위)를 제한하기 어렵다. 현재 우리나라는 「정보통신망법」 제30조의2에 의하여 e메일 수신 동의 여부와 상관없이 연 1회 개인 정보 이용 내역을 통지하고 있다. 개인에게 통지되는 내용은 개인 정보의 수집 및 이용목적, 수집하는 개인 정보의 항목, 개인 정보처리를 위탁하는 기관과 그 내용, 개인 정보를 이전받는 자의 정보와 이전일시, 방법 등이다. 그런데 정보의 이용 사실을 살펴보면, 개인 정보를 다른 정보 요청회사까지 공유하는 사례가 상당히 많다는 것을 알 수 있다. 소비자는 상품을 구매할 때 이 정도까지 다양한 회사들이 자신의 개인 정보를 활용하는지 알기 어렵다. 추후 자신의 정보를 왜 정보요청회사와 공유하였는지 설명도 없고, 더 이상 사용하지 못하도록 할 수도 없었다. 따라서 개정된 데이터 3법이 정보제공자가 자신의 정보가 어디에 사용되고 있는지 요구할 수 있고 이를 통제할 수 있는 권한 부여를 강화하였지만, 보다 적극적으로 재사용 대가까지 청구할 수 있는 체계를 도입하는 것도 필요하다. 이를 위해서는 e메일로 사용 내역을 통지만 할 것이 아니라 매년 재사용을 위한 연장허가를 받게 하고 다시 의무적으로 정보이용료를 소비자에게 지급하게끔 해야 한다. 예상할 수 있는 순기능은 기업이 상품 판매가 끝난 후에는 개인 정보를 계속 보유할 필요가 없음에도 자신의 수익 사업을 위해 광범위하게 활용하는 폐단을 막을 수 있다.

법학에서 전통적으로 소유권이란 물건을 배타적으로 사용하거나 수익 및 그 처분에 대한 절대적인 권리가 있는 것을 말한다. 따라서 민법상 데이터에 대하여 소유권이 인정되기 위해서는 데이터에 대하여 배타적인 지배권을 인정할 수 있어야 한다.[55] 만약 데이터에 배타적인 재산권이 인정된다면, 데이터의 무단이용중지를 요구할 수 있고, 무단이용으로 인한 이득의 반환[56]도 청구할 수 있다.[57] 프라이버시권에서 다루는 개인 정보의 '사용정지'가 아닌 데이터 주체의 '부당이득 반환' 청구가 가능한 경제적 가치를 인정한다는 의미이다. 하지만 데이터 주체가 데이터의 소유대상(소유권 객체)을 확정하는 것이 어렵고[58] 데이터를 특정인이 소유하기보다는 많은 사람이 공동으로 활용할 때 가치가 증가하는 특성 때문에 배타적 소유 개념을 그대로 인정하기는 어렵다.[59] 또한, 정보 주체가 일상생활

---

55 이상용, "데이터 거래의 법적 기초", 「법조」 제67권 제2호, 법조협회, 2018, 19면.

56 「민법」 제741조

57 이동진, "데이터 소유권(Data Ownership), 개념과 그 실익", 「정보법학」 제22권 제3호, 한국정보법학회, 2018, 234면.

58 「민법」상 소유권을 포함하고 있는 물권의 객체가 되기 위해서는 물건으로 인정되어야 한다. 통상 물건이 되기 위해서는 ① 특정되어야 하며, ② 현존하는 것이어야 하며, ③ 독립적일 것을 요구하고 있다(김용담, 『민법 물권』, 한국사법행정학회, 2011, 40-42, 476면). 그러나 데이터는 같은 법 제98조에서 물건으로 정의하고 있는 유체물이나 전기, 기타 관리 가능한 자연력에 해당하지 않는다. 또 데이터의 특성상 무한 복제가 가능하고 유통이 자유로워 독립성 확보가 상대적으로 어려우므로 소유권의 객체로 인정받기 곤란하다.

59 최경진, 앞의 논문, 224~225면.

에서 하는 거의 모든 행위가 데이터를 교환[60]함으로써 이루어지므로 개인정보를 정보 주체 본인만의 것이라고 보기는 힘들다는 견해[61]도 있다.

이에 따라 데이터는 소유권, 점유권, 용익물권 및 담보물권의 대상이 될 수 없으므로 저작권 등의 지식재산권이 발생하는 경우를 제외하면, 현행법상 데이터 소유권을 인정할 수 있는 물권적 권리가 성립할 수 없다[62]는 것이 통설이다. 따라서 마이데이터 산업을 육성하려던 정부는 개인의 정보통제권의 법적 권리에 대한 해결방안을 찾아야만 했다. 마이데이터 개념은 정보 주체인 개인의 자기 결정권을 강화하여 스스로 데이터를 관리하고 통제 가능한 권한(ownership)을 갖고 원하는 방식으로 활용하여 그 혜택을 누려야 한다는 패러다임의 전환이다. 그러므로 그동안 기업이나 기관이 보유하던 개인 데이터를 개인에게 돌려줄 수 있는지, 개인이 자기 정보에 쉽게 접근하여 사용할 수 있는지가 주요 관심사이다.[63] 마이데이터 산업의 발전을 위해서는 정보제공자가 자신의 정보사용에 대한 통제력을 행사할 수 있어야 한다. 결국, 정부는 현행법상 소유권 개념에 기초하여 정보 주체의 데이터에 관한 권리 유무를 정할 수 없다면, 계약에 따른 거래 관계를 통해 채권적 지위[64]를 행사할 방법을 고안하였다. 합법적으로 데이터를 통제 가능한 사실상의 지위를 가지고 있거나

---

60 예를 들어, 급여를 받기 위해 은행에서 계좌를 개설하는 행위와 직장에 계좌번호를 알려주는 것, 국가로부터 복지 혜택을 받기 위해 신청서를 작성하거나 인터넷으로 상품을 신청하면서 기재된 개인 정보의 디지털 데이터화 등을 들 수 있다.

61 김송옥, "유럽연합 GDPR의 동의제도 분석 및 우리 개인정보보호법제에 주는 시사점", 「아주법학」 제13권 제3호, 아주대학교 법학연구소, 2019, 164면.

62 (사)한국지식재산학회, 「데이터 거래 가이드라인」, 한국데이터산업진흥원, 2019, 5~6면.

63 한국데이터산업진흥원, 『마이데이터 서비스 안내서』(웹용), 2019, 18면.

64 데이터에 접근하여 그 이용을 통제 가능한 사실상의 지위 혹은 계약에 따른 데이터 이용권한을 말한다.

계약에 근거해서 데이터 이용 권한을 결정한다면 계약당사자가 채권적 지위를 가지고 있는 것으로 볼 수 있다[65]고 한다. 계약관계가 성립하면 정보 주체가 마이데이터 서비스제공자를 선정해서 계약관계에 의해 자신의 정보 발생부터 매각에 이르는 전 과정을 대리할 수 있게 되고, 마이데이터 서비스제공자는 열람권에 근거하여 개인 데이터를 보유한 기업으로부터 정보 주체의 데이터를 열람하고 필요한 데이터를 제공받을 수 있게 된다.[66] 마이데이터 거래를 위한 『데이터 거래 가이드라인』에서 데이터 제공과 관련한 표준계약서를 데이터 제공형, 데이터 창출형, 오픈 마켓형으로 구분하여 안내하고 있는 것[67]도 이러한 이유 때문이다.

다만, 빅데이터가 만들어진 경우라면, 경제적 가치를 창출한 기여도 등의 차이[68]로 어느 한쪽 당사자가 우선적인 채권적 지위를 가진다고 보기 힘들다[69]는 문제가 있다. 또한, 마이데이터 제도가 도입되기 이전에 IT 기업들이 수집한 개인 정보에 대해서는 여전히 정보 주체가 그 채권적 기능에 근거한 소유권을 행사하기 어렵다.

나. 산업 및 빅데이터에 대한 기업의 법적 지위

개인이 창출한 데이터를 개인 정보라고 한다면, 기업이 산업현장에서 창출한 원시정보는 산업데이터라고 할 수 있다. 지난 정부 산업통상자원부는 미래 자동차, 가전 · 전자 등 6대 산업 분야에서 연대와 협력으로 산

---

65 최경진, 앞의 논문, 237~238면.

66 (사)한국지식재산학회, 앞의 책, 13~18면.

67 (사)한국지식재산학회, 앞의 책, 21~56면.

68 데이터세라고 할 경우에는 원시 데이터의 소유권에 대해서만 말하는 것이므로 빅데이터세에서 사후적 이익참여권과 같이 그 귀속에 대한 법적 문제가 상대적으로 적어질 수 있다.

69 (사)한국지식재산학회, 앞의 책, 7면.

업 디지털 전환(DX)을 밝힌 바 있다. 이는 디지털 기반 산업혁신 성장전략의 후속 조치인데, 산업 활동 전 영역에서 발생하는 방대한 산업데이터를 활용하여 새로운 제품 및 서비스 개발에 사용하게 하는 것이다.[70] 산업데이터도 디지털 데이터에서 차지하는 비중이 작지 않고,[71] 이를 발생시키는 기업은 「개인정보 보호법」에서 말하는 정보 주체처럼 데이터 주체에 해당한다. 하지만, 산업데이터에 대한 법적 권리는 개인 정보만큼 논의되지 못했다. 「신용정보법」에 법인정보에 관한 규정이 있지만, 역시 재산권 보호와는 상관이 없었기 때문이다. 따라서 데이터의 활용 면에서 개인 정보뿐만 아니라 산업데이터도 법적 보호 장치를 마련하는 것이 필요하다. 이러한 취지로 산업데이터의 생성 · 활용을 활성화하고 지능정보기술의 산업 적용을 촉진하는 목적의 「산업 디지털 전환 촉진법」 제정안이 2021.12.9. 국회 본회의를 통과하고 같은 해 12.28. 국무회의에서 의결되었다.[72] 공포된 법안은 인적 · 물적으로 상당한 투자와 노력을 통하여 산업데이터를 새롭게 생성한 자에게 이를 활용하여 사용 · 수익할 권리를 부여해 권리관계를 명확히 하였다. 그러나 「개인정보 보호법」의 보호를 받지 않는 국내 산업정보 데이터가 무상으로 해외 유출되어 사용될 여지가 있어 보완이 필요하다.

---

70 산업통상자원부 보도자료, "미래차, 가전·전자 등 6대 산업 분야 '연대와 협력'으로 산업 디지털 전환(DX) 앞장서다", 2020. 10. 28.

71 한국데이터산업진흥원도 2019년 발행된 『마이데이터 서비스 안내서』(웹용)에서 전체 디지털 데이터 중에서 개인 데이터의 비중을 75%로 추산하고 있으므로 약 25%가 산업데이터라고 볼 수 있다.

72 제정안은 조정식 의원이 발의(2020.9)한 「산업 디지털 전환 촉진법안」, 고민정 의원이 발의(2020.10)한 「산업의 디지털 전환 및 지능화 촉진에 관한 법안」, 양금희 의원이 발의(2020. 12)한 「기업 디지털 전환지원 법안」을 병합한 것이다(산업통상자원부 보도자료, "「산업 디지털 전환 촉진법」 공포안 국무회의 의결", 2021.12.27).

한편, 빅데이터세의 도입 필요성을 사회 · 경제학적으로 기본소득과 연관해서 찾는 경우 기본원리는 IT 기업이 확보하여 만든 빅데이터가 기업의 소유물이 아니라 데이터 주체의 소유[73]라는 것에 착안한 것이다. 따라서 비록 비식별 조치가 되었고, 그 과정에서 기업들의 가공이 들어가서 사실상의 권리가 회사로 귀속된다고 하더라도 원료에 해당하는 원시 데이터를 사용한 대가를 청구할 수 있다는 논리이다. 그러나 원시 데이터가 아닌 빅데이터의 소유 관계에서 본다면, 빅데이터를 만든 기업이 저작권을 포함한 재산상의 권리를 가지게 되며[74], 개인은 일종의 사후적 이익참여권[75]에 불과하다는 비판[76]에서 자유로울 수 없다. 따라서 국가가 개인을 대신하여 데이터 사용에 대한 대가를 조세의 형태로 과세하고 다시 데이터 배당(data dividends)의 형태로 기본소득을 지급하는 논리는 개인이 가진 데이터에 대해 소유권의 법적 범위에 대한 공격에 취약하다. 뿐만 아니라 법인이 발생시킨 산업데이터의 수집 · 사용에 대한 과세논리

---

73 목광수, 앞의 글, 161면.

74 *British Horseracing Board Ltd and Others* v. *William Hill Organization Ltd*, 9 November 2004 Case C-203/02; 빅데이터 개념 발생 전에 데이터베이스를 구축하기 위해 기업이 비용을 지출한 경우에만 저작권이 인정되고, 단지 데이터베이스를 만들기 위해 수집되는 개별 데이터 자체에는 저작권이 인정되지 않는다고 했다.: *Feist Publications, Inc.* v. *Rural Telephone Service Co., Inc.*, 499 U.S. 340(1991); 전화번호부에 들어간 개인의 데이터는 단지 사실에 불과할 뿐이어서 그 내용만으로 자신의 저작권을 주장할 수 없다고 보았다.

75 하나하나의 원시 데이터 자체는 경제적 가치를 찾을 수 없고 빅데이터가 되어서야 상대적으로 경제적 가치가 크다는 것이 일반적이다. 그렇다면 빅데이터를 만든 기업이 특허 발명과 같이 전체 소유권을 인정받아야 하는데, 이는 엄밀한 의미에서 배타적 소유권이라고 할 수 없고, 사후적 이익참여권은 사회 경제적 분배 관점에서만 고려할 가치가 있다.

76 이동진, 앞의 글, 235~236면.

를 만들 수 없다는 점도 한계이다.[77] 또한, 유럽의 스니펫세(snippet tax)[78]에서 구글이 주장했던 것처럼 IT 회사들이 빅데이터의 공정이용이라는 명목으로 개인의 원시 데이터를 사용할 수 있다[79]고 주장할 경우[80] 데이터 사용대가를 징수할 수 있는 법적 권리에 대한 논란을 불러일으킬 수도 있다. 게다가 데이터소유권을 정보 주체와 불가분의 관계로 인식하는 절대적 권리로 인정할 경우 데이터유통에 제약이 따르게 되고, 향후 데이터 산업 전반에 악영향을 줄 우려[81]도 무시할 수 없다.

다. 데이터세 과세대상 선정시 고려사항

일반적으로 조세법학에서 과세요건 법정주의에 따라 법률에 반드시 과세요건을 구체적으로 열거하도록 하고 있다. 과세요건이란 납세의무자, 과세대상, 과세표준, 세율을 의미한다. 이때 과세대상이 되는 데이터

---

77 데이터 배당(data dividends)의 형태로 기본소득을 지급하는 논리는 데이터의 법적 소유권 측면에서 논리적인 흠결을 가지고 있지만, 데이터세의 과세 대상을 개인 정보 데이터에만 한정시키게 되어 추가적으로 산업 데이터까지 과세 베이스를 확장시키지 못한다는 단점도 있다.

78 스니펫세는 뉴스의 기사 일부(snippet)를 광고 등에 사용하여 수익을 내고 있는 구글을 중심으로 한 검색 엔진 회사들에게 뉴스 사용료나 저작권료를 징수하는 것을 의미한다. 뉴스 링크를 접속할 수 있게 한다고 해서 스니펫세를 링크세(link tax)라고 부르기도 한다. 자세한 논의는 본문 173쪽 이하 참조.

79 우리나라도 한미 FTA 협상 이행을 위해 2011년 12월 2일 미국의 「저작권법」 제107조를 바탕으로 「저작권법」 제35조의3을 신설하여 저작물의 공정한 이용에 대하여 규정하고 있다. 아직 우리 대법원이 이 조항과 관련된 판결을 선고한 적은 없지만, 미국 법원이 착안한 변형적 이용 이론(transformative use doctrine)에 의하면 디지털 환경에서 저작물의 공정 이용 범위를 확대시키고 역으로 개인이 가진 권리가 축소된다(이흔재, "인터넷서비스제공자와 공정이용: 구글의 사례를 중심으로", 「동북아법연구」 제10권 제2호, 전북대학교 동북아법연구소, 2016, 427~428면). 따라서 저작권의 측면에서 데이터에 대한 소비자의 권리는 그 법적 근거로 사용하기가 더욱 어려워질 것이다.

80 김현경, "국내·외 플랫폼 사업자 공평규제를 위한 제언", 「성균관법학」 제29권 제3호, 성균관대학교 법학연구원, 2017, 84면.

81 최경진, 앞의 글, 219면.

를 결정할 때 데이터에 대한 권리(소유권)에 대해 고려할 필요가 있다.

과거 개인 정보에 대한 권리는 정신적 손해배상의 청구와 위자료 지급을 가능하게 하는 것이 인격권의 일종임을 전제했기 때문에 개인 정보자기결정권은 단지 인격권이라는 견해[82]가 일반적이었다. 그러나 과세를 위한 경제적 가치가 있는 재화로서 데이터에 대한 소유권은 인격권이 아닌 재산권으로 한정해야 하고 「개인정보 보호법」에서 말하는 자기 결정권에 의하여 보호되는 개인 정보에 대한 권리를 포함하지 않는 것이 적절하다. 한편, 현재 데이터 소유권 즉, 재산권 부여의 대상이 되는 데이터에 대한 논쟁은 익명화 등으로 비식별 조치된 데이터(deidentified data)이다.[83] CCPA에 의하면, 개인 정보의 재사용(판매 등)은 인정하되 해당 소비자가 이를 금지할 것을 요구하면 재사용할 수 없지만, 비식별 조치를 한 경우에는 해당 소비자가 CCPA에 의해 보호되는 권리를 갖는다고 볼 수 없다.[84] CCPA는 소비자의 프라이버시 보호를 목적으로 하므로 개인을 식별할 수 없는 정보까지 보호할 필요가 없기 때문이다. 따라서 가명정보나 익명정보와 같이 비식별 조치가 된 데이터에 대한 데이터 주체의 재산권 인정 가능성은 별개의 문제로 보아 해결해야 한다. 우리가 현재 고려

---

82 정상조·권영준, "개인정보의 보호와 민사적 구제수단", 「법조」 제58권 제3호, 법조협회, 2009, 20면.

83 이동진, 앞의 글, 224~226면.

84 우리나라 「개인정보 보호법」도 개인 정보를 살아 있는 개인에 관한 정보로 이름, 주민등록번호 또는 영상 등을 통하여 개인을 알아볼 수 있거나 다른 정보와 결합하여 식별할 수 있는 정보라고 정의하고 있다. 최근 이 범위에 원래 상태로 복원하기 위해 추가적인 정보를 사용하거나 결합 없이는 특정 개인을 알아볼 수 없는 가명 정보도 포함시켰다(「개인정보 보호법」 제2조 제1호 다목).; 과거 개인 정보에 대한 정의는 「정보통신망법」 제2조 제6호에서 규정하고 있었다. 그러나 데이터 3법이 2020년 2월 4일 개정되면서 「정보통신망법」에서는 삭제하고 「개인정보 보호법」에서 개인 정보를 정의하면서 가명 정보까지 포함하는 것으로 그 범위를 확대했다.

하고 있는 개인 정보에 대한 재산적 권리 중에서 가명정보나 익명정보는 개인이 그 권한을 행사할 수 없더라도 공공재로서 그 재산적 가치가 인정된다면 정부가 공공재의 이용 대가에 대하여 과세할 수 있을 것이다.

다만, 데이터 3법의 개정 이유가 빅데이터 산업의 육성을 목적으로 하는 점에서 볼 때 데이터세는 관련 산업의 해외 경쟁력 확보와 연관 산업의 발전에 지장을 초래하지 않을 정도의 적당한 범위이어야 한다. 이런 관점에서 기업이 발생시킨 산업데이터도 데이터세의 부과 대상으로 눈여겨보는 이유이다. 산업데이터를 기업이 자체적으로 소유한 경우 그 소유권에 대한 문제는 없지만, 그 외의 산업데이터는 역시 아무런 대가 없이 사용된다는 점에서 그 경제적 가치에 대하여 데이터세를 부과할 필요가 있다. 즉, 데이터세가 포착해야 할 과세대상은 소유권 행사의 사각지대에 있는 데이터를 대상으로 해야 한다. 마이데이터 산업이 뿌리를 내리더라도 개인의 채권적 권한 행사가 제한되는 영역들도 존재하기 때문이다. 따라서 기술적으로 식별, 비식별 데이터를 구분하지 않고 전체를 포괄적으로 과세대상으로 하되, 마이데이터를 통해 개인이 소유권을 행사한 데이터 용량만큼 과세표준에서 공제하는 방법을 사용할 수 있다. IT 업체에서 수집하는 초기 데이터는 비식별 정보보다 식별 정보가 훨씬 많다는 점에서도 과세상 세수의 일실을 줄이기 위한 절차적 요소로서도 필요하다.

한편, 데이터의 소유권이 데이터 주체에게 있든, 이를 수집한 기업에게 있든 납세의무자를 특정하는 것은 조세 부과 측면에서 큰 문제점이 없다. 조세를 부과하기 위해서는 소유권의 귀속과 상관없이 과세대상인 데이터가 재산적 가치가 있는 재화이어야 되는 것이며, 소유권은 단지 담세자와 납세의무자[85]의 차이만 가져올 수 있기 때문이다. 조세 부과의 본질은 재산권의 본질적 내용을 침해하지 않는 범위 내에서 국가 재정수요를 위한 자금을 조달하고, 경기변동을 조절하기 위한 정책적 기능과 국민의 복지 증진을 위한 사회 정책적 기능을 수행하기 위한 법적 행위[86]이다. 모든 조세는 사실 개인이나 법인이 소유한 자산을 기초로 수익을 발생시키거나 소비하는 행위에 대해 부과하는 것이고 이러한 재원으로 개인은 국방, 사회기반시설 이용, 의료복지 등의 간접적인 급부만을 받을 수 있을 뿐이다. 따라서 국가가 재산적 가치가 있는 재화에 대하여 조세를 부과한다고 할 때 그 실질적인 소유권자가 누구냐는 조세채권 확보와 크게 상관이 없다. 간접세를 부과할 때 소유권 또는 담세자와 상관없이 징수 편의에 따라 납세의무자를 결정할 수 있는 것도 같은 이치이다. 다만, 데이터가 과세대상으로서 적정한 경제적 또는 재산적 가치를 가질 수 있는지, 담세자인 그 소비자를 특정할 수 있는지, 조세 부과의 정도가 원본을 침식하여 재산권을 침해할 만큼 과다한지가 더 중요한 의미를 가진다. 결국, 마이데이터 산업에서 사용되는 정보 주체의 개인 데이터를 과세대상에서 제외하는 이유는 정부의 마이데이터 산업 육성정책과 상충하지 않는다는 정책적인 목적과 더불어, 마이데이터를 활용해 수익을 발생시키는 정보 주체에게 별도로 부가가치세 또는 소득세 등을 통해 조세가 보전되기 때문이다. 특히 데이터의 역외 이동과 관련하여 국내에서 발생한 데이터를 자원이라고 본다면 재산권의 행사가 제한되는 비식별 데이터 등과 같이 아무런 대가 없이 유출되는 데이터에 대한 통제 권한

85 담세자와 납세의무자를 포함하여 납세자라고 한다.
86 임승순, 『조세법』, 박영사, 2020, 6~8면.

을 국가가 행사할 필요가 있다.

3. 데이터의 역외 이동

가. 국가의 데이터 주권

컴퓨터 프로그램을 기술함에 있어 실행속도나 오차 등을 줄이기 위해 만든 실행 명령어 순서를 의미하는 알고리즘이 엔진이라면, 데이터는 이를 돌리는 연료라고 할 수 있다. 아무리 머신러닝을 통해 알고리즘을 코딩하더라도 훈련시킬 예측모델을 만들 수 없고, 검증할 데이터조차 없다면 에너지가 없어 동작이 멈춘 기계와 같기 때문이다.[87] 디지털 경제에서 데이터가 새로운 자원으로서 평가받는 이유가 여기에 있다. 데이터가 디지털 경제사회에서 수익을 발생시킬 수 있는 자원이라는 점은 이미 구글, 페이스북 등의 다국적 IT 기업들의 사업모델이 성공을 거두었다는 점을 통해서도 입증되고 있다. 한편, 국가가 과세권을 행사할 수 있는 범위도 국가의 주권이 미치는 영역에 국한될 것이므로 한 국가에서 발생한 경제적 자원에 해당하는 데이터가 해외로 이동할 때 국가가 통제권을 행사할 수 있는지도 고찰해볼 필요가 있다. 우리나라는 「헌법」 제3조에서 대한민국의 영토는 한반도와 그 부속 도서로 한다고 명시하고 있다. 또한, 제120조 제2항에서 국토와 자원은 국가의 보호를 받으며, 국가는 그 균형 있는 개발과 이용을 위하여 필요한 계획을 수립한다고 명시하고 있다. 따라서 데이터가 디지털 경제에서 자원이라는 데 이의가 없고 국내에서 발생하였다면, 국가는 그 자원을 이용하는 통제권을 가진다

---

87 박상철, 앞의 글, 260면.

고 볼 수 있다. 유럽사법재판소도 다국적기업과 관련하여 유럽연합 정보보호법의 영토적 관할범위를 확장하여 해석[88]하였고, GDPR도 규제의 영토적 범위[89]를 유효하게 정함으로써 EU 역외의 다국적기업이 GDPR을 준수하게끔 하였다.[90] 미국도 2018년 시행된 해외정보이용 합법화법(Clarifying Lawful Overseas Use of Data Act; CLOUD Act)을 통해 국가안보 등을 이유로 미국 정부 기관이 실제 데이터가 저장된 위치와 관계없이 정보의 이전을 요청할 수 있게 함으로써 자국의 역외데이터 접근에 대한 법적 근거를 마련하였다.[91]

디지털 경제에서 개인은 데이터의 소비자이면서 동시에 데이터의 가치를 창출하는 자로서 데이터 주권을 가진다. 데이터 주권(data sovereignty)이란, 정보 주체인 개인이 자기 자신에 관한 데이터의 흐름(생성, 저장, 유통 및 활용)을 스스로 결정하여 자신의 이익을 위하여 어떻게 사용할 것인지 등을 직접 관리하고 통제할 수 있는 배타적 권리를 의미한다.[92] 그러

---

88 *Google Spain SL and Google Inc*. v *AEPD and Mario Costeja González*, 13 May 2014.; 유럽사법재판소는 여러 회원국의 영토에 특히 자회사를 통해 단일 관리자(controller)가 설립되었을 때 국가 규칙을 회피하지 않기 위해 활동에 적용되는 국가법에 의해 부과되는 의무를 이행하도록 보장해야 하며, 데이터의 처리는 사용된 수단이 위치한 회원국의 법에 의해 지배되어야 한다고 밝히고 있다.

89 GDPR 제3조 제1항에 따르면, GDPR 규정은 EU 역내의 개인정보처리자(또는 수탁처리자)의 사업장에서 처리되는 개인 정보에 적용되고, 이때 해당 처리가 EU 역내 또는 역외에서 이뤄지느냐의 여부는 관계없다고 규정하고 있다.

90 Kristina Irion·권헌영(역), "개인정보의 국경 간 이전에 관한 EU 법률의 이해: 글로벌 환경과의 조화(EU Law on Cross: Border Flows of Personal Data in a Global Perspective", 「경제규제와 법」 제11권 제2호, 서울대학교 법학연구소, 2018, 62~63면.

91 우창완·김규리, 「(EU 정책분석 보고서) 데이터 주권과 데이터 국경」, 한국정보화진흥원, 2020, 4면.

92 윤수영, "4차 산업 혁명 시대의 소비자 데이터 주권에 대한 고찰: EU GDPR을 중심으로", 「소비자학연구」 제29권 제5호, 한국소비자학회, 2018, 93면.; 권리 행사의 주체가 개인이고 객체가 개인 정보보다는 세밀한 수준의 데이터라는 것이 개인 정보 자기결정권과 차이가 있다.

나 소유권(ownership)이 재산권처럼 그 실체를 확인할 수 있는 것과는 달리 주권(sovereignty)은 법률적으로 구체적인 권한 행사를 논하기 어렵다. 따라서 앞에서 살펴본 바와 같이 개인이 데이터에 대한 법적 소유권(Data ownership) 없이 데이터를 사용하는 회사를 상대로 그 재산적 권리를 행사하는 데에는 제약이 따르므로 개인이 채권적 지위를 이용하는 방법으로 마이데이터 산업의 틀을 만들어 놓았다. 한편, 데이터가 자원으로 인식되는 디지털 경제사회에서 이러한 데이터 주권은 반드시 개인에게만 한정할 수 있는 것은 아닐 것이다. 국가 입장에서는 양질의 데이터가 발생할 수 있는 기반을 마련하였기 때문에 국내에서 발생한 데이터가 자원이라면 국가의 주권(data sovereignty)도 인정되어야 한다. 왜냐하면, 한 국가 내에서 데이터가 사용되고 유통될 수 있는 기반산업의 확충은 개인의 노력(데이터 생산) 이외에도 산업 전반에 걸쳐 CDMA 기술 도입, 과학기술육성지원 등 국가정책에 의한 결과이기 때문이다. 헐리우드 영화나 애플사의 아이폰이 미국을 제외한 외국에서는 한국을 처음 출시하는 장소로 결정하는 것도 소비자의 반응이나 활용도에 대한 정보를 가장 정확하고 빠르게 얻을 수 있기 때문이다. 국가의 주권이 어떤 서비스를 생산하기 위해 고유의 능력이 필요하거나 해당 국가에서 자료의 반출을 허락할 때 국가안보와 같이 취급된다는 전통적 견해에서는 비관세 무역장벽의 문제들까지 국가 주권과 연계시키기도 한다.[93] 따라서 국가별로 인터넷 보급, 정보화 정도의 차이가 크게 나는 것으로 볼 때 한 국가 내에서 데이터가 양질의 자원이 되기 위한 국가의 역할은 필수적이며, 주인으로서 그 권리를 인

93 김창수, "정보의 국제적 유통에 관련된 문제들", 「논문집」 제1호, 광주대학교 민족문화예술연구소, 1992, 42면.

정하는 것이 정당하다.

나. 유럽의 데이터 현지화 정책

유럽연합(이하 EU)은 2018년 5월부터 시행한 개인 정보 보호 규정(General Data Protection Regulation, 이하 GDPR)을 통해 역내 단일시장에서 개인 정보의 자유로운 이동은 보장하면서도 EU 역외 반출에 대해서는 엄격히 통제함으로써 데이터 주권을 확보하고자 하였다. 이를 위해 GDPR은 개인의 데이터 소유권(주권)과 국가의 데이터 주권 두 개로 나누어 논의하였다. EU 회원국 시민들의 개인 정보 보호를 위해 역외 이동규칙을 규정하면서 한편으로는 미국, 중국 등 거대 플랫폼 기업으로부터 데이터 유통시장을 탈환하기 위해 데이터를 현지화(localization)[94]하는 방법을 선택하였다. 데이터 현지화는 개인 정보 보호뿐만 아니라 향후 디지털 경제에서 유럽연합 기업들의 대외 경쟁력과 밀접한 영향력이 있다고 본 것이다.

데이터의 역외 이동(transfer of personal data to third countries) 규칙을 규정한 GDPR에 따르면, EU 역외기업이 EU 시민의 개인 정보를 국외로 전송하기 위해서는 데이터가 전송되는 제3국의 개인 정보 보호 수준이 제45조에서 정한 적정성 판단(Adequacy Decision)을 통과하거나[95], 제46조에서 정

94 데이터의 현지화란 서버와 같은 데이터 보관 장소를 현지에 둔다는 의미가 아니라 정보 열람을 통제하기 위해 데이터의 국외 반출을 엄격히 규제하는 것이다(우창완·김규리, 『(EU 정책분석 보고서) 데이터 주권과 데이터 국경』, 한국정보화진흥원, 2020, 3면). 그런데 유럽은 미국과 중국 기업들에 의해 데이터 유통시장을 잠식당한 상태여서 표면상으로는 개인 정보 보호를 위한 데이터의 EU 역외 이동을 제한한다고 하면서도 내부적으로는 유럽 기업들의 기술 주권 확보와 데이터 활용을 위한 조치로서 데이터 현지화 정책을 추진하고 있다(European Commission, *Shaping Europe's Digital Future*, COM(2020) 67 final, Brussels, 2020, pp. 1~2.).

95 제45조 제3항에 규정한 바와 같이 집행위원회의 결정이 없을 경우, 제46조 제1항에 근거하여 개인정보처리자나 수탁자가 적정한 안전조치를 제공한 경우에 한하여 이전할

한 적절한 수준의 보호조치(Appropriate safeguards)를 하고 있다는 것을 보장해야만 한다. 만약 이를 어길 경우[96] 최대 2,000만 유로와 해당 기업의 전 세계매출액의 4% 중 큰 금액이 과징금으로 부과된다.[97] 하지만, 이러한 GDPR의 강도 높은 역외 이동 규정은 WTO가 추구하는 자유로운 무역에 대한 제재로서 작용하여 GATS[98] 제19조[99]에서 규정하고 있는 점진적 자유화(progress liberalization)와 상충한다는 지적[100]도 있다. GDPR 제45조 제3항에 의해 적정하다고 EU 집행위원회의 승인을 받은 국가는 아르헨티나, 안도라, 캐나다(PIPEDA가 적용되는 곳), 스위스, 페로제도(Faroe Islands), 게른시(Guernsey), 이스라엘, 맨섬(Isle of Man), 일본, 저지(Jersey), 우루과이 동부 공화국, 뉴질랜드 등이다. 우리나라도 EU 집행위원회로부터 적정성 인정을 받은 국가로 2021년 12월 17일 정식 승인되었다.[101] 적정성 판단은 적

수 있도록 정하고 있다.

96 EU로부터 해당 국가나 기업의 안전조치가 부적절하다는 결정을 받는 등 발생 가능한 위험이 있다면 정보 주체에게 사전에 고지해야만 하며, 그럼에도 정보 주체가 위험을 감수한다면 이전할 수 있다(중소기업기술정보진흥원, 2020 이슈 리포트, 「데이터 3법 개정이 국내 산업에 미치는 영향」, Vol. 2, 2020, 22면).

97 GDPR 제83조 제5항, 제6항

98 WTO는 무역 자유화를 위한 다자간 규범들을 만들고 있는데, 상품 무역에 관한 규범인 GATT, 서비스 무역의 경우 GATS로 구분할 수 있다. 상품 무역에서는 상품만 국경을 이동하지만, 디지털 경제에서 서비스 무역은 서비스뿐만 아니라 이를 공급하는 자와 소비하는 자도 자유롭게 이동할 수 있다는 차이점이 있다. 1947년 GATT가 만들어진 이후 서비스의 교역이 활발해짐에 따라 1994년까지 진행된 UR 협상에서 서비스 교역의 장벽을 제거하고 서비스 무역의 자유화를 가속화하기 위한 다자간 규범으로 「서비스 무역에 관한 일반협정(General Agreement on Trade in Services, 이하 GATS)」이 제정되었다.

99 회원국은 보다 높은 수준의 자유화를 달성하기 위하여 점진적으로 시장 접근을 확대할 수 있도록 적절한 융통성이 부여되며, 개발도상회원국도 외국의 서비스 공급자에게 자국 시장에 접근을 허용할 경우 개발도상국의 참여 증진을 이처럼 시장 접근 허용 조건으로 할 때 적절한 융통성이 부여된다.

100 류병윤, "개인데이터의 보호 대(對) 자유로운 국제이동: 국제법의 현재와 미래", 「IT와 법 연구」 제21집, 경북대학교 IT와 법연구소, 2020, 71면.

101 "Adequacy decisions: How the EU determines if a non-EU country has an adequate level of data protection." European Commission 홈페이지. ec.europa.eu/info/

어도 매 4년마다 정기적 검토를 통해 이 목록에 추가되거나 목록에서 제외되는 국가는 공식 저널을 통해 발표된다.[102] 이전에 유럽연합과 미국 간에 체결된 정보 보호에 관한 safe harbor 규정은 2015년 10월 Schrems decision[103]에 따라 더 이상 적용되지 않는다. 유럽사법재판소는 개인 정보에 대한 EU 회원국들의 감독 권한이 세이프하버 협정보다 우선 적용되는 데, EU 집행위원회 단독으로 미국과 협정하여 데이터 이전을 허가했다는 점[104]과 EU 집행위원회가 유효하다고 내린 결정 자체도 EU 지침의 적정성 요건을 충족시키지 않았다[105]고 판단했다. 이 판결의 영향으로 2016년 5월 24일 GDPR이 제정되었고, 2016년 7월 12일 EU와 미국 사

---

law/law-topic/data-protection/international-dimension-data-protection/adequacy-decisions_en(검색일: 2021.12.27.)

102 Ruth Boardman, Ariane Mole, *Guide to the General Data Protection Regulation*, Bird & Bird, May 2020, p. 52.; 우리나라도 GDPR을 참고하여 국외 이전 시 정보 주체 동의 요구가 기업의 부담 유발한다는 점을 보완하기 위해 적정한 개인 정보 보호 수준이 보장된다고 개인정보보호위원회가 인정하는 국가 또는 기업으로 전송하는 경우 별도의 동의 없이 국외 이전을 허용할 방침이다(개인정보보호위원회 보도자료, “국민이 신뢰하는 데이터 시대, 개인정보 보호법 2차 개정으로 선도한다”, 2020.12.24, 9면).

103 2013년 미국 CIA 직원이었던 에드워드 스노든(Edward Snowden)의 내부 고발에 의해 미국 국가안보국(NSA) 등의 정부기관이 페이스북 등 IT 기업들의 개인 정보를 감시한 사실이 발각된 사건을 계기로 오스트리아 대학생이던 막스 슈렘스(Max Schrems)가 아일랜드 데이터 보호기관을 상대로 한 소송 사건이다. 유럽사법재판소(EU Court of Justice)는 결국 EU 집행위원회와 미국 사이에 체결된 세이프 하버(safe harbor) 협정이 무효라고 판결했다.

104 Court of Justice of the European Union, PRESS RELEASE No 117/15, Luxembourg, *The Court of Justice declares that the Commission's US Safe Harbour Decision is invalid*, 6 October, 2015; 재판소는 무엇보다도, 어떤 명령의 규정도 유럽연합의 기본권 조항과 지침 아래 제3국으로 개인 정보 데이터를 전송하는 것에 대한 회원국 감독당국의 감독을 방해하지 않는다고 했다. curia.europa.eu/jcms/upload/docs/application/pdf/2015-10/cp150117en.pdf(검색일: 2020.12.4.)

105 과거 EU「개인정보보호지침(Directive 95/46/EC)」제25조 제1항에서 제3국이 적정한 보호 수준을 보장하는 경우에만 개인 정보의 제3국에의 이전을 허용하였고, 제2항에서 적정성(Adequacy)의 판단을 EU 집행위원회(EC)가 실체적·절차적·집행적 측면에서의 준수 정도를 종합적으로 검토하여 결정할 수 있었다.

이에 EU-US Privacy Shield 협정이 새롭게 체결되었다.[106]

이후 2019년 8월 국제표준화기구(International Organization for Standardization 이하 ISO)는 ISO/IEC 27701 인증을 발표하였다. ISO/IEC 27701은 기관의 보안조직, 시스템, 사고시 대응 방안 등 보안시스템의 관리 · 운영에 대한 필요사항과 개인 정보 보호를 위한 요구사항을 포괄하는 정보 보호 관리체계 국제인증이다. ISO/IEC 27701 인증은 EU 회원국과 유럽 국경을 넘어 글로벌 비즈니스가 가능하도록 GDPR 준수를 염두에 두고 제정되었다. 따라서 새로운 ISO표준은 기업이 어떠한 국가에서 일하든 GDPR의 요구사항을 충족시킬 수 있을 것으로 보고 있다.[107] GDPR 제42조 제5항에 의해 해당 기준이 유럽 정보 보호이사회에 의해 승인되면 EU 회원국과 감독기관, 유럽 정보 보호이사회, 집행위원회는 개인정보처리자가 시행하는 처리작업이 GDPR을 준수하고 있음을 입증하기 위한 목적으로 사용할 수 있다.[108]

국내에서도 데이터 주권을 확보하려는 시도가 있었다. 더불어민주당 변재일 의원이 20대 국회였던 2018년 9월에 발의한 '데이터 서버 현지화 법안'이 그것이다. 당시 MS 한국지사는 해당 법안을 21세기 척화비라고도 혹평하기도 했고, 주한미국대사관까지 나서서 반대 의사를 명확히 하였다.[109] 우리나라가 가입하지는 않았지만 2015년 환태평양경제동

---

106 차상육, "세이프하버협정 무효판결 이후 EU 일반개인 정보 보호 규정의 내용과 우리 개인 정보 보호 법제상 시사점-개인 정보의 국외이전에 관한 비교법적 연구를 중심으로", 「법학논총」 제36권 제1호, 한양대학교 법학연구소, 2019, 214~215면.

107 Tacking Privacy information management head on: First International standard just published, www.iso.org/news/ref2419.html(검색일: 2020.12.23.)

108 GDPR 제42조 제1항

109 "MS, '데이터서버 현지화 법안은 21세기 척화비'", 아시아경제 2018.11.28 기사, www.asiae.co.kr/news/view.htm?idxno=2018112819232534943(검색일: 2020.12.24)

반자협정에서 서버를 현지에 두는 것을 강요하지 않는다는 결의안이 나온 상태[110]였고, 이런저런 이유로 데이터 서버 현지화 법안은 입법되지 못하였다.[111]

다. 국내법상 정보 보호 관리체계의 개편 방향

우리나라는 정보 보호 관리체계(Personal information & Information Security Management System, 이하 ISMS) 인증을 「정보통신망법」 제47조에 규정하고 있다. 2003년 1월 25일 국내 인터넷망이 서비스거부 공격으로 마비된 인터넷 대란 이후 기업과 공공 기관에게 최소한의 보안 조치를 의무화했던 종전의 정보 보호 안전진단 제도를 폐지하고 높은 수준의 정보 보호 관리체계 인증제도로 일원화한 것이다. 그런데 현행 우리 법률을 볼 때 유럽연합의 GDPR의 보호 기준과는 다른 양상을 보인다. 「정보통신망법」이 2012년 2월 17일에 개정된 이후 정보통신망 서비스제공자 중에서 매출액과 이용자 수 등이 일정 규모 이상인 기업[112]과 공공기관에게 ISMS 인증을 의무적으로 받도록 하고 있다.[113][114] 한편, 「개인정보 보호법」 제39조의 11에서 국내 대리인 지정의무대상자도 정보 보호 관리체계와 같은 기준

---

110 Chapter 14 Electric Commerce, ustr.gov/sites/default/files/TPP-Final-Text-Electronic-Commerce.pdf(검색일: 2020.12.18)

111 반면, 최근 애플은 러시아법을 준수하기 위해 러시아 모스크바에 위치한 아이셀러레이트(IXcellerate)가 운영하는 서버에 현지 이용자의 데이터를 저장하고 있다고 밝히기도 했다., it.chosun.com/site/data/html_dir/2019/02/05/2019020500266.html(검색일:2020.12.24)

112 전년도 매출액이 1조 원 이상인 자, 단 정보통신서비스 부문은 매출액이 100억 원 이상인 자, 전년 말 기준 직전 3개월간 이용자 수가 일평균 100만 명 이상인 자 등이다.

113 한국인터넷진흥원, 「정보보호 관리체계(ISMS) 인증제도 개요」, 미래창조과학부, 2017, 13면.

114 「정보통신망법」 제47조 제2항

을 충족할 것을 규정하고 있다.[115] 여기서 정보통신망 서비스제공자란 「전기통신사업법」 제2조 제8호에 따른 전기통신사업자와 '영리 목적'의 전기통신 역무를 이용하여 정보를 제공하거나 매개하는 자를 말한다.[116] 그러나 반드시 영리 목적이란 제한을 가하는 것이 비영리 정보의 제공이나 매개와 관련된 규율을 배제할만한 당위성은 없어 보인다.[117] 조세법적으로도 구글의 국내 자회사인 구글코리아와 같은 외국 IT업체들이 단순 연락사무소로서 보조적이고 예비적인 활동만 한다면 국내에서 직접 영리사업을 한다고 볼 수 없어 법인세를 과세할 수 없고,[118] 「정보통신망법」상 전산망 사업 요건에도 해당하지 않게 되므로 ISMS 인증의무가 없어 정보보호 관리체계 안에서 적절히 관리할 수 없게 된다. 이를 반증하듯, 현재 국내기업이 지분을 많이 소유한 스타벅스코리아는 ISMS-P 인증[119]까지 받았지만, 구글코리아는 어떠한 인증도 받은 적이 없으며 「개인정보 보호법」상 국내 대리인의 요건을 충족시킬 수 있을지도 불확실하다.

---

115 개인 정보를 처리하는 자연인이나 법인, 공공기관, 기관 또는 기타 기구가 컨트롤러가 되면 GDPR의 적용 대상이 되는 것과 차이가 있다. 다만 개인정보처리자 또는 개인정보처리자 지정을 위한 구체적 기준을 유럽연합 또는 회원국 법률로 규정할 수 있다(GDPR 제4조 제7항).

116 「정보통신망법」 제2조 제1항 제3호

117 이민영, "'정보통신서비스 제공자'에 대한 법적 고찰: 개념의 유용성과 범주의 정합성을 중심으로", 「성균관법학」 제30권 제4호, 성균관대학교 법학연구원, 2018, 96면

118 「법인세법」 제94조 제4항에 따르면, 단순 구입만을 위해 사용하거나 판매 목적이 아닌 자산의 '저장과 보관', 광고, '정보의 수집 및 제공', 시장조사, 외국 법인이 자기의 자산을 타인으로 하여금 '가공'할 목적으로만 사용하는 장소가 외국 법인의 사업상 예비적 보조적 활동을 위하여 사용된다면 국내 사업장으로 보지 않고 있다.

119 ISMS-P는 ISMS 인증에 개인 정보 보호까지 포함된 넓은 보호 수준이다. 기업들의 정보보안에 대한 인증을 의무화하여 주요 정보 자산의 유출과 그에 따른 피해를 사전에 예방할 수 있도록 개인 정보의 수집 단계부터 보유 및 이용과 파기 단계까지 종합 관리 체계를 갖추게 한 것이다. 따라서 개인 정보의 항목, 보유량, 처리 목적 및 방법, 보유 기간 등 현황을 정기적으로 관리하여야 하며, 매년 사후 심사까지 받게 하고 있다.

따라서 과세관청에게 국외 IT 기업이 역외서버로 데이터를 얼마나 전송하였는지 파악하고 적절히 과세할 수 있는 권한을 부여하기 위해서는 「정보통신망법」상 ISMS(또는 ISMS-P) 인증대상에 국내 자회사 또는 국내 대리인을 포함하되, 사업자 요건 또는 매출액 규모 등의 조건과 상관없이 인증을 받도록 해야 한다. 물론, 이러한 요건이 실질적인 개인 정보 보호보다는 Schrems 사례에서처럼 데이터 전송을 보호하기 위한 절차적 메커니즘에만 초점을 맞추는 경향을 보여준다는 비판[120]이 있을 수 있다. 하지만, 조세법의 경우 과세권을 실현하기 위해서는 절차적인 요소도 중요하며, 절차법적 정당성이 과세관청에 의한 처분행위의 적법성 확보와 더불어 실질적인 세원확보의 근간이 된다는 점에서 (데이터세 도입의 성공을 위해서라도) 데이터 전송과 관련된 법적 매커니즘의 완성은 필수적이다. 효율적인 과세는 (역외로) 이전되는 데이터에 대하여 정보 보호 관리체계 안에서 어떻게 적절히 관리할 것인가 하는 문제로 귀결된다.

4. 데이터 법률체계의 정비

EU는 경쟁성, 공정성, 혁신, 시장진입 가능성 및 경쟁이나 경제적 고려를 뛰어넘는 공공이익을 보장하기 위해 추가 규칙의 필요성을 절감하여 2020년 4분기 데이터 거버넌스를 위한 입법 프레임워크를 발표하고 2021년에 별도의 데이터법(Data Act)을 입법[121]하였다. 우리나라도 2021년

---

120 Christopher Kuner, *Reality and Illusion in EU Data Transfer Regulation Post Schrem*, 18 German Law Journal, 2017, p. 882, 915.

121 European Commission, *Shaping Europe's Digital Future*, COM(2020) 67 final, 2020, pp. 9~10.

10월 19일 「데이터 산업진흥 및 이용촉진에 관한 기본법(약칭 데이터 산업법)」을 제정하였다. 기존에 데이터 3법이 프라이버시권을 보호하기 위한 것이라면 「데이터 산업법」은 데이터를 경제적 부가가치 창출을 위한 재료로 간주하고, 데이터 생산, 거래 및 활용 촉진을 목적으로 한다. 하지만, 법안의 주목적이 마이데이터 산업에 대한 법적 근거로서 역할을 기대할 수 있을 뿐, 국가가 국내에서 발생한 데이터를 국내 자원이라고 보아 그 주권을 행사할 수 있는 근거는 없다. 예를 들어, 법 제15조에서 데이터 이동권을 규정하고 있는데, 정부는 데이터의 생산, 거래 및 활용 촉진을 위하여 데이터를 본인 또는 제3자에게 원활하게 이동시킬 수 있는 제도적 기반을 구축하도록 노력하여야 한다고만 명시하고 있을 뿐 구체적인 권리행사에 대하여 언급하고 있지는 않다.

아울러, 「정보통신망법」 제39조의13(상호주의)에 따라 개인 정보의 국외 이전을 제한하는 국가의 정보통신서비스 제공자 등 에게는 해당 국가의 수준에 상응하는 제한을 할 수 있게 하고 있다. 다만, 조약 또는 그 밖의 국제협정이 있는 경우 조약 등을 우선 적용한다. 따라서 CCPA와 더불어 미국의 각종 데이터 관련 법률의 변동추이를 살펴, 상호주의에 근거하여 구글 등 미국에 본점을 둔 IT 회사에 대해 필요한 조치를 요구할 것이 있는지 검토하는 것도 필요하다.

한편, 데이터가 디지털 경제의 새로운 자원이라는 점에서 볼 때 국가 간에 이동하는 데이터에 대하여 국가가 이를 통제할 수 있는 조치가 필요하다. 정보의 국경 간 이전이 디지털 경제의 핵심이 된 상황에서 국가의 데이터 주권 확보는 무엇보다 중요한 시점이기 때문이다. 그러나 우리나라는 공공데이터 포털을 비롯하여 국내에서 발생한 데이터에 대하여 외국기업의 접근과 이용을 제한할 수 있는 기술적 · 제도적 규제가 미흡하다.[122] 전통적으로 국가가 데이터 주권을 강화하는 방법은 데이터를 현지화하는 것이었다. 하지만, 데이터 현지화가 개인 데이터의 제3국으로의 전송을 최소화하거나 피하려고 시도함에도 광범위한 데이터 전송을 막을 수는 없다.[123] 그렇다면, 디지털 경제에서 데이터가 가진 경제적 가치를 더 잘 활용할 수 있는 조치는 국가가 데이터에 대한 과세권을 행사하는 방법일 것이다. 데이터세는 데이터 소유권(재산권) 부여에서 논란의 대상이 되는 비식별 처리된 데이터에 대하여 국내기업들뿐만 아니라 다국적 IT 기업에게 과세함으로써 마이데이터 산업에서 발생하는 소유권 행사의 사각지대까지 정부가 관리할 수 있다는 장점이 있다. 또한, 데이터세의 부과는 그동안 다국적 IT 기업들이 해외 서버에 데이터를 쉽게 이전하고, 조세피난처를 이용하여 법인세를 회피하던 문제점까지 보완할 수 있다는 점에서 조세법적으로도 의미가 있다.

그런데 데이터세가 조기에 정착하기 위해서는 기존의 데이터 3법을 개정하는 것과 더불어 「데이터 산업법」의 보완이 필요하다. 「데이터 산업법」은 그 도입 취지와 법적 구조가 마이데이터 산업의 육성에만 치우친 경향이 있다. 우리나라의 개인 정보 보호 법제가 빅데이터를 예상하고 확립된 것이 아니어서 빅데이터의 활용과 그로 인해 파생되는 여러 가지 경제적 권리에 대한 법적 근거가 여전히 부족하다. 따라서 「데이터 산업법」에 데이터에 대한 국가의 법적 권리를 명시하고, 국외 IT 기업이 국내 데이터를 해외로 이동하는 것을 감시하고 통제할 수 있는 정보 보호 관리체계를 의무적으로 구축하는 규정을 두는 것이 필요하다. 이와

---

122 우창완 외, 앞의 책, 7면.

123 Christopher Kuner, *op cit*, p. 885.

더불어 국세청이 데이터를 보관한 서버 등에 대하여 합법적으로 조사할 수 있도록 정부 기관의 열람 권한까지 포함할 수 있어야 데이터세의 실효성 확보에 도움이 될 것이다. 예를 들어, 「정보통신망법」 제64조 제1항 제3호에서 과학기술정보통신부장관 또는 방송통신위원회는 국내 대리인에게 '이용자 보호를 위하여 필요'한 경우 관계 물품 · 서류 등을 제출하게 할 수 있게 규정하고 있다. 하지만, 이를 근거로 과세관청이 조세 부과 목적으로 각종 자료를 요청할 수는 없다. 추가적인 사전규제(법적 데이터 관리체계의 인증제도)를 효과적으로 통제할 방안이 필요하다. 「데이터 산업법」 상 데이터 처리자(IT 기업)에게 과세관청이 보관 및 사용 내역 등에 대하여 데이터 주체의 동의가 없어도 일괄적으로 정보를 요구할 수 있게 하거나 주기적으로 과세관청에게 전송하는 것을 의무화할 필요가 있다. 이렇게 된다면 과세권 확보와 더불어 기업들이 국내 데이터를 해외로 이동하는 것을 더욱 효율적으로 감시하고 통제할 수 있는 정보 보호 관리체계를 갖출 수 있을 것이다.

2장

디지털 경제의 세원, 데이터

인터넷의 발전과 더불어 소셜미디어의 사용이 보편화 되면서 소비자와 기업을 연결하는 매체로서 트리플 미디어[124]를 활용한 소비자와 기업의 의사결정 및 마케팅 커뮤니케이션의 변화가 이루어지고 있다. 이 중에서 온드 미디어(owned media)와 언드 미디어(earned media)는 개인의 정보를 수집하여 활용하는 대표적인 예이다. 2009년 이후 디지털 마케팅 비즈니스는 그동안 언론매체 중심이 페이드 미디어(Paid Media)에서 소셜미디어로 전환되면서 기업의 트리플 미디어 수렴이 두드러지기 시작하였다. 빅데이터 수집 총력전이라고 부르는 총성 없는 전쟁이 디지털 산업 전반에서 일어나고 있다. 국내에서도 유럽형 챌린저 뱅크를 표방한 인터넷은행 서비스가 개시되었고, 비대면 금융거래가 일상화된 상황에서 전자서명법이 개정되어 공인인증서 대신 사설인증서를 골라서 쓸 수 있게 되었다. 코로나19로 인한 감염병 최고단계인 펜데믹 상황이 지속되고 있는 상황

---

124 2009년부터 등장한 신조어로서 기업이 상품·서비스를 알릴 때 이용하는 세 가지 매체를 의미하는데, 신문 광고와 같이 비용을 지급하는 페이드 미디어(Paid Media), 매장이나 홈페이지처럼 기업이 자체적으로 보유한 온드 미디어(Owned Media), 트위터, 페이스북과 같이 소비자의 신뢰와 평판을 얻을 수 있어 마케팅에서 중요하게 주목받는 언드 미디어(Earned Media)를 총칭하는 것이다.

에서 언택트(untact)뿐만 아니라 최근에는 온라인 개념이 더해진 온텍트(ontact)를 통해 비대면으로 연결되는 서비스가 활발해지고 있다. 이로 인해 보다 많은 사람이 온라인쇼핑을 이용하게 되었고 온라인커머스 등이 확보한 개인 정보가 기업의 수익증대를 위한 여러 가지 정보로 활용되고 있다. 2019년 카카오톡, 쿠팡, 배달의 민족 등을 중심으로 하는 모바일 콘텐츠 산업 형황 실태조사 보고에 따르면 2019년 콘텐츠 산업 매출액은 전년 대비 12.5% 성장한 26조 287억원에 이를 것으로 전망하였다. 2018년과 비교하여 14.7%가 증가하였고, 2022년에는 약 43조 8천억원에 이를 것으로 예상된다.[125] 글로벌 시장조사업체 IDC는 세계 빅데이터 시장이 2022년까지 2600억 달러 규모로 성장할 것으로 전망하였다. 우리 정부도 일찌감치 공공 및 민간분야별 데이터 구축과 AI 활성화를 위해 2023년까지 국내 데이터 시장을 30조원 규모로 성장시키고, 유니콘 기업 10개를 육성한다는 전략을 발표하기도 하였다.[126]

전통적으로 경제가 성장하면 양질의 일자리가 생겨나지만, 현대 사회는 기술의 발전으로 자동화가 확산되면서 장차 인공지능이나 로봇이 인력을 대체하는 사회가 올 것이라고 우려하고 있다. 세계적으로 불어 닥친 코로나 바이러스 감염증의 확산으로 비대면으로 업무를 진행할 수 없는 업종의 일자리는 줄어들고, 전반적인 경제 상황까지 악화되고 있는 것이 그 증거라고 할 수 있다. 그러나 국외의 경우 구글, 애플, 아마존 같은 다국적기업들이 자유로운 데이터 역외 이동을 통해 상당한 양의 초과

---

125 한국모바일산업연합회, 『2019 모바일 콘텐츠 산업 현황 실태조사』, 과학기술정보통신부, 2020.3, 190면.

126 "2030년 데이터·AI경제 규모 16조 달러…혁신 생태계 조성해야", 아주경제 2019.1.16 기사, www.ajunews.com/view/20190116095345172(검색일: 2020.8.2.)

이익을 획득하면서도 시장소재지 국가에 정당한 세금을 납부하지 않고 있다는 점에서 현행 국제조세체계의 한계를 드러내고 있다. 이들의 세원잠식과 소득이전을 통제하기 위한 방안으로 유럽을 중심으로 DST가, OECD와 G20을 중심으로 디지털세가 논의되고 있지만, 과세대상이 이들 기업이 발생시키는 수익에 한정되었다는 점에서 효과적인 대처를 기대하기 힘들다. 디지털 경제 시대로 현대 사회가 변화함에 따라 이에 부응할 수 있게 새로운 세원으로서 데이터에 대한 직접 과세하는 방법을 고민해야 할 때이다.

1절 데이터세의 개념

1. 정의

데이터란 「데이터 산업진흥 및 이용촉진에 관한 기본법(약칭: 데이터산업법)」 제2조 제1호에 의하면, 다양한 부가가치 창출을 위하여 관찰, 실험, 조사, 수집 등으로 취득하거나 정보시스템 및 「소프트웨어 진흥법」 제2조 제1호에 따른 소프트웨어 등을 통하여 생성된 것으로서 광(光) 또는 전자적 방식으로 처리될 수 있는 자료 또는 정보를 말한다. 한편, 「데이터기반 행정 활성화에 관한 법률(약칭: 데이터기반 행정법)」 제2조 제1호에서는 데이터를 정보처리능력을 갖춘 장치를 통하여 생성 또는 처리되어 기계에 의한 판독이 가능한 형태로 존재하는 정형 또는 비정형의 정보라고 정의하고 있다.

한편, 데이터세(Digital Data Tax)란 국민 개개인의 인적정보를 포함하여 일상에서 각종 경제 활동 등을 통해 생산된 데이터를 수집 · 사용한 기업들을 대상으로 그 데이터의 사용대가를 국가가 조세로써 징수하는 것[127]이라고 정의할 수 있다. 빅데이터를 사용하는 IT 기업들은 원시 데이터(raw data)를 수집하여 빅데이터로 만든 다음 인공지능을 활용해 이를 분석하고 필요에 맞게 만들어낸 결과물을 판매하거나 서비스로 제공하여 수익을 올리고 있다. 이때 빅데이터를 구성하는 원시 데이터가 IT 기업의 원재료로 보아 사용료 형태로 징수하는 것이 데이터세의 핵심논리이다. 제조업을 운영하는 회사가 원재료를 구입한 후 노동력과 기계설비 등으로 가공하고 이를 판매한다는 점에서 인공지능을 통한 가공기술이 주요 핵심인 IT 기업에게 원시 데이터(raw data)를 마치 원재료(raw material)와 같은 개념으로 풀이한 것이다.

세계 경제가 디지털화되면서 세계적으로 구글, 페이스북 등과 국내에서는 카카오, 네이버 등의 IT 기업들이 성장하였다. 특히 구글, 애플과 같은 거대 IT 기업들은 주로 조세피난처를 이용해 조세회피를 해오고 있는데, 이들을 저지하기 위해 구글세라고도 불리는 디지털 세제의 도입에 세계 각국은 총력을 기울이고 있다. 그러나 데이터세는 그동안 세계적으로 논의된 다국적 IT 기업에 대한 수익을 과세하는 디지털세(Digital Tax)나 디지털서비스세(Digital Service Tax; 이하 DST)와는 다소 성격이 다르다. 즉, 데이터세는 IT 기업의 수익에 대하여 과세하는 법인세(개인의 경우 소득세)가 아니라 기업에게 데이터의 사용량에 대하여 과세하는 일종의 물품세(소비세) 성격을 갖는다. 데이터세는 소비에 대한 과세이므로 현재 국제조세 체계

127 김신언, "기본소득 재원으로서 데이터세 도입방안", 「세무와 회계연구」 제9권 제4호, 한국조세연구소, 2020, 9면.

에서 도입될 디지털세처럼 소득에 대한 과세가 아니라서 중복과세의 위험이 없으며, 다국적 회사들의 소득을 원천지 국가로 배분하기 위해 복잡한 합의를 거칠 필요가 없다는 장점이 있다.

2. 빅데이터세와의 차이점

가. 공유부

한편, 데이터세는 지난 대선 당시 이재명 대통령 후보를 중심으로 기본소득[128]의 재원을 마련하기 위해 도입을 검토했던 세제 중의 하나이다. 그동안 우리나라에서 기본소득을 연구한 사람들은 주로 철학, 사회(복지)학, 정치학, 경제학자들이었다. 그런데, 기본소득의 재원으로서 데이터세에 대한 기본 생각은 인터넷이라는 공유지(共有地)에서 발생한 자원인 데이터가 모여 만든 것이 빅데이터이므로 이 빅데이터가 공유부에 해당한다는 것이다. 따라서 공유부에 해당하는 빅데이터를 만들고 사용하는 기업들이 창출한 수익의 일부를 빅데이터 형성에 기여한 사회 구성원에게 분배하자고 한다. 우리나라 기본소득론자들은 기본소득을 공유부(common wealth)에 대한 모든 사회 구성원의 권리에 기초한 몫으로서 모두에게, 무조건, 개별적으로, 정기적으로, 현금으로 지급되는 소득이라고 정의한다.[129] 따라서 기본소득 재원 마련을 위한 모든 세금의 기초적인 개념을 공유부와 연관시켜 설명하려는 경향이 있다.

---

128 기본소득이란 아무 조건 없이 모든 국민에게 일정 금액을 주기적으로 계속 지급하는 것을 말한다. 따라서 코로나로 인해 정부가 일시적으로 지급한 긴급재난지원금과는 다르다.

129 「기본소득한국네트워크 정관」 제2조, basicincomekorea.org/articlesofassociation(검색일: 2022.2.19)

예를 들면, 국토보유세는 토지라는 것이 천연적인 공유부의 대표적인 대상으로 보고 불로소득을 징수하여 기본소득의 재원으로 사용하게 하는 것을 말한다. 반면, 빅데이터는 인공적인 공유부로서 플랫폼 자본주의의 현실에 가장 부합한다고 본다. 즉, 현대 사회에서 빅데이터를 이루는 모든 정보는 사회 구성원에게서 나온 것이므로 공동소유물(common ownership)이라고 보고 있다. 이들 중에는 심지어 빅데이터를 활용해서 만들어진 인공지능까지도 공유자산으로 보는 이도 있다.[130]

이들의 관점에서 기본소득의 재원으로서 빅데이터세는 인공공유지에서 모든 사람에 의해 생산된 것을 인터넷플랫폼을 이용하는 다국적 IT 기업의 자본에 의하여 전유된 수익에 대한 과세[131]이다. 또한, 데이터 주체가 데이터 사용에 대한 대가를 플랫폼 회사들로부터 받을 수 있는 권리도 빅데이터와 같은 공유재로부터 나오는 수익을 사회 구성원이 나누어 가질 권리가 있기 때문[132]이라는 것인데, 빅데이터를 과연 법적으로 공유자산으로 볼 수 있는지는 의문이다. 조세법 이론에서 공유자산이라는 이유로 과세할 수 있는 합당한 근거를 찾기도 어렵다. 과거 토지공개념에서 발전된 토지초과이득세에서와 같이 법적 소유권과 사회경제학적인 공유자산의 괴리로 인한 오류에 근거한 조세 부과를 재산권 침해로 보아 역사적으로 「헌법」이 허용하고 있지 않기 때문이다.[133]

---

130 강남훈, "인공지능과 기본소득의 권리: 마르크스의 지대이론과 섀플리 가치 관점에서", 「마르크스주의 연구」 제13권 제4호, 경상대학교 사회과학연구원, 2016, 12~13, 17면.

131 곽노완, "지구기본소득과 지구공유지의 철학", 「마르크스주의 연구」 제15권 제3호, 경상대학교 사회과학연구원, 2018, 165면.

132 biz.chosun.com/site/data/html_dir/2016/11/04/2016110400396.html(검색일: 2021.1.9)

133 헌법재판소 1994년 7월 29일 선고 92헌바49, 54 (병합) 판결; 헌법재판소는 「토지초과이득세법」이 장기간 보유하고 있는 토지에 수익이 있는 것으로 보아 과세하는 행위로 인해

디지털 경제에서 채굴자가 데이터로부터 얻은 수익을 독점하는 것은 부당하므로 조세로 징수하여 이를 공동으로 나눠 가지자고도 주장한다. 석유 같은 천연자원도 채굴자가 그 소유자가 아니라면 수익을 독점할 수 없으므로 천연자원의 소유자에게 수익 일부를 지급하여야 하듯이 이 공유물로 나오는 수익을 소유자에게 나눠주자는 데이터 배당[134][135] 개념을 도출하였다. 경기도가 세계 최초로 데이터 배당(data dividends) 개념을 실행에 옮긴 사례로 평가한다. 주민이 지역 화폐 카드를 사용하면서 만들어진 데이터를 비식별정보로 가공하여 민간기업 등에 되팔아 그 수익금의 일부를 사용실적이 있는 주민들에게 배당한 것이다.[136] 다만, 경기도의 데이터 배당은 IT 기업의 수익에 조세를 부과하는 방식이 아니라 수집한 데이터를 판매한 후 그 수익금을 기여한 주민들에게 직접적인 반대급부로 지급한 것이라는 점에서 차이가 있다.

그러나 경제학 또는 사회학적인 관점에서 어떻게 보든 법적 관점에서 세법을 입법하기 위한 개념체계에서 빅데이터를 공유부로 보는 시각에는 문제가 있다. 이미 미국이나 유럽뿐만 아니라 우리나라에서도 데이터의 소유권에 대한 판결과 법리적인 이론이 이미 정립이 되었는데, 이에 반하는 논리를 기본소득론자들이 만들기는 어려워 보인다. 유럽사법

이익이 발생할 수 없는 경우에는 재산 원본 자체가 잠식될 수 있어 「헌법」 제23조가 규정하고 있는 사유재산권 보장의 취지에 반한다고 보았다.

134 금민, "기본소득과 빅데이터 공동소유권", 기본소득한국네트워크 '쟁점토론 3. 기본소득과 데이터 공동소유권'의 발제문(수정본), 1~2면. alternative.house/2020425-basicincome-big-data-common-ownership-geum

135 KISO 기획팀, "데이터 배당(Data Dividend) 도입 추진 배경과 전망", KISO 저널 제35호, 한국인터넷자율정책기구, 2019, 41면.

136 "경기도, 세계 첫 '데이터 배당' 시행…이재명 '데이터 주권 실행 신호탄'", 전자신문 2020.2.20 기사, www.etnews.com/20200220000337(검색일: 2022.8.22)

재판소는 영국 경마위원회 대 윌리엄 힐(*British Horseracing Board* v. *William Hill Organization Ltd*)[137]의 판결에서 데이터베이스를 구축하기 위해 기업이 비용을 지출한 경우에만 저작권이 인정되고, 단지 데이터베이스를 만들기 위해 수집되는 개별 데이터 자체에는 저작권이 인정되지 않는다고 하였다. 빅데이터 개념이 나오기 이전부터 개인이 원시 데이터 자체를 발생시켰더라도 그 사람의 소유권을 인정하기 위해서는 빅데이터로 만들어 상품 가치를 갖게 하는 추가적인 노력(비용 포함)이 필요하다는 것이다.[138] 미국 연방대법원도 같은 입장을 견지하고 있는 데 대표적인 사례가 *Feist Publications* v. *Rural Telephone Service* 판결[139]이다. 이후 데이터의 생산자는 저작권법보다는 계약법이나 다른 법적 장치를 통해 데이터에 대한 보호를 받으려는 경향[140]이 생겨났다.

한편, 기본소득론자들의 주장에 따르면, 보편적으로 원시 데이터 자체보다는 빅데이터가 더 큰 가치를 가지기 때문에 빅데이터에 과세해야 하고, 공유부인 빅데이터에 대한 과세이므로 데이터세가 아닌 빅데이터세

---

137 2004년 11월 9일에 나온 판결(Case C-203/02)로서 경주마에 대한 경기 결과를 바탕으로 승률 등을 예측하는 데이터베이스를 만든 것이다. 경마협회에서 이를 사용 금지할 것을 주장하였으나 받아들여지지 않았다.

138 기본소득론자들이 빅데이터세라고 부르는 이유도 보편적으로 개인의 원시 데이터 자체보다는 빅데이터가 더 큰 가치를 가지기 때문이며, 원시 데이터가 아닌 빅데이터에 대한 과세를 주장한다. 즉, 그들도 개인의 원시 데이터 가치를 인정하지 않고 있듯 빅데이터로 수집되어 사용 목적에 맞게 가공되기 이전에는 그 가치를 인정받을 수 없고 개인도 그 소유권(저작권)을 주장할 수 없다. 특히 비식별 조치가 된 데이터는 누구의 데이터인지도 알 수 없으므로 더욱 그렇다.

139 전화번호부를 만드는 회사는 그 판매와 부수적인 광고 수입으로 인해 수익을 얻는 데 반해 전화번호부의 내용을 공급하는 개인에게는 그 이익을 나눠 주지 않고 있으므로 그 내용(자신의 이름과 전화번호)의 저작권을 인정해 달라는 원고의 주장을 기각한 사건이다. 연방대법원[499 U.S. 340 (1991)]은 전화번호부에 들어간 개인의 데이터는 단지 사실에 불과할 뿐이며, 그 내용만으로 자신의 저작권을 주장할 만한 가치가 없다고 보았다.

140 *Pollstar* v. *Gigmania, Ltd.*, 170 F. Supp. 2d 974(E.D. Cal., 2000)

라고 불러야 한다는 논리를 가지고 있다. 하지만, 만약 빅데이터가 IT 기업의 수고에 의해서 만들어졌다면, 그 빅데이터를 구성하는 원시 데이터들이 공유부가 될 수 있을지언정 하나의 묶음으로 구별이 가능한 빅데이터 자체를 공유부이라고 볼 수는 없다.[141] 즉, 빅데이터를 만든 IT 기업에게 지적재산권이 있다[142]고 보아야 함에도 불구하고 공유부라고 하여 그 기업의 배타적 소유권을 인정하지 않는 것은 법적 문제가 있다. 인공지능도 마찬가지이다. 또한, 명칭을 빅데이터세라고 할 경우 일반적으로 원시 데이터 사용에 대한 대가(소비세)가 아닌 빅데이터의 소유에 대한 과세(재산세)로 생각하기 쉽고, 어느 정도의 용량부터 빅데이터라고 할 수 있는지도 합의된 정의가 없으므로 구체적 과세대상을 선정하기 어렵다. 따라서 빅데이터세라고 하면 세법 해석상 법률의 명확성 원칙을 해칠 우려가 있다.

---

141 예를 들어, 강남역 모든 출구에 조사 요원을 배치시켜 놓고 약 6개월간 시간대별 연령대별 유동 인구를 측정하였다고 치자. 그 기간 강남역 출구를 이용한 행인들은 원시 데이터를 제공했지만, 조사 요원을 고용하여 유동 인구 데이터를 만든 기업은 그 빅데이터에 대한 지적재산권이 있다. 따라서 해당 빅데이터는 공유부라고 볼 수 없다.

142 「유럽연합지침(Directive 96/9/EC, 11 March 1996)」 제3조에 따르면, 데이터베이스에 대한 저작권 보호 대상은 작성자가 자신의 지적 창조에 의해 콘텐츠의 선택이나 배열을 만들었을 때다. 유럽사법재판소(ECJ)도 'British Horseracing Board v. William Hill Organization Ltd 사건(9 November 2004 Case C-203/02)'에서 저작권 인정을 받을 수 있는 데이터베이스란 콘텐츠를 획득하고, 데이터베이스에서 그 정보의 신뢰도를 검증하고, 관리하기 위해 투입된 비율(scale of investment)을 실질적이고 정성적으로 평가하여 결정하는 것이라고 했다. 따라서 데이터베이스를 구축하느라 사용된 자원이 있는 경우에만 저작권이 인정되고, 단지 데이터베이스에 수집되는 데이터 자체의 저작권은 인정되지 않는다(I-1045). 즉 원시 데이터를 수집하여 이를 적정하게 가공하여 빅데이터화하여 보관하는 경우에는 알고리즘을 이용해 빅데이터를 만든 회사에 대한 저작권 문제가 발생할 수 있으므로 과세 관청이 원시 데이터를 발생시킨 각 개인의 소유권 인정을 과세 근거로 빅데이터세라고 하여 과세하기 곤란해지게 된다[*The British Horseracing Board Ltd and Others* v *William Hill Organization Ltd*, JUDGMENT OF 9. 11. 2004 CASE C-203/02, curia.europa.eu/juris/showPdf.jsf?text=&docid=49633&pageIndex=0&doclang=en&mode=lst&dir=&occ=first&part=1&cid=17325235(검색일: 2020.12.6)].

빅데이터의 관점에서는 개인이 자신의 데이터를 직접 관리하는 마이데이터도 이해할 수 없다.[143] 데이터에 대한 정보 주체[144]의 소유권 문제에서 데이터베이스가 만들어진 후 빅데이터에 대해서는 정보 주체가 그 권리를 행사하는 데 제한이 생길 수밖에 없기 때문이다.[145] 우리나라도 개인 정보에 대한 데이터 주권을 보장하기 위한 마이데이터 사업을 시행하기 위해서 (개인이 행사할 수 있는 민법상 물권이 존재하지 않아)[146] 채권적 효력을 발생시키기 위해 별도의 제3자인 대행기관을 지정하도록 한 것도 같은 맥락이다. 즉, 빅데이터가 만들어진 경우라면, 경제적 가치를 창출한 기여도 등의 차이[147]로 개인이 우선적 채권적 지위를 가진다고 보기 힘

143 한국데이터산업진흥원, 앞의 책, 29면.

144 「개인정보 보호법」 제2조 제3호에서 정보 주체란 처리되는 개인 정보에 의하여 식별할 수 있는 사람으로서 그 정보의 주체가 되는 사람으로 정의하고 있다. 「데이터 산업법」의 모태가 되는 더불어민주당 조승래 의원이 발의한 데이터 기본법안을 보면, 데이터 주체란 처리되는 데이터에 의하여 알아볼 수 있는 사람으로서 그 데이터의 주체가 되는 사람을 말한다(법안 제2조 제5호). 데이터세의 부과 대상은 후술하는 것과 같이 개인 정보뿐만 아니라 기업의 산업 정보도 포함하는 것이므로 개인과 법인을 통틀어서 고려하기로 한다. 법인이란 법률에 의하여 권리 의무 주체로서 자격을 부여받은 자를 뜻하므로 데이터세에서 그 주체는 프라이버시권이 인정되는 자연인(개인)으로 한정하지 않았다. 따라서 이하에서는 개인 정보에 관한 부분은 정보 주체로, 데이터세 부과를 위한 설명을 할 때는 데이터 주체라고 하기로 한다.

145 빅데이터세는 후술하는 바와 같이 사후적 이익참여권 논란과 빅데이터의 경제적 가치를 창출하기 위한 기여도의 차이 문제가 발생한다. 따라서 빅데이터세라고 하면 배타적인 소유권을 의미하는 법적 권리를 바탕으로 합리적인 과세근거를 찾기 곤란한 문제점이 있다.

146 데이터는 소유권, 점유권, 용익물권 및 담보물권의 대상이 될 수 없으므로 저작권 등의 지식재산권이 발생하는 경우를 제외하면, 현행법상 데이터소유권을 인정할 수 있는 물권적 권리가 성립할 수 없다는 것이 통설이다(사단법인 한국지식재산학회, 「데이터 거래 가이드라인」, 한국데이터산업진흥원, 2019, 5~6면).

147 데이터세라고 할 경우에는 원시 데이터의 소유권에 대해서만 말하는 것이므로 빅데이터세에서 사후적 이익참여권과 같이 그 귀속에 대한 법적 문제가 상대적으로 적어질 수 있다.

들다[148]는 문제가 있다. 따라서 빅데이터를 공유부로 보는 베이스에서 세금을 징수하여 배당하는 논리가 입법 과정에서 받아들여질 수 없다. 그리고 정보 주체의 데이터 사용에 대한 대가를 정부가 과세한다는 근본원리와 접합시키기도 곤란하다. 따라서 데이터에 대한 개인 및 수집한 자의 권리와 관련하여 여러 법적 논란을 일으킬 수 있는 빅데이터세 개념은 적절하지 않다.

나. 과세 방법

빅데이터세는 국내기업과 국외기업에 대한 과세체계를 이중으로 설계하는데, 국내기업은 빅데이터 수익에 대한 특별법인세를, 국내 고정사업장이 없는 국외기업은 디지털서비스세(DST)를 부과하는 방법이다.

먼저, 특별법인세의 납세의무자는 개인 데이터나 공공데이터를 사용하거나 데이터 거래에 참여한 국내기업으로서 법인세 과세표준 200억을 초과하는 기업들만 해당한다. 기업의 결산서 상 영업이익의 증가분에 과세하며, 증가분의 계산은 데이터를 수집하거나 데이터 거래에 참여한 원년의 영업이익과 현재 시점의 영업이익을 비교 계산하되, 과세 기준시점의 확정이 모호하면 전년도 영업이익을 기준으로 한다. 세율은 이론적으로는 최대 50%까지도 과세하더라도 정당성을 가지지만[149], 도입 단계에서는 10%로 정한다. 이 방식의 적용이 쉽지 않을 경우 법인의 영업이익에 부가적으로 1~2%의 세율을 더 붙여서 마치 지방소득세와 같이 걷되, 특별회계로 기본소득의 재원으로만 사용하게 하겠다는 것이다.[150] 그러나

148 사단법인 한국지식재산학회, 앞의 책, 7면.

149 강남훈, 『기본소득의 경제학』, 박종철출판사, 2019, 151~153면.

150 금민, 앞의 글, 15~16면.

이 방식은 우리나라 법인들의 영업활동 중에서 데이터를 수집하고 거래하는 기업 혹은 그 행위를 일일이 구분해서 분류하고, 다시 영업이익을 산출해야 하는 복잡한 과정이 필요하다. 또한, IT 기업을 별도로 과세상 차별할 명확한 근거를 제시하지 못하면서 추가로 특별법인세를 내도록 강요하는 것이다. 기업의 장부작성과 결산 및 조정과 회계감사까지 거쳐야 하는 법인의 업무 체계를 전혀 이해하지 못하고 있으며, 그 실무적 타당성과 실효성에 대한 사고도 낮다고 할 수 있다.

한편, 이들에 의하면, 국내사업장이 없는 외국기업에 대한 과세방법으로 DST를 도입하게 되면, 영국처럼 국내 매출의 2% 또는 프랑스처럼 3%의 세율을 부과하겠다고 한다. DST는 외국기업에 대한 법인세 및 특별법인세로서의 빅데이터세를 대체하는 개념이기 때문에 외국기업의 '전자적 용역'에 부과되는 기존의 부가가치세는 그대로 유지[151]시킨다고 한다. 여기서 기본소득론자들은 최근 디지털세가 합의됨에 따라 기존에 유럽을 중심으로 각국이 개별적 조치로서 도입을 추진하던 DST 및 이와 유사한 과세는 폐지 또는 도입 금지하기로 한 점[152]을 보면, 사실상 국외기업에 대한 과세체계의 동향을 제대로 파악하지 못했다는 비판을 면하기 어렵다. 조세법학자가 아닌 경제학자나 정치학자를 중심으로 한 새로운 조세도입에 관한 연구수준의 한계를 알 수 있는 대목이기도 하다.

---

151 금민, 앞의 글, 16면.

152 기획재정부 보도·참고자료, "디지털세 필라 1·2 최종합의문 공개: '23년부터 디지털세 본격 도입될 전망", 2021. 10. 9., 2면.

2절 데이터세의 과세환경 및 부과 근거

1. 데이터산업의 발전과 데이터 경제 시대의 도래

4차 산업혁명이란 빅데이터, 인공지능 등 디지털 기술로 촉발된 초연결 기반의 지능화 혁명[153]을 의미한다. 과거 아날로그산업혁명에서는 핵심자산이 자본과 노동력, 원료 등이라고 한다면, 디지털혁명으로도 대변되는 4차 산업혁명의 핵심자원은 데이터이다. 데이터가 자원으로서 재산적 가치를 인정받는 이유는 모든 영역에 걸쳐 모든 활동이 기록되고 이 데이터를 매개로 한 경제가 급속하게 성장하고 있기 때문이다.[154] 이렇듯 세계 경제가 디지털화됨에 따라 수많은 정보와 데이터가 생산되는 빅데이터 세상이 도래하고 있다. 인터넷쇼핑몰에서 빅데이터를 활용하여 상품을 판매하는 회사들은 사람들이 방문한 기록을 바탕으로 얼마나 자주 방문하고, 얼마 동안 머물렀는지 등에 대한 정보를 분석하여 향후 판매 전략에 사용하기도 하고, 방문자의 취향에 맞는 광고를 개발하기도 한다. 정부도 민간데이터를 활용하여 공동주택을 시공하기 전에 24시간 돌봄 수요를 예측[155]하거나, 의료 및 유전체 데이터를 활용한 의료모니터링 서

---

153 현재호·조경민·이윤경·한승진·안광석·곽준영, 「4차 산업혁명 정의 및 거시적 관점의 대응방안 연구」, 산업통상자원부 연구보고서, 산업통상자원부, 2016. 10, 13면.

154 박주석, "빅데이터, 오픈 데이터, 마이데이터의 비교 연구", 「한국빅데이터학회 학회지」 제3권 제1호, 사)한국빅데이터학회, 2018, 41면.

155 현재 인구 감소의 가장 큰 요인이 자녀 양육에 대한 부담으로 출산율이 하락하고 있다는 것이다. 이를 위해 정부는 신혼부부 등이 거주하는 지역이나 주거 상황에 대한 데이터를 분석하여 추후 아이들을 돌볼 수 있는 유치원 등의 공급을 확대할 수 있다. 또 노인 인구와 치매 환자의 증가에 따라 보다 적절히 의료 지원 서비스를 지원할 수 있는 방문 돌봄 서비스 또는 정부와 민간 요양병원 수요를 예측하고 예산을 편성할 수 있다.

비스를 공급하는 등 공공목적으로 활용할 수 있다. 이렇게 국민 생활 전반에서 확보된 원시 데이터(raw data)는 빅데이터 형태로 가공되거나 혹은 원시 데이터 자체로도 거래가 이루어질 환경이 조성되고 있다. 국내에서도 금융데이터거래소[156] 운영기관인 금융보안원은 KDX 한국데이터 거래소[157]와 업무협약을 체결하여 금융 및 유통 분야 간의 빅데이터를 활용한 혁신상품 및 서비스를 개발하여 공급하기로 하였다.[158] 정부와 지방자치단체[159]도 이러한 데이터산업을 발굴 육성하기 위하여 적극적으로 국가가 보유하고 있는 수많은 공공데이터를 국민에게 개방하고 있다.

2. 개인 정보의 활용과 마이데이터 산업의 사각지대 보완

소비자가 인터넷을 통하여 물품을 구매하거나 무료로 정보를 이용하기 위해서는 일반적으로 애플리케이션을 설치하거나 회원가입을 하여야 하는데 이 과정에서 반드시 「개인정보 보호법」에 의한 개인 정보 이용 동의를 해야 한다.[160] 만약, 소비자가 개인 정보 이용 및 활용에 동의하지

---

156 금융보안원은 2020년 5월 11일 금융 분야 데이터를 사고팔 수 있는 데이터 거래 중개시스템을 출범시켰다. 이를 통해 데이터를 검색 및 분석하고, 필요한 데이터를 매매할 수 있도록 계약에서 결제에 이르는 전 과정을 원스톱으로 안전하게 유통할 수 있도록 지원 중이다.

157 2019년 12월 2일 출범한 국내 최초 민간거래소이며, 유통 소비 분야 데이터 플랫폼 제공을 목적으로 한다. 현재 경제, 산업, 보건 의료, 통신, 부동산 등 유통소비 관련 데이터를 주고받을 수 있는 데이터거래소를 운영하고 있다.

158 금융보안원 보도자료, "금융보안원-KDX 한국데이터거래소, 데이터 유통 및 활용 혁신을 위한 업무협약(MOU) 체결", 2020. 7. 22.

159 공공데이터포털(www.data.go.kr), 서울 열린데이터광장(data.seoul.go.kr), 경기데이터드림(data.gg.go.kr)

160 필수적 개인 정보 이용 동의를 근거로 우리나라 「개인정보 보호법」이 개인 정보 자기결정권을 제도화함으로써 데이터의 소유권은 정보 주체에게 귀속시킨 것이라고 설명하기도 한다(이성엽 외, 앞의 책, 43면).

않으면, 주문이나 정보이용이 원천적으로 불가능하다. 그런데, 이렇게 사용된 개인 정보는 매년 사용 내역을 이메일로 통지받는데, 회사가 소유한 정보(owned media)는 회사의 영리 목적을 위해 재사용을 위한 연장 동의를 받지도 않고 이용을 위한 어떠한 대가도 지급하지 않는다.

예를 들어, 네이버에서 무료로 웹툰을 보는데도 수집하는 개인 정보 항목은 아이디, 이름, 생년월일, 성별, 휴대전화번호, 이메일주소, 중복가입확인정보(DI) 해시값, 암호화된 동일인 식별정보(CI), 내/외국인 여부, 서비스이용기록, 접속IP주소, 쿠키, 기기 정보이고 이를 회원 정보로 처리한다. 만 14세 미만 아동의 경우 법정대리인 이름, 생년월일, 성별, 중복가입확인정보(DI), 휴대전화번호도 수집한다. 개인뿐만 아니라 법인도 아이디, 이름, 대표자명, 전화번호, 사업장 주소, 담당자 이름/전화번호/이메일 주소, 계좌정보(예금주, 은행명, 계좌번호)와 사업자등록증, 인감증명서, 대표자명, 통장 사본, 입금계좌신고서, 사용인감증명서 등 제출서류를 수집 보관하며, 광고 식별자, IP 주소, 쿠키, 기기 정보, 접속 로그, 방문일시, 결제 및 구매정보, 서비스 이용기록, 불량 이용기록 등을 수집한다.

이렇게 수집된 정보는 이용자식별 및 본인확인 등 회원 관리와 서비스 외에도 유료상품 구매/판매와 결제 처리, 비용과 정산대금의 확인 및 지급, 제휴서비스 제공, 상품배송, 광고성 정보제공 등 마케팅 및 프로모션에 활용하고, 서비스이용 분석과 통계에 따른 맞춤 서비스 제공 및 광고 게재 등에 다시 활용된다. 더 나아가 개인(법인 포함) 정보를 제3자에게도 제공하는데, 콘텐츠 등 기존 네이버 서비스 제공(광고 포함)에 더하여, 인구통계학적 분석, 서비스 방문 및 이용기록의 분석, 개인 정보 및 관심에 기반한 이용자 간 관계 형성, 지인 및 관심사 등에 기반한 맞춤형 서비스 제공, 서비스 이용기록과 접속빈도 분석, 서비스이용에 대한 통계, 서비스 분석 및 통계에 따른 맞춤 서비스 제공 및 광고 게재 등을 목적으로 사용한다. 단순한 상품의 구매과 결제 배송을 위한 것에서 끝나지 않고 기업의 수익모델을 개발하기 위해서도 활용되는 것이다.

한편, 세계 각국은 개인에게 자신의 정보를 통제할 수 있는 권리를 부여할 수 있는 마이데이터 산업을 육성에 나서고 있다. 미국의 Smart disclosure, 영국의 MIDATA, 핀란드의 MyData, 일본의 Information Banks, 싱가포르의 MyInfo가 대표적인 사례이다. 마이데이터 개념은 데이터의 정보 주체인 개인에게 자신의 데이터를 통제 및 관리할 수 있는 권한(ownership)을 돌려주는 개념이다. 실제로 많은 개인 정보 데이터가 정보 주체보다 IT 기업이나 공공기관들이 보관 · 통제하고 있는데, 마이데이터 정책의 핵심은 이런 기업 중심의 생태계를 다시 개인에게 환원하고자 하는 것이다.[161] 각국의 개인 정보 보호 법제들은 프라이버시의 본질적인 부분을 침해하지 않는 범위 내에서 디지털 데이터의 경제적 가치를 활용할 수 있는 방법으로 점차 바뀌고 있다. 우리나라도 최근 데이터 3법[162]을 개정하여 개인이 데이터에 대한 권리를 갖는 마이데이터(My Data, 또는 본인데이터)[163] 사업을 육성하려 하고 있다. 우리나라의 마이데이터 산업은 영국의 마이데이터 정책[164]을 다수 참고한 것으로 보인다.

---

161 박주석, 앞의 글, 45면.

162 데이터 3법이란 데이터 산업 육성을 위해 데이터 이용에 따른 규제를 푸는 법으로써 「개인정보 보호법」 「신용정보의 이용 및 보호에 관한 법률(이하 신용정보 보호법)」 「정보통신망 이용촉진 및 정보 보호 등에 관한 법률(이하 정보통신망법)」을 의미한다.

163 개인 정보 보호는 기업의 관점에서 기업이 소유한 개인 정보 데이터에 대한 기업의 권한과 책임을 부각하지만, 마이데이터는 개인의 관점에서 기업이 소유한 개인 정보 데이터에 대한 개인의 권한과 책임을 다룬다는 점에서 차이가 있다.

164 www.gov.uk/government/news/the-midata-vision-of-consumer-empowerment(검색일: 2020. 7. 27.)

영국 정부는 2011년 자발적으로 26개의 기업과 기관이 보유한 개인 정보를 디지털화하고 이를 정보 주체에게 제공하는 마이데이터 정책(MIDATA Initiative)을 실행하였다. 마이데이터 정책에 따라 경제혁신과 성장을 장기적 목표로 하여 2013년 마이데이터 연구소를 설립하고, 공공데이터를 디지털화하여 공급하는 것을 의무화한 정보공개법(Freedom of Information Act)을 제정(2014년)하였다. 이후 시범사업을 통해 민관협력 데이터 플랫폼을 구축하였는데, 에너지 분야는 취약계층 대상으로 에너지 관리를, 금융 분야는 금융자산 및 현금흐름을 관리하여 금융위기에 대처할 수 있는 능력을 향상시켰고, 복지 측면에서 노인 등 취약계층의 돌봄 서비스 등을 통해 시민의 안전생활을 증진하였다. 헬스케어 분야에서는 건강데이터 분석을 통해 실시간 온라인으로 환자의 건강상태를 관리할 뿐만 아니라 복약지도를 통해 만성질환자와 환자의 맞춤형 의료서비스 체계를 개발할 수 있게 되었다. 또한, 주민들의 주소지 이전과 관련하여 전기, 가스, 통신, 신용카드 회사 등에게 관련 정보를 공유하게 함으로써 주소변경을 위해 드는 시간과 비용을 절감할 수 있게 되었다. 그리고 소비자들의 영수증을 전자영수증으로 대체하고 이를 바탕으로 소비패턴을 분석할 수 있게 되어, 효율적으로 가격 비교가 가능하게 하였다. 이 정책은 개인의 데이터를 개방함으로써 발생하는 다양한 분야의 데이터 결합을 통해 사회 · 경제적 가치를 검증하고 혁신적인 데이터 기반 서비스를 개발하였다는 데 그 의의가 있다. 특히 정보 주체인 개인이 스스로 자신의 정보를 확인하고 관리해야 한다는 주권의식을 갖게 하고, 데이터가 공유경제의 가치를 창출시킬 수 있다는 것도 보여 주었다. 국가가 공공데이터를 구축하고 이를 기반으로 데이터 거래의 활성화를 이끄는 측면에서 영국의 마이데이터 정책은 구체적으로 우리가 데이터거래소를 통해 어떤 분야의 데이터를 확보하고 빅데이터 구축을 할 것인지에 대하여 시사하는 점이 크다.[165] 하지만 영국의 마이데이터 정책은 데이터 공유를 통해 개인 및 민간회사가 비용과 시간을 절감한 효과를 내는데 그쳤을 뿐, 다시 반대급부로서 이에 대한 정보(raw data)를 제공한 주민에게 정보 이용에 대한 대가를 지급하는 조세정책으로 확대되지는 못했다.[166]

그런데 개인이 원시 데이터에 대하여 재산권을 인정할 수 있는 법적 근거가 부족하여 유럽과 미국에서 진행된 상당히 많은 저작권 소송에서 IT 기업들에게 패소하였다. 따라서 우리 정부는 마이데이터 산업을 육성하기 위하여 정보 주체[167]가 가진 개인 정보에 대한 소유권을 계약에 의한 채권적 지위에 그 근거를 두게 되었다. 마이데이터 산업이 활성화되면, 정보 주체는 자신이 지정한 서비스제공자를 통해 자신의 개인 정보 데이터를 관리하게 하고 이 서비스제공자가 개인 정보 데이터가 필요한 수요자에게 대신 데이터를 팔도록 위임할 수 있다. 정보 주체가 데이터의 발생부터 사용까지 계약관계에 있는 전문 서비스 업체를 통해 자신의 권리(「민법」상 채권적 기능)[168]를 행사할 수 있는 것이다. 더 나아가서 정보 주체 스스

---

165 우리 정부도 의료·금융·유통·에너지 등 국민 생활과 밀접한 분야를 대상으로 개인 정보 활용 서비스를 위한 8개 과제를 선정하여 마이데이터 사업을 추진할 방침이다(과학기술정보통신부 보도자료, "진료이력부터 생활습관까지 마이데이터로 편리하게 건강관리", 2019. 5. 16. 1면).

166 UK Midata Strategy Board, *Potential consumer demand for midata: Findings of qualitative and quantitative research*, 2012, p. 13, 14, 16, 17, 22.

167 정보 주체란 처리되는 정보에 의해 식별 가능한 해당 정보의 주체가 되는 사람을 의미한다. 개인 정보의 정의와 연관시켜 보면 법인이나 단체가 될 수 없고 살아 있는 사람만을 의미하며, 국적이나 신분 등에 상관없이 적용된다(김용학, 『개인정보 보호법』, 청호북스, 2020, 39면). 따라서 법인이 그 주체가 되는 개념을 포함할 경우 본문에서는 데이터 주체(개인+법인)로 표기하기로 한다.

168 데이터를 합법적으로 통제할 수 있는 사실상의 지위 또는 계약에 따른 데이터의 이용 권한을 결정한다면 계약법적인 접근 방식에 의해 계약 당사자가 「민법」상 채권적 지위를 가진 것으로 볼 수 있다(최경진, "데이터와 사법상의 권리, 그리고 데이터소유권(Data

로 데이터를 만들고 자신이 만든 데이터를 기반으로 하는 비즈니스 모델을 구상할 수도 있다. 하지만 비식별 처리가 된 데이터는 여전히 기업이 대가를 지급하지 않고 활용할 수 있다는 문제가 남아있다. 이것을 착안하여 마이데이터 산업의 사각지대에 놓여있는 비식별 처리된 데이터 등을 데이터세의 부과 대상으로 할 필요가 있다. 데이터세의 과세대상을 마이데이터 산업에 영향을 미치지 않는 범위에서 선정하므로 적절한 세수를 확보하고 데이터 경제 부흥을 동시에 추구할 수 있다는 장점이 있다. 데이터세의 과세대상에 대한 구체적인 논의는 제3절에서 서술하기로 한다.

3. 데이터의 무상사용과 초과이익

디지털화는 온라인 시장에서 수요와 공급을 서로 손쉽게 연결하게 하는 긍정적인 역할을 하고 있다. 특히, 데이터를 수집 및 분석 · 가공하여 수익 사업에 이용하는 세계적인 IT 기업들이 발생시키는 네트워크 효과[169]는 매우 크다. 예를 들어, 우버(Uber)는 택시를 이용하는 고객들에 대한 정보를 빅데이터로 만들어 분석함으로써 언제 어디서 탑승자가 발생할지 예측하는 데 사용하고 있다. 전 세계 4억 명 이상이 사용하고 있는 링크드인(LinkedIn)은 지인들과 1촌을 맺게 하면서 수집한 정보를 바탕으로 비즈니스 인맥을 찾아주는 소셜 서비스 회사이다. 개인 정보를 이용해 헤드헌팅 업체나 기업 인사담당자를 연결하기도 한다. 페이스북(Facebook)

Ownership)", 「정보법학」 제23권 제1호, 한국정보법학회, 2019, 237~238면).

169 네트워크 효과는 순기능도 있지만, 승자 독식의 원리에 따라 자본에 의한 독점과 경쟁력의 차이에 의해 다른 자본을 몰락시키는 역기능도 가지고 있다.

역시 개인 소셜미디어 시장에서 확보한 빅데이터를 인공지능으로 분석한 후 가입자들의 취향 등의 정보를 광고에 활용하여 수익을 올리고 있다. 이처럼 자본력 있는 거대 IT 기업들이 인공지능을 이용하여 다양한 방법으로 수익을 창출할 수 있고, 네트워크 효과를 이용한 정보를 승자독식에 의한 방법으로 독점할 수 있게 한다.

이에 반하여 IT 기업의 원재료인 원시 데이터(raw data)를 공급하는 개인은 자신의 정보를 제공하는 데 대한 반대급부를 전혀 받지 못한다는 점에서 데이터 회사로부터 어떠한 형태로든 수익을 그 공급자인 개인에게 분배하여야 한다는 논리는 설득력이 있다. 정보를 검색하고 클릭할 때 확보된 개인의 소규모 데이터(micro-data)를 모아서 필요한 정보를 추출·분석하고 판매하는 것은 마치 원재료를 가공하여 필요한 제품을 제조하는 제조업과 비슷하다. 하지만, 단지 가공비만 부담하고 원재료비를 지급하지 않는 것과 같아서 다른 기업과 비교해 IT 기업은 초과 수익을 일으키고 있는 셈이다. 이에 따라 국가의 인적자원에 해당하는 개인으로부터 확보한 원시 데이터(raw data)를 정제과정(data refineries)을 거쳐 자신의 수익사업에 사용하는 빅데이터를 가공하는 IT 기업들에게 과세할 수 있는 데이터세의 도입은 그 정당성을 가진다.

한편, 원시 데이터에 대한 대가를 기업이 정보제공자(개인 또는 기업)에게 직접 협상을 통해 지급하면 되는 것이지 굳이 정부가 이를 직접적 반대급부가 없는 조세로 징수할 필요가 있는지 질문할 수 있다. IT 기업들이 빅데이터를 만들 때 그 원재료(raw data)의 사용 대가를 시장 논리에 의해 개인에게 직접 지급하고 구매하는 것이 가장 이상적일 것이다. 하지만, 정보 주체인 개인이 기업들을 대상으로 정부와 동등한 수준에서 가격협상에 임하는 것은 현실적으로 불가능하다. 원시 데이터를 재료로 사용하는 회사는 빅데이터 플랫폼에서 빠른 시간(Velocity) 내에 다양한(Variety) 데이터를 가공하는 일련의 절차를 거쳐 수익을 발생시키는데 필요한 경비를 산출할 역량을 갖추고 있지만, 개인에게 이를 기대할 수 없기 때문이다. 또한, 마이데이터 산업이 발전하더라도 비식별 처리된 데이터는 여전히 그 소유권이 귀속을 알 수 없고 정보 주체의 재산권을 인정하기에도 곤란한 점이 있다. 따라서 국가가 국민의 재산권을 보호하고 사회보장 및 복지에 사용할 목적[170]으로 데이터에 사용에 대한 대가를 조세 형태로 대신 징수하는 것은 자원의 효율적인 분배를 위해 필요하고 타당한 조치이다.

4. 현행 소득 중심의 국제조세 체계의 한계와 보완

1920년까지는 모든 국가에서 세수가 국가 예산에서 차지하는 비율이 낮았다. 실제로 1910년까지 정부는 국가 재정수입의 10퍼센트도 세금으로 징수하지 못했는데, 이는 정부가 국가 질서를 유지하고 재산권을 집행하는 등 기본적인 기능을 수행할 수 있을 정도면 충분했기 때문이다. 그러나 제1차 세계대전 이후 전후복구를 위한 초기 선진국들의 세수 성장은 주로 소득세에 의해 뒷받침되었다. 이를 위해 각 국가에서는 조세행정 시스템을 구축하고 원천징수제도를 시행하여 효과적으로 법규 준수를 강화하기 시작했다.[171] 또한, 국가 간 기업의 자유로운 영업활동으로 발생한 수익(소득)에 대한 과세기준을 마련하게 되었다. 세수의 중심이 소득세이었으므로 소득에 대한 국가 간 과세권을 배분하는데 집중하게 되

---

170 「헌법」 제23조 제1항, 제2항, 제34조 제2항.

171 Esteban Ortiz-Ospina and Max Roser, "Taxation", Our World In Data 홈페이지 공개자료, ourworldindata.org/taxation(검색일: 2022. 8. 31.)

었고 고정사업장을 기준으로 이를 분배하는 시스템을 구축하여 현재에 이르고 있다. 현대에 이르러서는 구글, 애플, 아마존 같은 다국적기업들이 디지털 경제에서 자유로운 데이터 역외 이동을 통해 상당한 양의 초과 수익을 획득하면서도 시장소재지 국가에 정당한 세금을 납부하지 않고 있다는 점을 보완하기 위해 OECD와 G20을 중심으로 국제사회는 오랫동안 과세방안을 논의해 왔다.

2018년부터 유럽은 디지털서비스세(Digital Service Tax, 이하 DST)를 도입하려 하였다. 그러나 DST 도입에 가장 적극적이었던 프랑스가 미국과의 통상마찰로 인해 이후 BEPS 포괄적 이행체제의 합의가 나오는 시기[172]까지 과세를 연기한 이후 디지털세가 합의되면서 사실상 도입이 불확실하다. 우리 정부는 매출액을 과세표준으로 하는 DST와 소득을 과세표준으로 하는 우리나라의 법률체계가 배치되고 소비자에게 전가가 쉬우며 중복과세 된다는 점을 들어 일찌감치 도입을 검토하지 않았다.[173]

141개국이 참여한 BEPS 포괄적 이행체제(IF) 회원국들은 디지털세(Digital Tax)를 도입하기 위해 합의 기반 해결방안(consensus-based solution)을 도출하였는데 다국적기업의 연계성(nexus)과 이익 배분(profit allocation)을 기준으로 시장소재지 국가에 과세권을 배분하는 통합접근법(Pillar One)과 글로

---

172 코로나19 영향으로 2020년 말까지 예정된 디지털세 최종 방안 합의 시점이 2021년 중반으로 공식적으로 연장되었다(기획재정부 보도참고자료 "OECD/G20 IF, 디지털세 논의 경과보고서 공개", 2020. 10. 12.). 그러나 미국이 글로벌 최저한세를 도입할 경우 해외 기업과의 경쟁에서 밀릴 수 있다며 도입 연기를 주장하고 EU에서도 헝가리가 디지털세 거부 움직임을 보이면서 다시 2024년까지 미루기로 OECD IF가 합의했다("디지털세 도입 1년 연기…국가간 합의 불투명 대응책 마련 쉽지 않을듯", 2022. 7. 13. 뉴데일리 기사). biz.newdaily.co.kr/site/data/html/2022/07/13/2022071300144.html(검색일: 2022. 8. 31.)

173 기획재정부 보도참고자료, "디지털세 국제 논의 최근 동향", 2019. 10. 30. 9면.

벌 최저한세 도입(Pillar Two)[174]할 예정이다. 최종합의안은 당초 보다 연기된 상태지만, 2020.2.13.에 발표된 OECD 분석보고서[175]에 따르면, 이 정책이 실현될 경우 해마다 전 세계 법인세 수입의 4%(1,000억 US 달러)가 증가할 것으로 추정되었다. 기획재정부는 최근 소속기관 직제 시행규칙 일부 개정하여 2024년 2월 29일까지 한시적으로 존속하는 신국제조세규범과를 신설하고 디지털세의 최종합의안에 맞추어 국내 디지털세 기준 수립에 관한 사무를 관장하고 있다.[176] 추경호 부총리도 주요 20개국(G20) 재무장관, 중앙은행 총재 회의 참석 당시 이중과세제거 등 세부 쟁점이 논의 중인 디지털세 필라 1의 단계적 도입을 준비하고 있으며 필라 2에 대해서도 효과적 이행체계 수립(세법개정 추진 중)을 밝힌 바 있다.[177] 이후 필라 2는 세법 개정을 통해 2024년부터 과세하기로 되어 있다.

하지만, 다국적기업의 소득 이전을 통한 세원 잠식(BEPS)을 방지하기 위해 조만간 도입될 디지털세도 여전히 통합접근법에 의한 소득 배분(필라1), 소득에 대한 글로벌 최저한세(필라2)와 같이 소득에 대한 과세제도로서 본질적인 한계를 벗어나지 못하고 있다. 즉, 디지털세는 소득을 이전하는 행위로 인해 조세회피가 가능한 구조를 깨뜨릴 수 없다. 국제사회에서 미국이 차지하는 역할이 크고 다국적 IT 기업의 다수가 미국 기업이라는 점에서도

---

174 OECD, *A Public Consultation Document-Addressing The Tax Challenges of the Digitalisation of the Economy*, 13 February~6 March 2019, p. 9(16항).

175 www.oecd.org/tax/beps/oecd-presents-analysis-showing-significant-impact-of-proposed-international-tax-reforms.htm(검색일: 2022. 8. 31.), 기획재정부 보도참고자료, "디지털세 필라2 모델규정 공개: 글로벌 최저한세 도입을 위한 입법 지침 합의", 2021. 12. 20.

176 "세제실에 '신국제조세규범과' 신설…디지털경제과세 업무 맡는다", 한국세정신문 2021. 2. 25. 기사, www.taxtimes.co.kr/news/article.html?no=248676(검색일: 2022. 8. 31.)

177 기획재정부 보도·참고자료, "추경호 부총리, 주요 20개국(G20) 재무장관·중앙은행 총재 회의 참석 및 IMF 총재 면담결과", 2022. 7. 17.

현재 마련하고 있는 디지털세의 정착이 쉽지만은 않을 것이다. 미국은 트럼프 행정부 시절 통합접근법(필라1)에 의한 디지털세도 의무적으로 기업에 부과하는 대신 기업의 자율에 맡길 것을 내용으로 하는 Safe harbor를 전제 조건으로 요구하였다가, 바이든 행정부가 집권한 후인 2021년 2월 이를 철회한 바 있다.[178] 국제조세체계에서 미국이 자국의 기업 보호를 위해 필요한 조치들을 언제든 할 수 있음을 보여준 사례이다.

한편으로, OECD도 인정한 바와 같이 1920년대까지 거슬러 올라가는 소득과세 중심의 현행 국제조세체계만으로는 디지털 경제에서 더 이상 원천지 국가들의 공평한 과세권 행사를 기대할 수 없게 하고 있다.[179] 특히 서버를 국내에 두지 않게 됨에 따라 발생하는 고정사업장 문제를 현행 소득 중심 과세체제에서 완전히 극복할 수 없다. 따라서 국제조세의 페러다임을 소득 과세에서 소비 과세로 전환할 필요가 있다. 디지털 경제의 핵심인 데이터 자체의 경제적 가치에 중점을 두어 데이터의 사용에 과세하는 것이다. 만약, 시장소재지 국가가 소득이 발생하기 전인 소비단계에서 우선 과세한다면, 이후 IT 기업의 수익에 대한 과세를 회피하더라도 원천국가에서는 소비단계에서 과세한 만큼은 세수를 확보할 수 있는 장점이 있다. 데이터를 사용해서 기업의 수익을 창출하는 전 과정을 모니터링하여 소득 이전행위에 대하여 조기에 대응할 수 있으므로 디지털세의 보완세 역할도 기대된다.

---

178 "'애플·구글에 더 많은 세금을' 美 디지털세 반대 입장 철회", 2021. 2. 27. 아시아경제 기사. asiae.co.kr/article/2021022707552647666(검색일: 2022. 8. 31.)

179 OECD, *Public consultation document: Secretariat Proposal for a "Unified Approach" under Pillar One*, 9 October 2019~12 November 2019, p. 6(16항).

5. 경제적 제재를 통한 데이터 현지화

앞에서 살펴본 바와 같이 현재 유럽연합은 개인의 프라이버시 보호와 더불어 EU 기업들의 경쟁력 확보를 위해 데이터 현지화를 강화하는 법률을 두고 있다. 그러나 데이터를 국내에 쌓아두는 것만으로는 디지털 경제에서 데이터를 잘 활용하는 것이라 볼 수 없다. 오히려 데이터 서버를 국내에 둔다고 하더라도 데이터를 효율적으로 통제할 수 없다면, 데이터 자원을 잘 관리한다고 볼 수 없기 때문이다. EU가 생각하는 데이터의 현지화도 데이터 서버를 국내에 두는 기계적인 방법이 아니라 데이터의 국외반출이 쉽지 않도록 통제하는 것이다. EU 집행위원회가 데이터 단일시장(European single market for data)을 통해 유럽식 데이터 환경의 미래를 나타내고자 하는 개념도 데이터 개방을 포괄하는 것으로 개인 및 산업데이터를 모두 안전하게 보호하면서 동시에 사업자들이 쉽게 접근할 수 있는 환경을 만드는 것이다.[180] 따라서 디지털 미래에 대한 주요 이슈 중 하나는 데이터의 접근과 축적(pooling) 및 공유, 온라인과 오프라인 상거래의 균형[181]이라고 할 수 있다.

최근 MS, 구글 등 글로벌 기업들도 국내 데이터센터를 임대하여 사용하고 있으며, 국내에 자신의 데이터센터를 설립할 예정이다.[182] 글로벌 디지털 인프라 기업인 에퀴닉스(Equinix)는 2019년 8월 서울에 제1차 데이터

---

180 이상윤, "유럽연합 디지털 정책의 동향과 전망: '유럽의 미래'·'유럽 데이터 전략'·'인공지능 백서'의 주요 내용과 의의", 「고려법학」 제97호, 고려대학교 법학연구원, 2020, 210면.

181 European Commission, 『Shaping Europe's Digital Future』, COM(2020) 67 final, 2020, p. 8.

182 "[산업리포트] AI·클라우드 시대 급부상한 '데이터센터'", 전자신문 2021. 3. 13. 기사. ww.etnews.com/20210316000104(검색일: 2022. 8. 31.)

센터를 개소한 이후 2020년 12월 2단계 데이터센터를 확장하였다.[183] 싱가포르 데이터센터 개발 기업(엠피리온DC)도 서울 강남에 최대 4억 달러를 투자해서 40메가와트 규모의 친환경 데이터센터를 개발하기로 하였다.[184] 최근 정보기술(IT) 시장에서 한국의 중요성이 커지고 있기 때문이다. 데이터 생산량 기준으로 한국은 미국, 영국, 중국, 스위스에 이어 세계 5위[185]에 해당한다는 점에서 볼 때 필요에 따라 해외기업들이 국내에 데이터센터를 추가로 구축할 확률이 높다. 데이터의 국외이전을 자원의 수출이라는 측면에서 보면, 주권 확보뿐만 아니라 데이터 경제 활성화 측면에서 허용과 제한의 적절한 절충이 필요한 시점[186]이다. 우리나라는 2020년 12월 23일 제9회 개인 정보 보호위원회 전체회의에서 「개인정보 보호법」 2차 개정안에 유럽연합의 GDPR을 참고하여 개인 정보 이동권(전송요구권)을 도입하여 개인의 정보통제권을 강화하기로 한 바 있다.[187] 그러나 국가 차원에서 다국적 IT 기업이 역외서버로 국내 데이터를 전송하는 것을 통제할만한 안전장치는 여전히 부족한 실정이다.

그렇다면, 데이터 주권을 확보하기 위해 국내에서 발생한 데이터를 국외로 이전할 때 제한할 수 있는 규범을 합리적으로 만드는 것과 더불어 직접적인 경제적 제재를 통한 데이터 현지화를 고민해 볼 필요성이 있

---

183 "에퀴닉스, 서울 데이터센터 2단계 확장…아시아 추가 설립 계획", IT 조선, 2020. 12. 14. 기사, it.chosun.com/site/data/html_dir/2020/12/14/2020121401789.html(검색일: 2022. 8. 31.)

184 "엠피리온 DC, 서울 강남에 40MW급 데이터센터 프로젝트 발표", 디지털데일리 2022. 8. 4. 기사, m.ddaily.co.kr/m/m_article/?no=243906(검색일: 2022. 8. 31.)

185 "韓, 하이퍼 스케일 데이터센터 구축 시급", ZDNet Korea, 2020. 12. 23. 기사, zdnet.co.kr/view/?no=20201223144924(검색일: 2022. 8. 31.)

186 우창완 외, 앞의 책, 23면.

187 개인정보보호위원회 보도자료, "국민이 신뢰하는 데이터 시대, 개인정보 보호법 2차 개정으로 선도한다., 2020. 12. 24., 1~2면.

다. 현재 조세법학에서 논의 중인 데이터세는 구글과 같은 다국적 IT 기업이 데이터를 해외로 이전할 때 조세를 부과하는 경제적 제재의 하나로 작용할 수 있다. 특히 비식별 처리된 개인 데이터나 산업데이터의 역외 이전에 대해 정부가 데이터세를 부과한다면, 적정한 세수확보와 더불어 국내 데이터산업 보호도 동시에 추구할 수 있는 이점이 있다. 데이터세의 도입을 추진하는 정치권에서도 경제적으로 국가가 데이터 주권을 확보할 수 있다는 점은 조세 부과의 정당성을 뒷받침할 수 있는 좋은 근거가 될 수 있다.

정보의 국가 간 이전이 디지털 경제의 핵심이며 이를 통제할 힘은 국가의 주권과 연결된다는 점에서 국가의 데이터 주권 확보는 중요한 이슈이다. 국내에서 발생한 데이터를 국내자원으로 본다면, 국가의 데이터 주권을 확보하는 가장 효율적인 방법도 데이터의 현지화일 것이다. 그런데 물리적 방법이 아닌 조세 부과라는 경제적 제재를 통해 데이터의 역외 반출을 통제(현지화)할 수 있다면, 다국적기업의 조세회피 방지를 위한 데이터세의 과세논리로써 사용될 수 있다. EU가 데이터 현지화를 위해 시행하고 있는 개인 정보의 역외이전에 대한 적정성 평가가 비효율적이고 투명하지 않으며 정치적 영향의 대상이라는 비판[188]에 대해서도 정부가 과세권 확보를 위해 필요한 법적 조치라는 근거로 보완할 수 있을 것이다.

---

188 Christopher Kuner, "Reality and Illusion in EU Data Transfer Regulation Post Schrems", *18 German Law Journal*, 2017, p. 911.

3절 징수방법

1. 운영 형태

데이터에 사용 대가에 대하여 조세가 아닌 부담금 형태도 검토해 볼 수 있다. 개인이 IT 기업의 가공정보를 이용할 경우 수수료를 내거나 광고를 의무적으로 보아야 하는 것처럼, 빅데이터의 원천이 되는 원시 데이터를 제공한 개인에게 이를 활용하는 빅데이터 회사들도 원재료의 구매하면서 대가를 지급하는 근거가 해당 회사가 벌어들인 소득보다는 매출을 일으키기 위해 투입된 직접비용(원재료의 대가)이기 때문에 조세이든, 부담금이든 그 목적 달성에는 차이가 없다. IT 기업이 기업 활동을 위해 데이터를 사용(소비)하는 대가로 조세를 부과될 때 기업을 담세자로 하는 소비세가 될 수 있지만, 부담금이라면 조세가 아니므로 외국기업에 대한 국제조세 문제가 발생할 여지가 상대적으로 적고 국가 간 조세조약의 간섭도 받지 않는 장점이 있다. 다만, 데이터 사용에 대한 대가를 징수하는 형태를 조세로 할 것인지 부담금으로 할 것인지는 징수 편의와 효율성 면에서 검토할 필요가 있다. 부담금은 국제조세에서 국세청과 같이 징수할 전문적인 주체(예를 들어, 건강보험관리공단)를 선정하기 힘들어 그 징수 효율이 떨어질 수 있다는 것이 큰 단점이다. 국내사업장이 없는 외국기업에 대하여 징수 경험이 없는 공단에서 효과적인 징수를 기대하기 곤란하기 때문이다. 또한, 목적세로 징수되는 데이터세가 부담금이라면, 이를 효과적으로 배분하는 것도 여의치 않다는 단점이 있다.

마지막으로 개인이 정보 동의 대가를 자신의 개인 정보를 활용하는 것을 허락할 때마다 IT 기업으로부터 수수료나 포인트로 받거나 상품 가격을 즉시 할인받는 방법을 고려할 수 있다. 즉, 정보사용자인 IT 기업이 정보제공자인 개인에게 직접 그 대가를 지급한다면, 국가의 징수와 배분에 따른 행정처리비용이 절감될 수 있고 개인이 그 즉시 혜택을 받을 수 있다는 장점이 있다. 그러나 개인이 합리적으로 자신의 데이터에 대한 가격산정이 어려우므로, IT 기업에 의해 일방적으로 그 가격이 결정될 우려가 있다. 따라서 데이터거래소를 활성화하거나 정부가 가격형성에 개입할 수 있는 여지를 만들어 놓도록 데이터 사용 대가를 세제 형태로 부과하는 등의 보완책이 필요하다.

2. 과세용도(목적세)의 적합성

이하에서는 보통세가 아닌 목적세 형태로 데이터세를 도입하는 것이 타당한지 검토해 보고자 한다. 현행 국세에서 목적세는 교육재정의 확충[189]과 농어업 경쟁력 강화, 농어촌 산업기반시설 확충[190], 교통시설 확충, 에너지, 환경보전과 개선에 필요한 재원을 확보[191]하기 위한 목적으로 각각 교육세, 농어촌특별세, 교통 · 에너지 · 환경세를 두고 있다. 지방세의 세목 중 목적세는 지역자원시설세와 지방교육세로 한정[192]되며, 지역자원시설세는 지역의 부존자원 보호 · 보전, 환경보호 · 개선, 안전 · 생활편의시설 설치 등 주민 생활환경 개선사업 및 지역개발사업에 필요한 재원을 확보하고 소방 사무에 소요되는 제반 비용에 충당하기 위하여 부과한

189 「교육세법」 제1조
190 「농어촌특별법」 제1조
191 「교통·에너지·환경세법」 제1조
192 「지방세기본법」 제7조 제3항

다.[193]

국내에서 데이터세는 기본소득 재원확보를 위한 목적세로 논의가 진행되기 시작했다. 4차 산업혁명으로 데이터가 폭발적으로 증가하기 때문에 국내 기본소득론자들이 제시한 국토보유세, 탄소세, 로봇세와 비교해서 장기적으로 안정적인 세수증대 효과를 가져올 수 있다는 연구결과[194]도 있다. 하지만, 데이터세는 데이터를 많이 사용하는 IT 기업에게 직접적인 타격을 줄 수 있으므로 기본소득의 수요(연간 300조원)로 사용될 만큼의 많은 세수를 징수할 수 없다. 한편, 「데이터 산업법」이 2019년 10월 19일 제정되어 2022년 4월 20일에 시행되었지만, 제8조(재원의 확보)에서 명시한 데이터 생산, 거래 및 활용 촉진과 데이터산업의 진흥에 필요한 재원 마련 방법을 마련하지 못하고 있다. 데이터세가 데이터산업의 진흥을 위한 목적세라면, 세수가 증가하는 만큼 데이터산업에 지원하는 금액도 증가하는 선순환 효과를 발생시킨다는 점에서 도입 초기에 조세저항이 다소 적을 수 있다. 다만, 앞서 살펴본 바와 같이 IT 기업의 초과 수익의 근원인 원시 데이터를 무상으로 사용하는 것을 국가가 대신 조세로 징수하여 배분한다는 논리와는 다소 맞지 않을 수 있다. 그러나 데이터산업 진흥에 재투자되어 데이터를 더 잘 활용할 수 있는 생태계를 모든 국민이 향유한다면, 직접적인 반대급부를 제공하지 않는 조세의 원리와 부합한다.

목적세(Earmarked Tax)는 그 성격상 특정 경비에 사용될 것을 예정하고 있으므로 일반적인 재정충당에 사용될 것으로 징수하는 보통세와는 다르

---

193 「지방세법」 제141조

194 김갑순, "기본 소득 재원 마련을 위한 세제 개혁방안 토론문", 『기본소득 재원 마련을 위한 세제 개혁방안 세미나 자료집』, 한국조세정책학회, 2020. 12. 17., 58면.

다. 목적세는 수익자부담 원칙 이론과 특히 지방재정의 세입 및 세출 연계성의 충실 정도, 지방재정 배분의 효율성을 충족시켜야만 부담자 역시 편익을 얻을 수 있고 지방자치단체의 정책 목적 달성에도 기여할 수 있는 특징이 있다. 그러나 그 집행구조의 복잡성, 높은 납세협력비용, 국회의 예산통제권 약화 등의 부작용을 초래할 위험성과 더불어 납세의무자와 과세표준 설정이 조세법률주의에 부합하지 않다는 지적[195]이 있다. 만약 데이터세가 목적세의 형태로 도입될 경우 이론적으로 목적세가 수익자부담 원칙의 충실 즉, 공공재로부터 이익을 받는 사람에게 비용을 부담시킨다는 논리와 상응해야 한다. 수익자부담 원칙은 주로 도로, 항만 등 공공재를 건설하는 데 소요되는 자금(비용)을 조세로 조달하면서 공통적인 편익을 얻을 수 있을 때 적용할 수 있는데, 데이터세는 납세자와 편익을 받는 대상이 복합적으로 나타난다. 즉, 데이터세의 담세자(납세의무자)는 IT 기업이며 그 공공재(원시 데이터)를 사용하면서 기업의 이익을 창출하는 효과를 보므로 응익과세 원칙이 실현된다. 또한, 데이터세 부과로 확보된 재원이 개인에게 기본소득으로 분배되거나 데이터 산업의 진흥에 다시 투자된다면 이익을 받는 계층이 추가된다.

데이터를 이용하는 IT 기업이 부담하는 수수료 성격의 데이터세는 수익을 창출하기 위한 필요경비 측면에서도 수익자부담 원칙과 상응한다. 수익자 부담원칙을 바탕으로 할 때 상대적으로 납세자의 조세저항을 감소시키는 데 효과적이라는 점, 세금을 부담하는 빅데이터 기반 IT 기업이 받는 편익과는 직접적으로 상관관계(응익과세)가 있다는 점에서 볼 때 데이

195 우지훈·양인준, "세법체계 관점에서 목적세의 허용범위 및 정비방안에 관한 小考", 「조세와 법」 제10권 제1호, 서울시립대학교 법학연구소, 2017, 105~106면.

터세는 목적세로써 적합하다. 다만, 데이터세가 목적세일 경우 독자적인 납세의무자와 과세표준을 도출해야 할 필요성[196]이 있다. 이 부분은 제3장 제2절 과세요건에서 자세히 서술하기로 한다.

3. 과세 주체

과세권을 행사할 수 있는 주체가 중앙정부라면 국세가 되고, 지방자치단체가 행사할 수 있으면 지방세라고 볼 수 있다. 지방세의 과세권은 지방세기본법 제4조에 의해 지방세기본법 및 지방세 관계법에서 정하는 바에 따라서 지방자치단체가 가지므로 자치단체의 주민에게 지방세 형태로 조세를 부담시키는 것은 가능하다.[197] 또한, 지방자치단체는 지방세기본법 제5조 제1항에 의하여 지방세의 법령의 범위 내에서 일반조례로도 지방세의 세목, 과세객체, 과세표준, 세율 등 필요한 사항을 정할 수 있다. 데이터세가 데이터산업의 진흥을 위한 목적세라면, 그 재원의 마련을 위한 세제는 지방세보다는 국세가 효율적이지만, 기본소득의 배분은 지방자치단체가 더 수월할 수도 있다. 하지만, 이 일반조례는 지방세법령의 구체적 위임범위 내에서만 가능하므로[198] 조례로서 지자체 내에 주

196 우지훈·양인준, 앞의 논문, 130면.

197 지방세의 개념을 공권력 관계에서 보고 지방자치단체가 필요한 재정 수요를 충족시키기 위해 주민으로부터 직접적인 반대급부 없이 징수한다면 과세 관청만 납세 의무를 확정할 수 있으므로 신고납부제도가 적용되지 않는다. 이에 반해 조세 채권 채무 관계에 의하면, 과세 관청의 처분이 없이도 납세자인 주민이 납세 의무를 이행할 책임이 발생하고, 과세 관청의 부과 처분은 이미 성립된 납세자의 채무를 확인하는 데 그친다(전동흔, 『2020 지방세실무』, 한국세무사회, 2020, 3면).

198 반대로 지방자치단체의 감면 조례는 「지방세법」의 구체적인 위임이 없어도 자치단체에서 공익상 필요하다고 판단되는 경우 감면 조례를 제정하거나 개정할 수 있다(행자부 세정-844, 2005. 5. 23.).

소를 두고 있는 법인 또는 거주자를 대상으로 과세할 수 있는 데이터세를 신설하는 것은 사실상 힘들다. 현재 지방세의 세목을 살펴보면, 취득세, 등록면허세, 재산세, 지방소득세, 주민세, 자동차세, 지방소비세, 레저세, 담배소비세, 지역자원시설세, 지방교육세가 있다. 이 가운데 특히 데이터 산업 진흥의 재원을 목적으로 조례 제정을 위한 위임이 가능한 세목은 없다. 우리나라 헌법은 제59조에서 조세의 모든 종목과 세율은 법률로 정한다고 하여 조세법률주의를 표방하고 있으며, 헌법 제38조에서 모든 국민은 법률이 정하는 바에 따라서 납세의무를 가진다고 정하고 있다. 따라서 헌법상 조세를 부과하기 위해서는 법률의 형태여야 하고 모든 법률은 국회의 입법절차를 거쳐야 하므로 지방자치단체가 자체적으로 국회의 입법을 요구하는 것도 힘들다. 데이터세가 지방세로 도입되기 곤란한 이유이다. 다만, 행정안전부가 정부 입법으로 도입하여 지방에 교부세 형태로 지급하는 것은 가능하다.

만약 어느 한 지방자치단체가 지자체 내에 주소를 둔 국내외 사업자(법인과 거주자)를 대상으로 데이터세를 부과한다면, 티보우(Charles Tiebout)가 말한 발에 의한 투표(Voting by the feet)[199]에 의해 기업들이 타 지역으로 소재지를 옮길 수 있다. 수도권 내의 공장이나 본점을 지방으로 이전할 경우 세액감면 등의 혜택을 주는 법률[200]이 시행된 이후 실제로 수도권 과밀억제권역 이외의 지역으로 본점이나 공장을 이전하는 사례가 많이 발생하였

---

199 티보우는 무임승차 문제를 해결하여 지방 공공재를 효율적으로 분배하기 위해 발에 의한 투표를 제안했다. 이 제안은 각 개인이 자신이 가장 선호하는 지역에 자기 발로 걸어가서 정착하게 된다는 의미로 조세 부담이나 공공재의 규모 및 질에 따라 의사결정이 이루어진다. 기업 입장에서 조세 및 임차료 절감, 정부 보조금 지원 등의 유인이 발생한다면 지방으로 공장이나 본점 소재지를 이전하는 것도 같은 이치다.

200 「조세특례제한법」 제58, 60, 63조, 63조의2, 「지방세특례제한법」 제79, 80조 등

다. 만약, 사업자에게 세부담이 발생하게 되고 세부담에 따른 직접적인 반대급부도 없다면, 사업자는 다른 지역으로 이전하려 할 것이므로, 결국 해당 지방자치단체의 다른 세수도 함께 감소하는 문제가 발생한다. 예를 들어, 경기도가 자체적으로 데이터세를 부과한다면, 경기도 내에서 사업장을 두고 있는 네이버, 카카오 등의 국내 대형 IT 기업들이 데이터세가 부과되지 않는 다른 지역으로 이전할 수 있는 것이다.

따라서 데이터세가 도입된다면 지방세보다는 국세 형태로 징수하는 것이 외부효과를 감소시키는데 더 유리하다. 데이터세가 지방소득세와 같이 지방세의 세목으로 도입되어 국세를 분배할 경우 모든 지역자치단체에 소재한 국내외사업자에게 세부담의 차별이 없으므로 발에 의한 투표가 일어날 가능성도 없다. 데이터세의 도입 목적이 기본소득이 아니라 데이터산업의 진흥을 위한 재원 마련이라면, 지방자치단체보다 중앙정부가 징수하는 것이 징수 효율 면에서 더 유리하다. 중앙정부가 데이터세를 징수하더라도 지방자치단체에 분배할 필요가 있다면 징수된 국세의 일정 비율을 바로 지방자치단체에 교부할 수도 있다. 현재 우리나라 지방소비세는 국세인 부가가치세의 21%에 해당하는 조세를 징수하는 관할세무서장 및 세관장(특별징수의무자)이 다음 달 20일까지 관할구역의 인구 등을 감안하여 특별시장, 도지사 등에게 납입하도록 하고 있다.[201] 그러므로 부가가치세나 법인세 형태로 부가된 데이터세는 분배까지 지방소비세처럼 지자체에 일정 비율로 할당하도록 입법할 수 있다.

---

201 「지방세법」 제68, 69조 제1항, 제71조 제1항

4절 각국의 데이터세 도입 논의[202]

1. 비트세

디지털 경제 발전에 따라 다국적 IT 기업을 과세하기 위해 디지털세와 같은 직접세 이외에도 간접세 모델도 국제적으로 제시되고 발전되어 왔다. 첫 사례가 비트세(Bit tax)라고 할 수 있는데, 1994년 미국에서 Arthur J. Cordell과 Thomas Ide에 의해 처음 논의된 이후 유럽에서도 연구가 진행되었다. 과세대상은 가치가 생성되는 거래(value added interactive digital transactions)에 대하여 과세한다는 것인데, 가치가 생성되는 것은 상호작용(interactivity)이 발생하는 것을 말한다. 즉, 과세대상이 되기 위해서는 부가가치가 생성되는 상호작용(interactivity)이 필요하다. 따라서 당시 쌍방향 기술이 없었던 TV, 라디오방송과 같이 일방적으로 받을 수 있는 것은 제외되며, 자료 검색, ATM을 이용하는 것처럼 본인의 행위로 무엇인가를 얻는 것은 가치가 창출되는 상호작용으로 보아 과세대상이 된다. 그러나 ① 전자상거래를 일반적인 상거래에 비해 차별 과세한다는 지적과 더불어 ② 기술적으로 데이터의 사용량을 측정할 만한 장치(bit measuring equipment)가 없었고, ③ 사용한 데이터가 가치가 생성된 거래인지 여부를 확인할 수 없다는 기술적인 문제점이 제기되었다. 결국, 1997년 4월 EU에서 채택된 전자상거래에 관한 정책(European Initiative in Electronic Commerce)과 1998년 10월 Ottawa 전자상거래 결의를 준수하기 위해 비트세는 더 이

---

202 김신언, "디지털세의 최근 입법동향과 우리나라 세제개편 방안", 「조세법연구」 제27권 제2호, 2021, 402~409면 발췌.

상의 논의에서 배제되었다.[203] 미국도 1998년 인터넷 세금 자유법(Internet Tax Freedom Act)을 발의하여 인터넷에만 부과되는 차별적 세금과 전자상거래에 이중으로 과세하는 행위를 금지하였다.[204] 그럼에도 비트세에 대한 논의는 계속되었으며, 2014년까지도 BEPS 프로젝트 Action 1 최종보고서를 위한 예비보고서에서 다루어진 바 있다.[205] 실제로 헝가리는 2014년에 데이터 트래픽 기가바이트당 150Ft(미화 0.60달러)를 부과하는 비트세를 입법하였지만, 위에서 제기한 문제들이 해결되지 않고 국민의 저항이 커지자 결국 폐지하였다.[206] 최근에는 비트코인 등 암호 화폐에 대한 과세

---

203 Max Cash and Robert Schuman Scholar, Electronic Commerce and Tax base erosion, *Economic Affairs Series ECON 108 EN*, European Parliament, 1999, pp. 46, 47.

204 Internet Tax Freedom Act, 47 U.S.C. § 151(1998)은 입법 당시 2007년까지 한시적으로 존속할 예정이었으나, 2004년 연장되었고, 2020년에 「영구 인터넷 세금 자유법(Permanent Internet Tax Freedom Act, PITFA)」으로 개정되어 현재에 이르고 있다("Controversial Internet Tax Freedom Act becomes permanent July 1, Avalara 2020. 6. 12. 기사. www.avalara.com/blog/en/north-america/2020/06/controversial-internet-tax-freedom-act-becomes-permanent-july-1.html, 검색일: 2021. 6. 22.).

미국은 사실 개별 주에서 비트세 도입을 찬성했지만, 미국 「연방 헌법」상 통상조항(Commerce Clause) 때문에 도입이 좌절되었다고 할 수 있다. 1787년 이후 미국 「연방 헌법」을 만들기 위한 이유 중 하나는 주와 주 사이에서 발생하는 통상 문제를 중재하기 위한 것이었다. 미국 「연방 헌법」 제1항 제8조에 근거한 통상조항(Commerce Clause)은 모든 거래에 대한 형사 및 민사상의 권리뿐만 아니라 환경권까지 폭넓게 규율할 수 있는 법 조항이다. 구체적으로 주(州) 사이를 운행하는 열차의 운임은 수익의 정도와 상관없이 같은 금액을 적용하여야 하며[*Houston East and West Texas Railway Co. v. United States*, 234 U.S. 342(1914)], 캘리포니아 주 정부가 의료 목적의 마리화나를 소규모로 재배하는 것도 연방 차원의 통상에 영향을 줄 수 있다고 보아 제재가 가능하다고 판결[*Gonzales* v. *Raich*, 545 U.S. 1(2005)]했다. 단, 반독점에 대해서는 통상조항(Commerce Clause)이 적용되지 않는다(Ewin Chemerinsky, *Constitutional law: Principles and Policies*, 4th Edition, Wolters Kluwer, 2016, p. 247, 255, 276). 따라서 미 연방 전체에 영향을 줄 인터넷을 이용한 거래에 조세를 개별 주에서 부과하는 것은 연방 차원에서 다룰 수밖에 없는 중요한 사건이었고, 미국 내 거대 IT 기업들의 로비로 결국 비트세 도입이 무산되었다.

205 OECD, *Addressing the Tax Challenges of the Digital Economy Action 1: 2014 Deliverable*, 2014, p. 148(8.2.1.5 "Introducing a bandwidth or Bit tax")

206 Cristian Óliver Lucas-Mas and Raúl Félix Junquera-Varela, *Tax Theory Applied to the*

(Crypto-currency tax)를 일컫는 말로도 비트세(bit tax)가 혼용되기도 하지만, 데이터(용량)에 대하여 과세하려고 시도한 최초의 사례라고 할 수 있다. 다만, 비트세는 데이터세의 중간단계에 해당하는 미완성 체계에 지나지 않아서 국외뿐만 아니라 국내에서도 그 실현 가능성이 희박하다.

2. 중국의 데이터거래소

최근 중국에서도 플랫폼 기업들이 가치 있는 광물광산 같은 사용자 데이터를 대량 보유하고 있다고 보고, 해당 기업 가치는 사용자들에 의해 창출되었기 때문에 그 수익을 공유하기 위해 데이터 자체를 과세하는 방안이 필요하다는 의견이 제시되었다.[207] 그동안 조세 분야에서 후진국 대열에 있는 중국이 DDT 도입에 중요한 역할을 할 가능성이 있는데, 그 배경으로 정부 주도의 데이터 산업 육성방침과 데이터거래소를 꼽을 수 있다.

중국 정부는 경제성장 모델 전환 모멘텀으로 빅데이터의 효율적인 개발과 활용을 통해 국가 경쟁력을 강화하며, 정부의 협치 능력도 향상시키고 있다. 중국 정부의 대대적인 지원정책 및 산학연 공동 노력으로 중국의 빅데이터 산업의 규모는 급속한 성장세를 보였는데, 2013년 1,000

Digital Economy: A Proposal for a Digital Data Tax and a Global Internet Tax Agency, World Bank Group, 2021, p. 91.

207 "Consider imposing digital data tax on tech firms: Chinese regulator", Business Today 2020. 12. 17. 기사; 특히 소비자의 데이터 활용은 정부의 핵심 이슈가 되었고, 궈수칭(Guo Shuqing) 중국 은행보험규제위원장은 데이터를 노동과 자본 등 경제 기여자로 보고 데이터 권리를 명확히 할 필요가 있다고 밝혔다. www.businesstoday.in/current/world/chinese-regulator-says-should-mull-imposing-digital-data-tax-on-tech-firms/story/425144.html(검색일: 2022. 8. 31.)

개가 되지 않던 빅데이터 기업 수가 2017년에는 8,949개로 성장하였고 사업 규모는 4,700억 위안을 달성하였다.[208] 중국은 빅데이터 개발 및 활용 강화를 통한 데이터 강국 매진 목표를 천명하고, 2014년 12월 세계 최초로 귀저우성 도시인 귀양에 글로벌 빅데이터 거래소(GBDEx)를 설립하였다. 귀저우에 이어 2016년에는 징진지, 주장 삼각주, 상하이, 허난, 충칭, 선양 및 내멍구 7개 도시를 실험구로 선정하였다. 데이터거래소는 공공 및 민간의 데이터를 수집, 가공, 변환, 가격책정 등의 전 과정을 처리하고 회원사 사이의 데이터 거래를 중개하거나 외부로 판매하는 역할을 하고 있다. 거래소는 2018년 기준 알리바바, 텐센트, 하이얼, 마오타이, 화웨이 등 2천 개의 회원사를 유치하여 225개의 데이터 자원을 확보하고 4천여 개의 데이터 상품을 거래하고 있다. 회원은 회비에 따라 일반회원(무료), 실버회원(30만 위안), 골드회원(50만 위안)으로 나뉘며, 일반회원이 약 80%를 차지한다.[209]

중국의 데이터거래소에서 가장 눈길을 끄는 부분은 데이터의 가격책정이다. 실제로 데이터가 거래소를 통해 세계시장으로 유통되고 있으므로 판매되는 빅데이터 이외에도 원시 데이터의 가격산정과 관련한 글로벌 공정가치의 산출도 장기적인 관점에서 가능할 것이다. 물론 2017년부터 시행된 「네트워크 안전법(网络安全法)」에 의해 중국 내 서버를 반드시 두어야만 하고 데이터의 해외반출을 위해서는 당국의 승인을 받아야 하므로[210] 국제적인 기준이 되기는 부족할 수 있다. 그러나 중국 정부의 데이

---

208 KOSTEC(한중과학기술협력센터), "중국의 빅데이터 지원 정책과 동향", 「Issue Report」 2018. vol 3, KOSTEC, 2018. 11., 10, 14면.

209 배영임·신혜리, "데이터3법, 데이터경제의 시작", 「이슈&진단」 No 405, 경기연구원, 2020, 16면.

210 이성엽, 『디지털 트랜스포메이션과 법: 데이터, 플랫폼, AI시대 ICT 혁신국가의 비전』,

터거래소 육성은 데이터의 수집, 가공 및 판매를 활성화할 수 있는 기반을 구축하고 그 노하우가 축적된다면, 데이터의 가치를 체계적으로 산정[211]하여 추후 데이터세의 과세기준(종가세)으로 활용할 수 있다는 점에서 주목해야 한다.

3. 뉴욕주

2020년 한해 미국 州정부와 지방정부는 디지털 광고와 소셜미디어 플랫폼에 부과되는 세금을 포함하여 디지털 경제에 맞는 다양한 세제개편을 제시했다. 가장 최근의 것은 뉴욕 소비자들로부터 데이터를 수집하는 회사들에게 소비세를 부과하자는 뉴욕 제안이다. 2021년 2월 19일 뉴욕州 상원 재무위원장인 리즈 크루거(Liz Krueger) 의원은 "상업용 데이터 수집회사(commercial data collectors)[212]"에게 소비세를 부과하는 New York Senate Bill 4959를 발의했다. 이 세금은 앞의 비트세(Bit tax)에서 언급한 미국의 영구 인터넷 세금자유법(Permanent Internet Tax Freedom Act) 위반으로 간주될 가능성이 있는 디지털 광고세(digital advertising taxes)의 대안으로 개발된 것이다.[213] 이 법안에 따르면, 인터넷서비스를 제공하는 회사가 100만

고려대학교출판문화원, 2021, 52면.

211 국내에서는 이미 경기도가 지역화폐 데이터를 수집하고 창출한 수익을 주민에게 배당했고, 지속적으로 확대할 예정이다(경기도, "세계 첫 '데이터 배당' 시행…이재명 '데이터 주권 실행 신호탄'", 전자신문 2020. 2. 20. 기사. etnews.com/20200220000337(검색일: 2021. 12. 27.).

212 '상업용 데이터 수집가'는 '사업 활동을 지원하기 위해 소비자 데이터를 수집, 유지, 사용, 처리, 판매 또는 공유하는' 영리 법인으로 정의된다.

213 "New Taxes on the Digital Economy: A Closer Look at the New York Data Tax Proposal", JD Supra 2021. 3. 15. 기사. jdsupra.com/legalnews/new-taxes-on-the-digital-economy-a-6954569(검색일: 2022. 8. 31.)

명이 넘는 고객 등의 정보를 수집하는 경우에만 과세하되, 100만 명에서 200만 명 사이일 때는 매달 소비자 수에 5센트씩 소비세를 부과한다. 200~300만 명이면 50,000달러에 200만 명 초과하는 1인당 매달 10센트씩 부과한 금액을 합산하고, 300~400만 명이면 그 앞 단계의 누진세액에 300만 명 초과 1인당 매달 15센트씩 합산하는 식으로 100만 명 단위당 10단계의 누진세율로 부과한다. 뉴욕州 인구수를 감안하여 최종 단계는 1천만 명을 초과하는 경우 매월 225만 달러에 초과 1인당 50센트를 곱한 금액을 합산하여 납부한다.[214]

그러나 이 방법은 데이터 수집회사의 재화와 용역을 사용하는 소비자(人) 수에 따라 과세하는 개념이므로 IT 기업이 수집 또는 사용하는 데이터 용량(容量)에 따라 과세하려는 비트세(Bit tax)나 DDT와는 차이가 있다. 뉴욕 제안은 구조가 단순하고 매년 일정한 세수를 확보할 수 있다는 장점이 있는 반면, 회원에게 직접 전가하기 쉽고 데이터 기업의 수익에 적절한 과세가 힘들다는 것이 단점이다. 또한, 앞의 비트세에서도 언급한 것과 같이 미연방 헌법상 통상조항(Commerce Clause)에 따라 위헌논란을 불러일으킬 수 있는 만큼 뉴욕주가 다른 주에 비해 기업에 대한 차별적 과세가 아니라는 것을 어떻게 설득할 수 있을지 주목된다.

뉴욕주 사례 외에 미국에서 현재까지 연구된 DDT는 대역폭(bandwidth), 즉 전송량을 측정하여 과세하는 것이다. 대역폭은 네트워크 또는 인터넷 연결의 최대 데이터 전송 속도를 나타내는데, 지정된 시간 내에 특정 연결을 통해 전송할 수 있는 데이터양을 측정하는 것이다. 대역폭은 네트워크 속도를 설명하는 데 사용되지만, 데이터 비트가 한 위치에서 다른

---

214 New York Senate Bill 4959 §186-h 3. Rate of tax

위치로 이동하는 속도를 측정하지는 않는다. 데이터 패킷은 전자 또는 광섬유 케이블을 통해 이동하므로 전송되는 각 비트의 속도는 무시할 수 있기 때문이다. 대신 대역폭은 특정 연결을 통해 한 번에 얼마나 많은 데이터가 흐를 수 있는지를 측정한다. DDT는 두 가지 요소로 구성되는데, 하나는 통행세(toll tax) 역할을 하고, 다른 하나는 계약된 인터넷 대역폭(글로벌 DDT)이나 중요한 경제적 실재(국내 DDT)에 대한 서비스 요금(service charge) 역할을 한다. 물리적 실재(physical presence)가 없는 비거주자에 대한 원천국가에서의 소득 과세(직접세)는 전통적인 조세 이론과 양립할 수 없다. 하지만, DDT는 간접세로서 디지털 기업의 경비로 공제하는 디지털 라이센스 유형의 세금으로 운영함으로써 이러한 장애물을 극복할 수 있다. 마치 임차료 지급처럼 궁극적으로 이익 발생이 발생하지 않거나 실제로 물리적 시설을 사용하지 않았더라도 사업을 수행하려는 모든 기업이 지급해야만 하는 비용(cost) 같은 것이다. 이런 의미에서 DDT는 특정 국가에서 디지털 사업모델을 운영하려는 모든 IT 기업에게 고정비가 될 수 있다.[215]

따라서 국내에서 논의된 것과 같이 데이터 사용에 대한 대가를 마치 재료비처럼 원가에 산입하며, 다국적 IT 기업이 발생시킨 초과이익을 줄이는 역할을 한다. 한편, 국내에서 제시된 데이터세(DDT)는 대역폭을 측정하여 과세하는 동적 개념이 아니라 데이터의 용량(byte)을 측정하므로 정적 개념이 강하다고 할 수 있다. 그러나 데이터의 수집, 가공, 반출 과정에서 측정되는 데이터의 흐름에 대하여 과세하는 것[216]이므로 대역폭에 대한 과세와 큰 차이점은 없다. 데이터세를 매월 징수한다고 할 때 한 달

---

215 Cristian Óliver Lucas-Mas and Raúl Félix Junquera-Varela, *op cit*, pp. 89~92.

216 김신언, "디지털경제의 세원(稅源), 데이터", 「세무와 회계저널」 제22권 제2호, 한국세무학회, 2021, 241~243면.

간 수집 · 사용한 데이터 총량을 기업 서버 등에 기록된 데이터의 출납기록의 합계액을 측정하여 과세표준으로 하면 납부 시기나 징수의 편의성을 도모할 수 있다.

4. 유럽

이미 2017년 독일에서도 앙겔라 메르켈 총리와 안드레아 나흘스 독일 사회민주당 대표는 빅데이터에 과세할 수 있는 조세개혁 방안을 언급했다. 이때 메르켈 총리의 발언은 통화세(monetary taxes)를 시사하는 것으로 보이지만, 나흘스는 공유재(common goods)로서 사회의 이익을 위해 대량의 데이터를 가진 기업들에게 데이터세(DDT)를 부과하는 방안[217]을 제시하였다. 이를 통해 기업들이 데이터를 총체적으로 개방하도록 동기를 부여하는 동시에 기업의 정당한 이익과 개인 정보 보호 정책을 장려할 수 있는 유인이 될 것이라고 설명하였다.[218] 그러나 그 이후 유럽에서는 아직 데이터세를 도입하려는 움직임이 보이지 않는다. 그 이유로 최근까지 DST(디지털서비스세)의 도입에 치중하였고, 과세 이외에 역외데이터 이동을 통제하여 데이터 주권을 확보하려 하였기 때문이다.

EU 집행위원회도 전 세계 데이터 대부분이 미국이나 중국 국적의 기업들에게 집중됨으로써 유럽의 데이터산업 성장에 걸림돌이 되고 있다

217 2015년 세계노동기구(IZA)의 구글 트렌드 데이터의 속성을 설명하는 제안과 매우 흡사하다.

218 "A data tax for a digital economy: The globalized internet age calls for innovative approaches to taxation", IZA Newsroom 2018. 10. 23. 기사. newsroom.iza.org/en/archive/opinion/a-data-tax-for-a-digital-economy(검색일: 2022. 8. 31.)

고 분석하였다.[219] 이러한 역외 독점적 사업자들에 대한 견제와 더불어, 유럽의 기술주권 회복을 위한 역량개발과 중소기업의 데이터 활용기회 보장 의지[220]는 2020년 2월 19일 EU 집행위원회가 발행한 정책 문서인 『유럽의 디지털 미래』와 『데이터 전략』에도 명확히 나타나 있다. 데이터 현지화는 개인 정보 보호뿐만 아니라 향후 디지털 경제에서 유럽연합 기업들의 대외 경쟁력과 밀접한 영향력이 있다고 본 것이다. 반면, 데이터 주권은 EU 역내에서 시장지배력을 강화하고 있는 다국적 기업에게는 마치 아킬레스건과 같다.[221]

---

219 European Commission, *A European Strategy for Data*, COM(2020) 66 final, 2020, pp. 3~4.

220 European Commission, *Shaping Europe's Digital Future*, COM(2020) 67 final, Brussels, 19.2.2020, pp. 1~2.

221 강형구·전성민, "국내 전자상거래의 규제 및 글로벌 경쟁 이슈: 시장지배력, 데이터 주권, 아마존 효과를 중심으로", 「법경제학연구」 제15권 제3호, 한국법경제학회, 2018, 370면.

3장

데이터세의 구체적인 도입 방안

1절 데이터의 생성 및 관리

1. 데이터의 수집

데이터의 수집이란 조직의 내부 또는 외부(인터넷상의 미디어 등 포함)에 존재하는 여러 데이터 소스로부터 필요한 데이터를 검색하여 자동 또는 수동으로 모으는 것을 의미한다. 넓은 의미로 수집된 데이터를 저장 혹은 분석할 목적으로 데이터를 변환하거나 통합하는 것을 포함하기도 한다.[222] 데이터의 수집은 서비스 제공을 위한 분석의 기초 작업으로 분석 인프라를 구축하는 작업에 매우 중요하다. 다수의 사용자가 만든 데이터를 수집, 저장, 또는 분석하기 위해서는 추가로 데이터의 수집뿐만 아니라 분석할 수 있는 플랫폼이 필요하다.[223] 수집된 데이터는 가공을 통해 시각화되는데, 데이터 시각화는 도형이나 차트 또는 그림을 통해 눈으로 쉽게

222 김성국, 오창헌, "빅데이터 분석을 위한 자료 수집 방안 비교", 2018.
223 손기준, 조인호, 김찬우, 전채남, "하둡 기반 빅데이터 수집 및 처리를 위한 플랫폼 설계 및 구현", 「한국콘텐츠학회 2015 춘계종합학술대회 자료집」, 한국콘텐츠학회, 2015, 297면.

확인할 수 있는 결과물로 표현하는 것이다.

<그림 1> 데이터의 수집과 활용 과정[224]

원시 데이터를 수집하는 방법은 데이터 소스에서 로그 수집기 등을 통해 스크리핑하거나, 직접 타이핑과 같은 수작업을 통해 가능하다. 원시 데이터는 획득이 쉬어야 하며, 개체가 다양하고, 데이터 품질에 대한 신뢰도와 더불어 「개인 정보법」 등 적절한 법적 · 기술적 절차를 통해 활용하되, 그렇지 않다면 정제과정(비식별 조치)을 통해 처리되도록 하여야 한다.

최근 IT 기업들이 빅데이터를 이용해 사업 경쟁력을 강화하고 다양한 분야로 확장하고 있다. 이들이 이용하는 빅데이터 중에 소비자의 인터넷 홈페이지 방문 및 구매 이력과 같은 온라인 행태 데이터(online behavior data)는 서비스를 개선하고 광고 수입을 늘리는 데 기여한다. IT 기업들은 PC에서는 쿠키를 이용하여 이러한 행태 데이터를 수집하지만, 쿠키가 「개인정보 보호법」의 적용 대상이 되는 개인 정보인지 불확실해서 수집할

224 출처 : T-Times

때 사전 동의를 반드시 받아야 하는지도 불확실하다.[225]

<그림 2> 데이터의 저장[226]

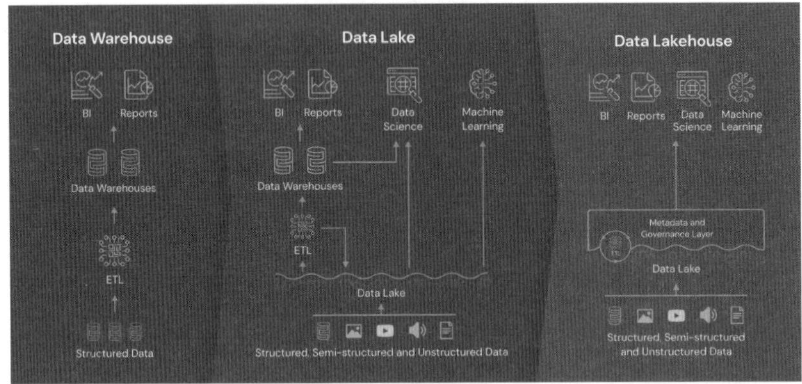

수집된 데이터는 여러 장소에 흩어져 있는 데이터를 목적에 맞게 찾고 모아서 하나로 통합하는 데이터 창고(Data Warehouse)를 통해 데이터 구조와 데이터 관리 기능을 구현하였다. 그러나 Data Warehouse는 기업이 수집하는 데이터의 양과 종류를 모두 저장하기 곤란한 문제가 있다. 정형데이터 처리에만 최적화되어 있어 인공지능의 머신러닝이 요구되는 비정형 데이터의 처리에는 적합하지 않은 문제도 있다. 비정형 데이터(unstructured data)란 미리 정의된 데이터 모델이나 정형화된 방식으로 정리되지 않은 것을 의미한다. 그러자 2000년대 후반부터 데이터 호수(Data lake)라고 하는 보다 큰 공간에 데이터의 종류와 상관없이 원시 데이터를

---

225 문병순, "행태 데이터의 수집 방식과 규제방안-쿠키를 중심으로-", 「증권법연구」 제23권 제1호, 한국증권법학회, 2022, 287면.

226 DATA BRICK 홈페이지에서 발췌, databricks.com/kr/glossary/data-lakehouse (검색일: 2022.8.20.)

그대로 저장하기 시작하였다. Data lake는 데이터양이 빠르게 증가하더라도 저장을 위해 별다른 처리가 필요하지 않아 신속하게 처리할 수 있는 장점이 있다.

그러나 이 방식은 데이터 분석을 위해 원하는 데이터를 찾는데 시간이 많이 들고 불편한 단점이 있다. 따라서 두 가지 저장방식의 문제점을 보완하기 위해 도입된 것인 데이터 레이크하우스(Data LakeHouse)이다. 데이터의 저장장소는 데이터 호수로 하되, 데이터 호수에 있는 원천 데이터를 직접 BI 도구들과 연결할 수 있게 하여 중복 저장의 위험이 없앤 것이 특징이다. 이 방식은 데이터 창고가 가진 장점인 데이터의 정합성과 일관성을 지원할 수 있을 뿐만 아니라 정형, 반정형, 비정형를 구분해서 곧바로 분석할 수 있게 한다. 현재 데이터 레이크하우스의 시장은 미국 기업인 Snowflake와 Databricks가 양분하고 있다.[227]

2. 데이터의 가공

데이터를 잘 활용하려면 데이터 수집, 가공 및 분석, 활용의 전 과정이 유기적으로 연계되어야 한다. 데이터의 관리는 수집한 데이터를 분석 가능한 형태로 구조화하고 정제하는 것이다. 이때 데이터 가공이란 수집된 데이터를 정리하고 표준화하며 통합하는 일련의 과정을 뜻한다. 분석에 적합한 데이터를 만드는 사전처리 전반을 일컫는다고 할 수 있다. 이전에는 데이터 활용가치를 인정받지 못하던 사진, 동영상, 음성 같은 비정

227 IT DAILY 2022.7.15. 기사, "'창고'와 '호수'를 넘어서는 데이터 레이크하우스", http://www.itdaily.kr/news/articleView.html?idxno=208876 (검색일:2022.8.20.)

형 데이터의 사용이 최근에 가파르게 증가하는 추세이다. 이 자료를 활용하려면 전처리 과정(pre-processing)이 필요한데 이렇게 분석할 대상을 추출하는 과정을 어노테이션(annotation)이라고 하며 추출된 정보를 적절히 분류하기 위해 주석을 다는 라벨링 작업이 필요하다. 자동화된 인공지능의 알고리즘 구축을 위해서는 먼저 사람이 일일이 많은 양의 비정형 데이터를 어노테이션하고 라벨링 하여야 한다. 데이터 분석은 빅데이터 분야에서는 인간의 노동 없이 자동화가 가능하나, 인공지능 분야는 인간의 노동력 투자가 반드시 선행되어야 한다는 점에서 차이가 있다.

데이터 가공을 통해 기업은 수집하여 저장된 데이터를 적절하게 분석하여 의미 있는 결과를 도출하는 것이 가능하다. 실제 데이터를 분석하면, 데이터의 수집단계에서부터 기업의 분석 목적에서 벗어나는 문제가 발생한다. 그러나 데이터 가공능력을 키우면, 수집목적에 맞게 활용할 수 있으므로 기업의 데이터 가공기술 확보는 아주 중요한 문제이다.[228] 데이터 가공과 중개를 전문으로 하는 기업도 출현하였는데, 미국에서만 3,500~4,500개가 존재한다고 한다. 이들 기업은 원시 데이터를 수집하여 공유하거나 외부에서 판매하는 데이터를 구매 · 가공한 다음 재판매한다. 이들이 판매하는 데이터는 3차 데이터인데, 이렇게 가공된 3차 데이터를 다시 원시 데이터를 수집하여 활용하는 기관이나 기업에서 구매하여 사업목적으로 사용한다.[229]

---

228 김은석, “빅데이터 활용을 지원하는 수집 데이터의 가공과 정제”. 「TTA 저널」 192호, 한국정보통신기술협회, 2020, 28~31면.

229 김옥기, 『데이터는 어떻게 자산이 되는가?』 이지스퍼블리싱, 2021, 265면.

3. 데이터의 판매(반출)

수요와 공급 측면에서 데이터의 생태계를 보면, 각 산업마다 기업들이 데이터를 수집하여 저장해서 기업 내부에서 활용하고, 외부로 판매하기도 한다. 이렇게 외부로 내보낸 데이터를 다시 데이터 가공회사나 중개기업이 수집 또는 가공하여 데이터 시장에서 유통한다. 이러한 프로세스를 지속하면 데이터의 질이 향상되어 기업 혁신에 기여한다. 수요자는 데이터를 활용하는 개인이나 기업이며 이러한 수요에 맞춰 데이터를 수집하거나 가공해서 공급하는 전문 기업도 존재한다.[230]

<그림 3> 데이터의 판매 형태[231]

그런데, 데이터의 판매는 반드시 판매자의 컴퓨터에서 구매자의 컴퓨터로 데이터를 전송하는 방법을 따르지 않는다. 앞서 소개한 스노우플래

230 김옥기, 앞의 책, 263면.
231 출처 : T-Times

이크 같은 회사는 〈그림 3〉과 같이 회사 서버에 시장(Market place)을 구축하여 구매자가 회사 서버에 접속하여 직접 데이터를 사용해서 필요한 작업을 하게 할 수 있다. 고객 자신의 컴퓨터로 데이터를 다운로드 하지 않기 때문에 고객 입장에서는 불필요한 저장공간을 갖추지 않아도 되는 장점이 있다. Market place에서 고객이 사용한 데이터는 초단위로 사용량을 계산하여 구매자에게 요금을 청구한다.

한편, 현재 일반적으로 대용량의 데이터를 저장하는 클라우드는 구름과 같이 가상의 공간에 위치하는 것이 아니며 지구상 어딘가 물리적 장소에서 보관된다. 이러한 장소를 데이터센터라고 부르며, 클라우드 서비스 공급업체는 사용자를 기준으로 전 세계에 데이터센터를 두고 있으며 세계시장 점유율은 아래 〈그림 4〉와 같다. 아마존이 공급하는 AWS는 전세계 25개소에, MS가 운영하는 Azure는 60개소, 구글이 운영하는 구글 클라우드는 24개소에 데이터센터를 두고 있다. 향후 10년 이내에 플랫폼 비즈니스 기업보다 클라우드 서비스 기업이 더 많은 매출을 일으킬 것으로 기대하는 전문가가 많다.

<그림 4> 클라우드 서비스 공급업체 세계시장 점유율 현황

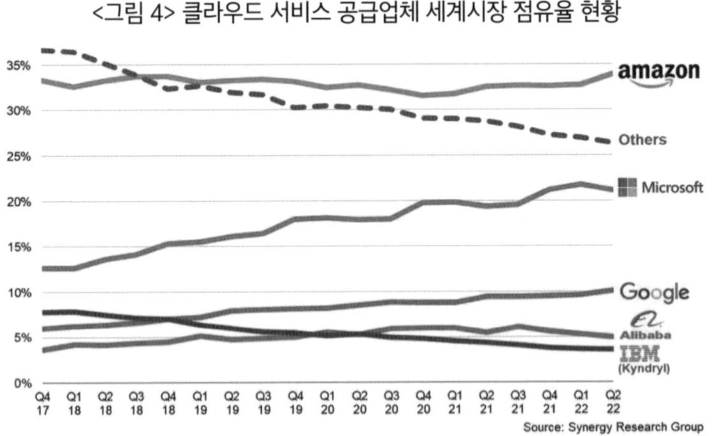

2절 데이터세의 과세요건

조세법률주의에 따라 과세하기 위한 요건을 세법에서 법률로 반드시 규정해야 하는 것을 과세요건법정주의라고 하며, 과세대상(혹은 과세물건), 납세의무자, 과세표준, 세율을 과세요건이라고 한다. 이하에서는 데이터세를 도입하기 위한 선결 조건으로 과세에 대한 사회적 합의, 데이터에 대한 법적 권리 등에 문제가 해결될 경우를 가정[232]하여 데이터세의 과세요건을 검토해 보기로 한다.

1. 과세대상

가. 민간데이터 v. 공공데이터

데이터는 크게 개인 정보를 활용한 개인 데이터와 기업 활동을 통해 축적된 산업데이터로 나눌 수 있고, 수집기관에 따라 공공데이터와 민간데이터로 다시 구분할 수 있다. 「데이터 산업법」 제2조 제2호와 제3호에 따르면, 공공데이터란 「공공데이터의 제공 및 이용 활성화에 관한 법률」 제2조 제2호[233]에 따른 공공데이터를 말한다. 민간데이터란 국가기관, 지

---

232 자세한 내용은 김신언, "기본소득재원 마련을 위한 데이터세 도입방안", 「세무와 회계연구」, 제9권 제4호(통권 제23호), 한국세무사회부설 조세연구소, 2020, 29~36면 참조

233 공공데이터"란 데이터베이스, 전자화된 파일 등 공공기관이 법령 등에서 정하는 목적을 위하여 생성 또는 취득하여 관리하고 있는 광(光) 또는 전자적 방식으로 처리된 자료 또는 정보로서 다음 각 목의 어느 하나에 해당하는 것을 말한다.
가. 「전자정부법」 제2조제6호에 따른 행정정보
나. 「지능정보화 기본법」 제2조제1호에 따른 정보 중 공공기관이 생산한 정보
다. 「공공기록물 관리에 관한 법률」 제20조제1항에 따른 전자기록물 중 대통령령으로 정하는 전자기록물
라. 그 밖에 대통령령으로 정하는 자료 또는 정보

방자치단체 또는 공공기관[234]이 아닌 자가 생성 또는 취득하여 관리하는 데이터를 말한다.

이 중 민간과 공공데이터는 모두 개인 정보 데이터와 산업데이터를 각각 가지고 있다. 산업데이터는 개인 또는 법인이 사업 활동을 통해 만들어낸 정보를 의미한다. IT 기업들은 개인 정보뿐만 아니라 사업을 영위하는 개인기업과 법인기업의 정보도 수집한다. 법인의 프라이버시권이 인정되지 않지만, 법인이 생산한 데이터도 경제적 가치가 있는 재화로서 개인 정보 데이터와 그 경제적 실질에서는 차이가 없다. 법인에 대한 정보는「신용정보법」에서 다루고 있지만, 법인의 법적 권리(재산권) 보호와는 상관없다. 그러나 법인이 만들어 내는 각종 회계 정보, 경영자료, 신제품 등의 판매실적분석 데이터도 법적으로 가치를 부여할 수 있다. 전체 디지털 데이터 중 개인 데이터가 차지하는 비율은 약 75% 정도로 추산[235]되므로 나머지 25%는 산업데이터라고 볼 수 있다. 따라서「데이터 산업법」에 개인 정보 이외에 산업데이터도 보호 장치를 마련할 수 있게 보완하는 것이 바람직하다.[236] 한편, 조세법에서는 산업데이터에 대한 재산권도 데이터세의 과세대상으로 포함하는 것도 필요하다.

---

234 「지능정보화 기본법」 제2조 제16호에 따른 공공기관을 말한다.

235 한국데이터산업진흥원, 『마이데이터 서비스 안내서』, 한국데이터산업진흥원, 2019.12, 6면.; 2011년 IDC 보고서를 바탕으로 한 것으로 추정된다. IDC란 Internet Data Corportaion의 약자로 1964년에 설립된 정보기술, 통신, 소비자 기술 시장을 위한 시장 인텔리전스, 자문 서비스 및 이벤트 분야의 글로벌 최고의 제공업체이다. 전 세계적으로 1,100명 이상의 분석가를 보유하고 있는 IDC는 110개 이상의 국가에서 기술, 산업 기회 및 동향에 대한 글로벌, 지역 및 현지 전문 지식을 제공하고 있다.

236 앞의 설명한 바와 같이 데이터배당(data dividends)의 형태로 기본소득을 지급하는 논리는 데이터의 법적 소유권 측면에서 논리적인 흠결을 가지고 있지만, 추가적으로 데이터세의 과세대상을 개인 정보데이터에만 한정시키게 되어 산업데이터까지 과세베이스를 확장시키지 못한다는 단점도 가진다.

반면, 공공데이터 활용은 공공서비스의 경쟁력에 신뢰성을 회복시키고, 보다 데이터를 잘 쓸 수 있는 생태계[237]를 조성하여 관련 데이터산업의 활성화 할 수 있는 긍정적인 효과[238]가 있으므로 공공데이터의 사용에 대한 과세는 신중해야 한다. 공공데이터를 과세대상으로 한다면, 현재 정부가 추진하는 데이터산업의 육성을 위한 조치로써 국가가 공공데이터를 무료로 개방하고 있는 정부 정책[239]과도 충돌하기 때문이다. EU도 유럽 데이터 전략(European Strategy for Data)의 일환으로 2020년 11월 25일 Data Governance Act를 발표하였는데, 개인 정보 및 상업 정보의 공공데이터 활용의 폭을 넓히기 위해 기존에 공공데이터의 수집 및 생산 목적을 벗어난 상업적 · 비상업적 목적으로 사용할 수 있는 법적 근거를 제시하고 있다.[240] 이를 통해 EU 차원에서 데이터 공유서비스를 활성화함으로써 데이터의 효율적인 통합과 배분이 가능하여 기존의 시장지배력에서

---

237 한국데이터산업진흥원, 앞의 책, 3면 ; 현재 기존 데이터 전문 IT 기업들뿐만 아니라 금융, 유통, 의료, 제조, 통신, 에너지 등 다양한 기업군에서 데이터 기반의 혁신을 통해 데이터산업의 새로운 생태계가 만들어지고 있다. 이러한 환경에서 데이터 경제가 활성화되려면 데이터 구축, 유통, 활용이라는 데이터 가치사슬 각 단계가 유기적으로 연계되어야 한다.

238 박주석, 앞의 글, 45면

239 행정안전부와 한국정보화진흥원이 범정부 공공데이터 정책을 추진을 가속화하고 있는 가운데, 우리나라는 OECD가 매2년마다 회원국을 대상으로 조사하여 평가하는 OECD 공공데이터 개방지수에서 2015년과 2017년 그리고 2019년 3회 연속 1위를 차지하였다. 평가항목에는 정부의 데이터 재사용 지원정책, 개인의 데이터 접근성 및 이용도(availability)와 같은 세 가지항목으로 구성되어 있다(OECD, *Government at a Glance 2019*, OECD, 2019. 11, p.41. ; OECD는 회원국 및 기타 주요 국가의 정부 활동에 대한 신뢰할 수 있는 국제 비교 데이터를 제공함으로써 정부의 성과를 벤치마킹하고, 시간이 지남에 따라 국내외의 발전을 추적하여 정책 수립을 위한 증거를 제공하는 데 사용하는 것을 목표로 하고 있다.).

240 European Commission, *Proposal for a Regulation of the European Parliament and of the council on European data governance (Data Governance Act)*, 25.11.2020., p.28(Article 2(2),(6), Article 6 (4)).

독립적인 새로운 데이터 기반 생태계 등장을 촉진할 수 있다고 판단하고 있다.[241] 또한, 앞에서 살펴본 스니펫세의 경우와 같이 IT 회사들이 공공데이터를 사용하는 것이 공정이용이라고 주장할 경우 합당한 대응 논리도 필요할 것이다. 따라서 데이터세의 도입 초기에 논란이 될 수 있는 공공데이터에 대한 과세를 제외할 필요가 있다.

나. 수집목적에 따른 분류

개인 데이터라고 하더라도 모든 인적데이터를 과세대상으로 할 수 있는 것은 아니며 고유목적으로 원시 데이터를 수집하는 경우와 2차적 목적으로 재사용하는 경우를 나누어 검토해야 한다. 고객이 주문한 상품의 배송, 반품, 환불 등 상품 매출과 직접 연관된 고유한 목적으로 개인이 동의한 이용정보 자체를 수집하는 경우에도 과세할 것인지는 고민해야 한다. 예를 들어, 쿠팡이나 G마켓과 같은 인터넷 상품몰은 상품의 배송과 관련된 서비스를 위해서 반드시 고객정보를 확보하여야 한다. 상품의 결제와 배송이 종료되더라도 그 이후에 반환, 결제 및 환불 등의 목적으로 사용해야 하기 때문이다. 또한, 해당 사이트를 통해 상품을 주기적으로 이용하는 고객들은 매번 개인 정보이용 동의를 하는 것보다 한번 회원가입을 한 이후에는 아이디와 비밀번호만으로도 재접속을 할 수 있게 하여야 하므로 고객의 개인 데이터를 수집한 후 적절하게 보관할 필요가 있다. 이런 경우에도 단지 고객의 개인 정보를 수집하여 보관한다는 이유만으로 과세하는 것은 적절하지 않을 것이다. 데이터세는 개인 정보와

241 김경훈, 이준배, 윤성욱, "EU 데이터거버넌스 법안 주요내용 및 시사점", 「KISDI Premium Report」 21-01, 정보통신정책연구원, 2021, 2면.

같은 원시 데이터를 수집하여 사업목적으로 가공하는 회사에 대한 원재료비 성격의 조세이기 때문에 정보 이용에 동의한 범위 내에서 고유 목적(회원 관리 및 결제 등)에만 사용되는 것까지 과세대상으로 할 수 없다.

한편, 데이터를 수집한 회사가 추후 고객을 대상으로 매출을 늘리기 위해 광고목적으로 재사용하거나, 수익 창출을 목적으로 제휴회사 등 제3자에게 데이터를 넘기는 것과 같이 원시 데이터 자료가 2차적 목적으로 사용될 때는 과세 대상에 포함해야 할 것이다. 즉, 앞서 고객이 주문한 상품 매출과 직접 관련된 고유목적으로 사용하는 것 이외에 제휴회사에게 개인의 정보를 공유하거나, 빅데이터 형태로 모아진 고객들의 성향을 분석하여 자신의 매출 증진 등의 목적으로 활용되는 경우에는 당연히 데이터세의 과세대상이 되어야 한다.

다. 식별정보 v. 비식별정보

데이터세의 과세대상이 되는 원시 데이터는 정보 주체를 인식할 수 있는 식별정보와 비식별정보로 나눌 수 있을 것이다. 「개인정보 보호법」에서 개인정보처리자는 개인 정보를 비식별 처리에 의하여 개인 정보 수집 목적을 달성할 수 있는 경우 익명처리가 가능한 경우에는 익명에 의하여, 익명처리로 그 목적을 달성할 수 없는 경우에는 가명에 의하여 처리하도록 규정하고 있다.[242] 정보 주체의 식별정보에 대한 개인의 권리는 크게 문제되지 않는다. 만약, 데이터세가 개인이 통제할 수 있는 식별이 가능한 데이터까지 과세대상에 광범위하게 포함시킬 경우 정보 주체의 재산권 침해 논란이 발생할 소지가 있고, 정부가 추진 중인 마이데이터 산

---

242 「개인정보 보호법」 제3조 제7항

업 육성에도 부정적인 영향을 미칠 가능성이 있다. 따라서 가명정보 또는 익명정보로 바꾸어 비식별조치를 한 개인 정보에 한해 과세대상으로 설정하는 것이 정보 주체가 자체적으로 활용할 수 있는 정보에 대한 처분 권리를 강화할 수 있게 하고, 데이터세 도입 단계에서 반발[243]을 낮출 수 있을 것이다.

한편, 「개인정보 보호법」상 개인 정보란 살아 있는 개인에 관한 정보로서 성명, 주민등록번호 및 영상 등을 통하여 개인을 식별할 수 있는 정보를 말하며, 해당 정보만으로는 특정 개인을 알아볼 수 없더라도 다른 정보와 쉽게 결합하여 알아볼 수 있는 것도 개인 정보에 포함하고 있다. 결국, 어떤 정보가 개인 정보에 해당하는지 여부는 그 정보가 특정 개인을 식별할 수 있게 하는 결합 가능한 다른 정보의 유무에 따라 결정된다. 주민등록번호, 여권번호 등 특정 개인에게만 부여되는 고유번호이지만, 누구의 정보인지 별도 조회가 필요하다. 성명은 동명이인이 있을 수 있고, 주소도 같은 주소에 여러 사람이 살 수 있으므로 그 자체로 특정 개인을 확인할 수는 없다.[244] 이렇게 가명정보란 결합할 추가적 정보가 없으면 특정 개인을 식별할 수 없는 상태로 비식별 조치된 정보를 말한다. 그러나 가명정보는 익명정보와는 달리 정보들이 서로 결합할 때 특정 개인을 식별할 수 있으므로 「개인정보 보호법」상의 사후통제권[245](opt out)이 부여되는 개인 정보의 범위에 포함되어야 한다.[246] 이에 따라 2020. 2. 14. 데이

243 다만, 개인이 이에 동의하여 데이터배당(data dividends)의 형태로 환원한다면, 재산권 침해 문제는 완화될 수 있을 것이다.

244 반면, 여러 플랫폼에 접속할 때 보통 아이디를 중복해서 하나만 사용하는 경우가 많아서 아이디만으로도 동일인인지 가늠하는 것이 어렵지 않다.

245 정보 주체가 개인 정보이용 동의를 한 이후에도 이를 철회(withdraw)할 수 있는 권한을 의미한다.

246 김용학, 『개인정보 보호법』, 청호북스, 2020, 33면.

터 3법이 개정되면서 보호 대상이 되는 개인 정보의 범위가 추가정보가 있다면 확인 가능한 가명정보도 포함하도록 확대되었다.[247] 하지만, 데이터세의 과세대상인 비식별 조치가 된 정보의 범위에는 재산적 가치가 있는 권리로서 과세관청이 과세권을 행사할 수 있을 정도의 측정이 가능한 모든 가명, 익명정보를 포괄해야 한다. 마이데이터의 대상이 되는 식별정보라 함은 정보 주체가 자신의 개인 정보를 영리 목적상 활용할 수 있을 정도면 충분하므로 비식별 조치를 해서 수익 사업에 활용하는 IT 기업에 대한 효율적인 과세를 위해 가명정보까지 데이터 과세대상에 포함하는 것이 타당하다. 결합할 추가정보가 없으면 특정 개인을 식별할 수 없는 가명정보의 상태라면 정보 주체도 자신의 가명정보를 IT업체가 사용하는지 확인할 방법이 쉽지 않기 때문이다. 가명정보가 개인 정보의 범위에 포함되는 것도 사실 「개인정보 보호법」상 개인의 프라이버시를 효과적으로 보호하기 위한 목적이므로 이를 근거로 개인의 재산권적 가치를 인정하기 곤란한 점도 있다.

현행법률상 정보 주체의 사전 동의를 받을 수 없는 경우로서 명백히 정보 주체의 재산의 이익을 위하여 필요하거나 공공기관의 정당한 이익이 명백하게 정보 주체의 권리보다 우선하는 한 경우에는 정보 주체의 동의 없이도 개인 정보를 수집, 이용할 수 있게 하고 있다.[248] 정부가 IT 기업이 사용하는 개인 정보 데이터를 일일이 그 정보 주체로부터 동의를 받을 수 없어서 개인보다 효율적 · 강제적으로 개인 정보에 대한 대가를 징수할 수 있는 경우와 그 데이터 사용에 대한 가치를 다시 개인에게 일

247 「개인정보 보호법」 제2조 제1호
248 「개인정보 보호법」 제15조 제1항 제5호, 제6호

일이 분배하지 못할만한 기술적, 경제적 사유가 적절하다면, 설사 개인이 가진 원시 데이터에 대한 개인의 법적 소유권이 인정된다고 하더라도 정부가 이를 대신하여 과세권을 행사할 수 있는 법적 상황이 존재한다고 볼 수 있는 것이다. 따라서 마이데이터 산업의 육성과 더불어 데이터세의 도입은 데이터 주체의 데이터를 사용함에 있어 사용 대가를 징수할 때 사각지대가 생기지 않도록 상호 보완적인 관계를 만들 수 있다.

라. 과세대상 포착 방안

1) 정보 보호관리체계 인증제도

우리나라는 「정보통신망법」 제47조에 따라 정보 보호관리체계 인증제도(Information Security Management System, 이하 ISMS)를 두고 있다. ISMS란 기업이 주요 정보자산을 보호하기 위해 수립, 관리, 운영하는 정보 보호 관리체계가 인증기준에 적합한지 심사하여 인증을 부여하는 제도이다. 이에 따라 개인의 정보를 획득하는 회사는 관리적 · 물리적 · 기술적으로 보호조치를 포함한 종합관리체계를 갖추어야 한다. 인증대상자는 '전기통신사업자와 전기통신사업자의 전기통신 역무를 이용하여 정보를 제공하거나 정보의 제공을 매개하는 자'로서 연간 매출액이 1,500억원 이상이거나, 정보통신서비스 부문 전년도 매출액이 100억원 이상 또는 3개월간의 일평균 이용자 수 100만명 이상으로서, 서울특별시 및 모든 광역시에서 정보통신망 서비스를 제공하는 자 등이다.[249] 2020년 11월 현재 ISMS 인증을 발급받아 유지하고 있는 회사는 총 424개이며 주로 인터넷뱅킹 서비스, 전자금융결제, 클라우드 및 공인전자문서 서비스, 통합데이터센터,

249 「정보통신망법」 제47조 제1항, 제2항

온라인게임 등의 업종들을 영위하고 있다. 카카오, 금융회사, 쿠팡과 같은 회사들이 여기에 포함된다. 한편, 2019년부터는 ISMS에 개인 정보 보호까지 포함한 관리체계인 ISMS-P의 인증도 별도로 발급되기 시작하였는데, 2020년 현재 368건의 인증이 유지되고 있으며, 백화점 등 온라인 운영서비스 및 고객 개인 정보 관리서비스를 제공하는 신세계 등 백화점 및 티몬, G마켓 등 대형온라인 쇼핑몰은 물론 서울특별시, 한국중부발전(주) 등 공공기관과 더불어 스타벅스 커피 코리아도 최근 인증을 받은 것으로 나타난다.

정보통신망 이용촉진 및 정보 보호 등에 관하여는 다른 법률에서 특별히 규정되지 않은 이상 「정보통신망법」을 우선 적용하게 된다.[250] 이 법에 따라 현행법상 개인의 데이터를 수집한 회사 중에서 일정 규모의 회사는 자체적으로 정보관리체계를 유지해야 하므로 이들이 개인 정보를 식별 상태 또는 비식별 처리를 하여 보관하거나 재사용하는 것을 과세관청이 포착할 수 있게 되었다. 국세청이 조세 부과를 목적으로 이를 열람할 수 있는가에 대한 법적 문제는 제외하더라도, 데이터세의 과세대상을 포착하게 하는 기술적 · 정보의 비대칭문제는 해소되었다고 볼 수 있는 것이다. 한편, 2020년 6월 9일 「정보통신망법」을 일부 개정하여 국외에서 이루어진 행위라도 국내시장 또는 이용자에게 영향을 미치는 경우 이 법을 적용하도록 하였다.[251] 따라서 이 법이 개인 정보의 국외전송과 관련하여 같은 법 제63조 제2항에 따라 정보 주체의 동의를 받는 것과 별개로 기업이 해외 소재 클라우드 서버를 사용하는 경우 또는 해외업체로 데이터

250 「정보통신망법」 제5조
251 「정보통신망법」 제5조의2

를 이전하는 경우 등에는 국외이전에 관한 「정보통신망법」의 저촉을 받을 수 있게 되어 국외 사업자의 데이터 이전에 대한 과세 가능성도 한층 높이게 되었다.

2) ISO27001(보안시스템 운영), ISO27701(개인 정보 보호)

2019년 8월 국제표준화기구와 국제 전기 표준회의(International Organization for Standardization/International Electrotechnical Commission, 이하 ISO/ISE)는 개인 정보 보호에 대한 새로운 국제표준인 ISO/IEC 27701을 공식적으로 발표하였다. 개인 정보 보호 분야를 개선한 국제표준이며 앞에서 살펴본 국내 정보 보호 및 개인 정보 보호 관리체계 인증제도인 ISMS-P 항목들과 연계성을 가진다. ISO/IEC 27701은 EU 회원국과 유럽 국경을 넘어 글로벌 비즈니스가 가능하도록 2018년 5월부터 시행된 EU의 개인 정보 보호규정(General Data Protection Regulation:GDPR) 준수를 염두에 두고 제정되었다. GDPR을 준수하기 위해 ISO/IEC 27701 인증을 받으려는 조직은 기존 ISO/IEC 27001 인증을 보유하거나 단일심사로 ISO/IEC 27001 및 ISO/IEC 27701 인증을 함께 심사받아야 한다.[252] ISO/IEC27001 인증 표준은 앞에서 살펴본 국내의 ISMS를 위한 프레임워크를 제공하여 정보의 기밀

252 ISO2/IEC 27001은 기관의 보안조직, 시스템, 사고시 대응방안 등 보안시스템의 관리·운영에 대한 필요사항을 규정한 인증이다. 반면, ISO27701은 ISO 27001의 데이터 프라이버시권을 확장한 것이다. 새로 공개된 이 정보보안표준은 GDPR 및 기타 데이터 프라이버시 요구사항의 준수를 지원하기 위해 시스템을 설치하려는 조직에 지침을 제공한다. 기존 정보 보호에 관한 국제표준인 ISO/IEC 27001에 개인 정보 보호에 관한 요구사항과 가이드라인을 강화하는 의미로 ISO/IEC 27701이 제정된 것이므로 기존 ISO/IEC 27001 인증을 유지하던 기업들 중 개인 정보를 처리하는 경우에는 ISO/IEC 27701의 요구사항까지 충족시켜야 한다. PIMS (Privacy Information Management System)로 약칭되는 ISO 27701은 개인 정보를 관리 할 수 있는 개인 식별 정보 (PII) 컨트롤러 및 PII 프로세서에 대한 프레임 워크를 설명한다.

성[253], 무결함 및 가용성과 법적 준수를 지속적으로 보장한다. 이 기준에 따르면, 물리적 매체가 정보전송에 사용되는 경우 물리적 매체의 유형, 승인된 발신자 및 수신자, 일시, 물리적 매체 수를 포함하여 개인 식별정보(Personally Identifiable Information, 이하 PII)가 포함된 물리적 매체의 반입 및 반출기록 시스템을 설치하여야 한다.[254] 또한, 수탁자가 위탁받은 업무를 제3자에게 재위탁하는 경우, 재수탁자의 추가 또는 교체 등 변경 사항이 발생하는 경우 위탁자로부터 사전승인을 받아야 한다.[255]

반면, ISO/IEC27701 인증은 국제표준화기구(ISO)에서 개인 정보의 관리절차, 암호화 및 비식별 조치 등 개인 정보 보호 관리체계에 대한 필요사항을 규정한 인증이다. 따라서 PII 컨트롤러와 프로세서 역할을 하는 조직이 갖추어야 하는 개인 정보 보호 관리체계의 요구사항을 포함하고, ISO/IEC 27001 인증과 GDPR 규정 간 매핑을 제공한다. 이 표준을 개발한 ISO/IEC 기술위원회 의장인 Andreas Wolf 박사는 거의 모든 조직이 PII를 처리하고 있는데, 이를 보호하는 것은 법적 요구사항일 뿐만 아니라 사회적 요구라고 언급하며 ISO/IEC 27701 인증 표준이 PII를 보호하

253 현재 기술력으로는 기밀성을 높이기 위해 하나의 데이터를 여러 개의 조각으로 나눈 다음 각 조각을 물리적, 지역적으로 별개의 저장 공간에 분산하여 저장하고 있다. 여러 개의 클라우드를 묶어서 하나의 저장 공간(storage)으로 사용하는 정보분산 알고리즘이 발전하고 있는 것이다. 한 공간의 데이터양이 증가하면 중복데이터를 제거하는데, 최근에는 서버에 저장하기 전에 미리 탐지하여 업로드를 생략하는 방법도 사용된다. 분산저장 환경은 별도의 중앙서버가 존재하지 않으므로 저장서버가 분산된 조각을 가지고 클라이언트와 소유권증명프로토콜을 개별적으로 실행하여 원래데이터의 소유권을 검증할 수 있는 방법이 제안되기도 하였다(신영주, 분산스토리지 시스템에서 데이터중복 제거를 위한 정보분산 알고리즘 및 소유권증명 기법", 「정보 보호학회 논문지」, 제25권 제1호, 한국정보 보호학회, 2015, 155~156면). 따라서 개인 정보데이터의 흐름을 확인하고 통제할 수 있는 기술적인 장치의 마련은 어렵지 않다고 할 수 있다.

254 ISO/IEC27701 6.5.3.3 물리적매체 이송(Physical media transfer)

255 ISO/IEC27701 8.5 PII 공유, 전송, 공개(PII sharing, transfer, and disclosure)

기 위한 프로세스이며 가이드 라인에 해당한다고 밝히기도 하였다.[256] 반면, 산업데이터의 품질인증은 국제표준 ISO/IEC25024(데이터 품질) 인증을 기반으로 국내에서는 국제공인시험기관인 ㈜와이즈스톤이 시험과 심사를 하고 있다.

디지털 환경에서는 국경을 넘어 데이터전송이 매우 쉽게 이루어지나, 각 나라가 요구하는 개인 정보 보호 수준이 다르기 때문에 어느 정도 수준의 개인 정보 관리체계를 갖추는 것이 적정한지 정의하는 것은 어려운 일이다. 이러한 불확실성에서 오는 위험을 감소시키고 일정 수준 이상의 정보 보호 수준을 유지하기 위해 만든 것이 글로벌 환경에서 통용되는 ISO/IEC 각종 규격에 대한 인증이라고 볼 수 있는 것이다. 개인 정보 보호에 대한 유럽과 미국 간의 safe harbor가 폐지됨에 따라 기존에 미국 IT 회사들이 사용한 자체인증만으로는 유럽연합이 규정한 GDPR의 요건을 충족할 수 없다.[257] 따라서 미국 기업들도 GDPR에서 인정할 수 있는 국제표준에 의한 개인 정보 보호 인증(ISO/IEC 27701)을 받아야 한다.[258] 이는 비단 영리사업 목적의 회사뿐만 아니라 국가기관에도 적용한다. 2020년

---

256 "Tackling privacy information management head on: first International Standard just published", IOS News, 6 August 2019/https://www.iso.org/news/ref2419.html (검색일 : 2020.12.2.)

257 유럽사법재판소(EU Court of Justice)는 EU와 미국사이에 채결된 개인 정보전송에 대한 safe harbor 규정은 무효라고 판결하였다. 이에 따라 EU 시민의 개인 정보를 국외로 전송하는 경우, GDPR 제45조(Adequacy Decision)에 근거하여 데이터를 전송 받는 제3국의 개인 정보 보호 수준이 적정하다고 인정받거나, 제46조((Appropriate safeguards)에 따라 적절한 수준의 보호조치를 갖추고 있다는 것을 보장해야만 한다.

258 Ruth Boardman, Arian Mole, *Guide to the General Data Protection Regulation*, Bird & Bird, May 2020, p.52. ; ISO27701인증은 BSI(영국왕립표준협회)에서 발행한다. 원문에는 브렉시트 전환 기간이 종료된 후에도 영국으로부터의 데이터 전송과 관련하여 받은 인증을 계속 사용하고자 할 경우 자신들의 Private Shield 인증이 영국을 구체적으로 언급하도록 Private Shield 인증을 수정해야 한다고 되어 있다.

우리나라 국세청도 국제표준기반의 개인 정보 보호체계를 확립하기 위해 ISO/IEC 27001 인증과 ISO/IEC 27701 인증을 동시에 획득하였다. 국세청은 보도자료를 통해 개인 정보 보호를 위하여 빅데이터 분석에 활용되는 자료가 업무 외적으로 사용되거나 외부로 유출되지 않도록 엄격한 절차에 따라 운영하고 있으며, 개인 정보는 비식별 조치하여 관리하고 있다고 발표하였다.[259]

「정보통신망법」에 따라 일정 규모 이상의 회사들은 ISMS 인증을 받게 되는 것과 별개로 해외시장 개척 등을 위해서는 반드시 ISO 표준체계 인증에 필요한 물적 설비와 관리체계가 잘 갖추어야 한다. 따라서 글로벌 IT산업 전반의 데이터 보관, 반입, 반출의 시기, 용량, 사용자의 정보를 손쉽게 획득할 수 있는 제도적 방법 또한 만들어진 상태이다. 이러한 배경을 바탕으로 데이터세의 과세대상인 개인 정보 데이터를 2차적 목적으로 사용할 때 식별정보와 비식별 조치를 완료한 데이터의 포착은 기술적으로나 제도적으로 무리가 없을 것이다.

2. 과세표준

EU 집행위원회는 구글 등 거대 IT 기업에 대한 과세를 준비하면서 DST뿐만 아니라 디지털세(법인세)도 함께 검토하였다. 그런데 2018년 OECD 중간보고서에서 지적한 바와 같이 디지털 거래에서 창출된 소득을 시장소재지 국가에 배분할 때 필수적으로 요구되는 법적 일관성과 간

---

259 국세청 보도자료, "국세청, 국제표준 기반의 개인 정보 보호체계 확립", 2020.9.21. ; 국세청은 빅데이터 분석 시 법령에 근거하여 수집한 자료와 개방된 공공데이터로서 과세에 필요한 자료만 활용하며, 비식별조치 적정성 평가단도 운영한다.

결성을 입법적으로 실현하기 어렵다는 이유로 디지털세는 배제되었다.[260] 매출액을 과세표준으로 하고 단일세율로 과세하는 편이 소득을 계산한 후 다시 시장소재지 기여분에 맞게 분배하는 것보다 간편하고, 일정한 금액의 세원을 확보하는 것이 가능하기 때문이다. 그런데 데이터세의 과세근거가 데이터를 제공한 개인에게 지급할 대가를 국가가 징수하는 것이라면, DST처럼 단순히 기업의 매출액을 과세표준으로 하는 것은 논리적이지 않다. 마찬가지로 디지털세처럼 기업의 소득(매출액에서 모든 경비를 제외한 금액)을 과세표준으로 하는 것도 문제가 있다. 개인이 생성한 데이터에 대한 가치는 데이터를 모아 수익 사업에 사용하는 기업에게는 그 원재료(raw data)의 구매 대가에 해당이므로 IT 기업의 향후 매출이나 수익과 연동시키기 곤란할 수 있기 때문이다.[261]

데이터를 이용하는 IT 기업이 데이터 가공정보를 이용자에게 제공하고 그 사용료를 받는 것처럼 개인이 창출한 원시 데이터(raw data)를 사용하는 IT 기업도 자신의 수익을 창출하기 위한 비용으로서 그 제공자에게 대가를 지급하는 것은 시장경제에서 매우 합리적이다. 데이터세의 과세표준은 IT 기업들이 시장소재지 국가 내에서 창출한 수익이 아니라 데이터를 사용한 대가인 까닭[262]에 국제조세의 기본개념인 고정사업장도 필요하

260 European Commission, *Commission staff working document impact assessment*, 2018, pp.78,57.

261 예를 들어, 강남의 프랜차이즈 빅데이터를 수집하고 매출대비 수익률을 정리해서 1,800만원에 각각 판매하는 IT 기업의 경우 이 정보를 구입하는 고객이 10명이면 1억 8천만원, 100명이면 18억원의 매출을 올릴 수 있다. 그러나 매출과는 상관없이 프랜차이즈 점포가 매출액과 비용 등의 정보를 제공한 대가는 IT 기업이 고객을 얼마나 확보하느냐 와는 상관없이 지급되어야 한다. 얼마나 많은 고객을 확보할 수 있는지는 IT 기업의 역량에 달려있으며, 그에 따른 순이익이 원가(raw data)에 직접적인 영향을 주지 못하기 때문이다.

262 데이터세가 다국적 IT 기업은 자신의 수익을 창출하기 위해 원재료의 구매을 위해 지급

지 않고, 미국이 프랑스에 대한 통상법 위반 여부를 검토할 때 언급한 것처럼 데이터세가 만약 '제3의 세금'이 된다고 하더라도 중복과세로 보기 힘들다는 것도 장점이다. 다만, 이 가치를 얼마나 합리적으로 결정할 수 있는지 객관적 기준을 먼저 마련하여야 한다. 이하에서는 이러한 데이터 가치의 측정과 과세방안에 대하여 검토해 보기로 한다.

가. 종가세 v. 종량세

데이터세를 도입하는 과세형태는 종가세 또는 종량세 중 하나가 될 수 있다. 종가세(Advalorem tax)란 문자 그대로 가치에 따라 조세를 부과하는 것으로 과세대상 물품에 지급하는 화폐의 양, 즉 금액을 과세표준으로 하는 것을 말하며, 대부분의 조세가 이 형태를 취하고 있다. 데이터세를 종가세로 하면, 데이터세의 과세표준은 데이터가 거래되는 가격으로 해야 하고, 그 금액이 바로 원시 데이터를 생산한 개인에게 IT 회사가 지급해야 할 금액의 합계가 된다.

반면, 종량세(unit tax)란 용량이나, 건수, 인원 등의 물량을 과세표준으로 하는 것을 말한다.[263] 현재 우리나라 세법상 국세 중에서 종량세는 개별소비세와 담배소비세, 교통 · 에너지 · 환경세, 그리고 맥주와 탁주에 대한 부과기준을 2020.1.1.부터 종가세(가격 기준)에서 종량세(출고량 기준)로 전환한 주세를 꼽을 수 있다. 종량세일 때 데이터세의 과세 표준은 「개인정보 보호법」상 개인정보처리자가 정보 주체로부터 동의를 받아 사용할 때 동의

해야만 하는 비용이라는 관점에서 데이터세의 과세표준은 원시 데이터의 가격이 되어야 타당하다. 하지만, 그 공정가치를 판단하기 곤란하다는 점에서 종가세 형태로 과세표준을 정하기 어렵다.

263 임승순, 앞의 책, 11면.

받은 사람 수, 또는 활용횟수를 주기별로 합산하여 사용한 데이터 용량이 될 수 있다. 과세 표준을 데이터 용량으로 하면 데이터 가치 산정 즉, 개인이 제공한 원시 데이터의 가격을 산출할 필요가 없고, 전체 사용량에 적용할 세율만 정하면 되므로 간단한 구조가 될 수 있다.

종가세는 종량세에 비해 저가품목에 종량세율을 적용할 때 발생할 수 있는 차별을 피할 수 있고 세율은 백분위로 표시가 되기 때문에 누진적으로 과세할 수 있어서 수직적 공평을 실현할 수 있다는 장점이 있다. 예를 들어, 기업 규모 등에 따라서 100%에서 0%까지 적용하게 한다면 규모가 큰 기업에게는 데이터 가격을 모두(세율이 100%가 됨) 지급하게 할 수도 있고, 소규모 회사나 인공지능 등 특정 산업의 발전을 위해 필요한 경우 국가가 감면 또는 면세(세율이 0%일 때)까지 적용할 수도 있다. 또한, 인플레이션이 발생하는 상태에서는 세율을 인상하지 않아도 세수증대 효과를 꾀할 수가 있어서 정부가 안정적으로 재원을 확보할 수 있다. 그러나 역으로 디플레이션 상태에서 세수가 감소한다는 단점이 있다. 무엇보다, 과세대상 물품의 가격을 산정할 수 없는 경우 과세표준을 확정할 수 없다는 것이 가장 큰 문제점이다.

반면, 종량세는 단순계산으로 납부세액을 산출할 수 있으므로 부과 또는 신고납부가 간단하고, 행정적 편의성과 더불어 납세협력비용을 절감할 수 있다는 장점이 있다. 또한, 디플레이션 상태에서도 과세대상 물품에 정액 세율만큼 세원이 확보되므로 거래가 줄지 않는 이상 안정적인 재원확보가 가능하다. 뿐만 아니라, 인플레이션 발생하면 물가상승률에 비례하여 세율을 조정하는 물가연동제[264]를 통해 세수를 증대시킬 수도

264 2020년 「주세법」 개정으로 종량세 적용대상이 되는 맥주와 탁주는 매년 물가상승률에

있다. 그러나 종량세 과세가 가지는 한 가지 단점은 주로 과세표준의 크기가 커지더라도 일정한 세율을 적용하는 비례세(flat tax) 형태를 가진 소비세이므로 누진적인 과세가 힘들다는 것이다. 이를 보완하기 위하여 잠정세율과 탄력세율을 통해 누진 정도를 조절한다.

나. 데이터 가격 측정 방법과 문제점

데이터세를 부과하기 위한 과세표준 즉, 원시 데이터의 가격 측정 방법은 반드시 간결하고 합리적이어야 한다. 앞서 언급한 바와 같이 EU가 법리적, 논리적 약점에도 불구하고 디지털세가 아닌 DST를 채택한 이유가 디지털세는 법적 간결성과 일관성이 부족하였기 때문이다. 따라서 데이터세의 조기 정착을 위해서 원시 데이터의 가격책정 방법이 보편적이고 합리적이어야만 한다. 금융위원회도 데이터 가격 산정기준을 마련할 방침[265]임을 여러 차례 밝힌 바 있다. 한편, 금융데이터거래소를 운영하는 금융보안원은 최근 데이터 가치를 측정하는 방안을 제시하였는데, 첫째, 유사한 데이터 자산이 시장에서 거래될 때 그 가격을 기준으로 가치를 측정하는 시장접근법, 둘째, 데이터 생산과 대체에 필요한 인건비, 제조경비 등을 활용하는 비용접근법, 마지막으로 데이터 활용으로 얻는 이익

비례하여 세율을 조정하는 물가연동제를 적용하고 있다. 정부가 맥주와 탁주에 대한 주세법을 개정하면서 물가연동제를 적용한 것은 물가 상승에 따라 가격이 오른 만큼 더 많은 세금을 납부하는 종가세 적용 주류(소주, 양주 등과 같은 주세는 여전히 종가세를 적용함)와 종량세 적용 주류 간 과세형평성 문제를 해소하기 위함이다(국세청 보도자료, '술' 그리고 세금 바로 알기, 2020. 1. 5.; nts.go.kr/news/news_01.asp?minfoKey=MINF8420080211204826&page=11&type=V /검색일 2020.11.16.)

265 금융위원회 보도자료, "'안전한 데이터 유통' 금융분야가 선도하겠습니다." 2020.1.21, 6면; 금융위원회 보도자료 "데이터 경제 활성화를 위한 금융 분야 데이터 거래소 출범", 2020.5.11, 4면.

과 비용이 예상되는 현금흐름 가치를 통해 판단하는 수익관점법이다.[266][267]

먼저 시장접근법에 데이터 가격을 측정하는 방법을 살펴보면, 데이터 거래소에서 거래를 통해 구축된 빅데이터의 가치가 공정가치이므로 이를 기준으로 보편적인 원시 데이터의 가격산출을 할 수 있다는 것이 장점이다. 금융보안원이 데이터거래소가 한국판 디지털 뉴딜의 성공을 위한 초석이 될 것이라고 밝힌 것[268]도 데이터 시장을 통해 시장가치를 형성할 수 있어 거래가 보다 능동적이고 합리적으로 이루어질 수 있기 때문이다. 만약 IT 기업이 원시 데이터를 데이터거래소를 통해 구매한 것이 아니거나 거래가 되지 않는 데이터라면, 정부가 직접 데이터세를 부과하기에는 문제가 더 복잡해진다.

데이터 생산과 대체에 필요한 인건비 등의 모든 원가를 토대로 원시 데이터의 가격을 추정하는 비용접근법도 고려할 수 있다. 그러나 비용접근법은 IT 기업마다 다른 수익구조를 가질 수 있고, 제3자와 비교 대상을 찾기 어려워 객관적이고 합리적인 금액을 산출하기 어렵다는 단점이

---

266 이전가격세제에서 정상가격을 산출하는 것과 개념적으로 비슷하게 접근하고 있다는 인상이 든다. 전통적인 정상가격 방법은 비교가능 제3자 가격방법, 재판매가격방법, 원가 가산방법이었다. 이후 거래이익방법(이익분할방법 및 거래순이익율법, 매출총이익의 영업비용에 대한 비율방법으로 다시 나뉜다.)을 추가하여 이중에서 가장 합리적인 방법으로 산출하도록 규정하고 있다. 이 방법에 의하여 정상가격을 산출할 수 없는 경우에는 기타 거래의 실질 및 관행에 비추어 합리적이라고 인정되는 방법을 사용할 수 있다(국제조세조정에 관한 법률 제5조 제1항; 같은 법 시행령 제4조 제4항). 다만, 국제조세조정에 관한 법률에 의한 이전가격과세는 국외특수관계자와의 거래에서만 적용된다.

267 zdnet.co.kr/view/?no=20200512124640 (검색일 : 2020.7.27.) ; 만약, 자동차에 설치된 운전습관 기록 장치를 판매하는 A회사가 손해보험회사로부터 1년간 2만명의 운전자 행동 패턴 데이터를 구매한다고 할 경우 시장접근법으로는 약 98억원, 비용접근법으로는 약 82억원, 수익관점법으로는 약 129억원이 되며, 데이터를 제공한 개인에게는 1인당 접근방법에 따라 41만원에서 64만원까지 지급할 수 있다고 한다.

268 금융보안원 보도자료, “금융보안원-KDX 한국데이터 거래소, 데이터 유통 및 활용 혁신을 위한 MOU 체결”, 2020.7.22.

있다. 반면, 데이터세 징수를 위한 원시 데이터가 IT 기업의 매출액에 미친 영향을 객관적으로 측정하여 수익과 비용이 적절하게 대응할 수 있다면 수익관점법을 적용할 수 있을 것이다. 그런데 데이터세가 IT 기업들이 원시 데이터를 사용함으로 인해 창출한 수익에 대한 원재료의 구매비용으로 본다면, 이를 서로 연관시킬 수 있어야 한다. IT 기업의 제조비용(판매관리비 및 영업외비용 등을 제외)은 장차 부과될 데이터세의 과세대상이 되는 원시 데이터의 구매 가격과 인공지능을 활용한 빅데이터 가공비용 등으로 구성될 것이다. 여기서 원재료(raw data)의 단가를 가공비용의 단가에 비하여 어떻게 합리적으로 산정할 것인가가 쟁점이 된다.[269] 가공비용은 실제 투입된 가격을 통해 알 수 있지만, 여태 무상으로 취득한 원재료의 취득원가를 산정하는 문제는 쉽지 않다. 만약 IT 기업들이 이 원가를 산출해 내더라도 내부 자료에 해당하므로 국내기업은 제외하고라도 국외기업에 대하여 우리나라가 이러한 정보를 이용할 수 있는지도 해결해야 할 문제이다. 무엇보다도 수익관점법은 앞에서 살펴본 바와 같이 디지털세와 같이 순소득을 데이터세가 과세표준으로 삼기 곤란하다는 점 때문에 다른 객관적인 방법을 찾을 수 없는 아주 예외적인 수단으로만 고려되어야 할 것이다.

앞에서 살펴본 바와 같이 데이터세는 데이터를 가공하여 수익을 내는

---

269 제조업을 예로 들면, 하나의 제품을 만드는 데 있어 매매가격이 결정되기 전 제조원가와 판매관리비 등의 일체 비용과 이윤을 고려한다. 빅데이터를 가공하여 수익을 창출하는 IT 기업들도 원시 데이터를 확보한 후 빅데이터화 하고 인공지능을 이용해 가공한 정보를 직접 팔거나 다른 광고 등에 이용한다. 그러나 빅데이터는 기존의 방법이나 수단으로 이를 수집, 저장, 분석하는 것이 어려울 정도로 방대한 양(Volume)을 특징으로 한다. 빅데이터의 양은 최소한 테라바이트 이상의 데이터로 구성되는 데 이를 구성하는 원시 데이터를 제공한 사람의 숫자에 맞게 소득을 분배하여 비용을 합리적이고 객관적으로 추출하는 것은 사실상 불가능하다.

회사들의 수익에 대한 과세가 아니라 데이터를 원재료로 사용하는 대가이므로 데이터세의 과세표준은 데이터가 거래되는 가격이어야 한다. 그런데, 빅데이터로 수집되어 가공되기 이전의 원시 데이터는 그 자체로서 가격을 합리적으로 산정하는 데 무척 어려움이 있다. 아직 세계적으로 데이터거래소가 활성화되어 있지 않아 시장가격이 존재하지 않고 특히 크기가 작은 원시 데이터 하나하나를 거래하는 것도 아니기 때문이다. 또한, 시장가격이 형성되더라도 원시 데이터가 실제로 사용자가 구매하기 이전단계에서 과세표준이 되는 데이터 가격에 대한 적절성 논란은 여전할 수 있다. 예를 들어, 전 국민의 나이 정보만 있는 비식별 데이터와 나이, 학력, 연봉, 신용카드 월별 장소별 사용액 등이 모두 포함된 비식별 데이터를 비교하면, 분명 후자의 가치가 월등히 높을 것이다. 하지만 아이템 하나당 가격의 차이는 정보를 이용하는 사람마다 다를 수밖에 없다. 소비성 서비스업종에서는 신용카드 관련 정보가 가장 가치가 있고, 교육콘텐츠사업가의 경우 학력 정보가 더 가치가 있을 수 있다. 따라서 개별정보에 대한 가치가 사용하는 사람에 따라 달라지면, 과세를 위한 객관적인 데이터 가치를 가늠하는 것이 어려워진다. 따라서 데이터세가 종가세 형태일 경우 세법 적용상 법적 명확성에 흠결이 생길 수 있다. 종가세가 가지는 여러 장점에도 불구하고 데이터세를 종가세 형태로 도입하기 곤란한 점이 여기에 있다.

그러나 데이터세가 종량세로일 때는 이런 점은 문제가 되지 않는다. 컴퓨터가 디지털데이터를 저장할 때 결국 0과 1로 변환(기계어)하여 저장하기 때문에 정보가 많을수록 데이터양이 늘어나고, 데이터양이 늘어날수록 가치가 상대적으로 늘어가게 된다. 아이템당 가격도 0과 1의 개수로 보면 차별이 없어서 보다 객관적인 가치 산정이 가능하다. 데이터를 가공목적으로 사용하는 회사 입장에서는 소비세에 해당하므로 비례세형태를 가지는 종량세가 데이터세 부과 취지에도 부합한다. 4차 산업혁명이라고 불리는 디지털 경제에서는 데이터 자체(과세표준)가 폭발적으로 증가하고 있어서 인플레이션이나 디플레이션과 같은 경기변동과 상관없이 세율의 변동 없이도 안정적인 세수확보가 가능한 장점도 있다.

따라서 데이터세 도입 초기에는 종가세보다는 종량세 체계를 갖는 것이 합리적이다. 즉, 원시 데이터 하나의 가치를 일일이 측정하는 것은 사실상 불가능하므로 원시 데이터가 빅데이터 형태로 거래되거나 재사용될 때 그 용량을 기준으로 과세하는 것이다. 따라서 이하에서는 데이터세가 종량세라는 가정하에서 나머지 과세요건에 대하여 계속 서술하기로 한다.

3. 납세의무자와 과세시기

가. 납세의무자

납세의무자란 세법에 따라 국세를 납부할 의무(국세를 징수하여 납부할 의무는 제외한다)가 있는 자[270]로서 조세실체법에 따르면, 권리의무관계에서 채무자를 의미하여 조세채무자라고도 한다. 국세를 징수하여 납부할 의무가 있는 자와 납세의무자는 동일하지 않다.[271] 일반적으로 과세물건이 특정인과 결합할 때 그 특정인이 납세의무자가 된다. 조세는 국가 또는 지방자치단체가 국민에게 공공서비스를 제공하기 위한 자금조달을 목적으로

270 국세기본법 제2조 제9호

271 현행 세법은 납세의무자와 국세를 징수하여 납부할 의무자를 합하여 납세자라고 별도로 정의하고 있다(「국세기본법」 제2조 제10호).

법률이 규정하고 있는 과세요건에 해당할 경우 직접적인 반대급부 없이 부과하는 것이라고 할 수 있다. 조세가 이러한 특성을 가지더라도「헌법」에서 보장하는 재산권 침해를 최소화하기 위해서는 반드시 징수대상자에게 담세력이 있어야 한다.[272] 많은 경우 납세의무자는 경제적으로 세금을 부담하는 담세자와 일치하나 소비세, 주세, 등 간접소비세의 경우 징세 편의상 처음부터 법이 예정한 담세자와는 다른 자가 납세의무자로 정해져 있다.[273] 예를 들어,「개별소비세법」에서 납세의무자는 그 과세행위에 따라 각각 열거하고 있는데, 과세물품을 제조장에서 반출하는 자 또는「관세법」에 따른 보세구역에서 과세물품을 반출하는 자, 입장 행위, 유흥음식 행위, 영업행위로 과세대상이 되는 경우 그 장소의 경영자[274]이다.「주세법」상 납세의무자는 주류를 제조하여 제조장에서 출고하는 자와 주류를 수입하는 경우에는「관세법」에 따라 관세를 납부할 의무가 있는 자[275]이다. 다시 말해, 개별소비세와 주세를 경제적으로 부담하는 담세자는 과세대상 물품을 소비하는 최종소비자가 되지만 납세의무자는 과세대상 물품을 제조 장소 등에서 반출(출고)하는 자 등이 되는 것이다.

데이터세의 담세자는 과세대상이 되는 원시 데이터를 영리 목적으로 등으로 사용하는 자이다. 데이터가 직접세라면, 데이터를 자신의 필요에 따라 사용할 때 사용자가 직접 신고 · 납부할 수 있게 할 수 있다. 그런데 무형자산의 형태를 가지는 데이터의 특성상 가공과 전송이 쉬워 해

---

272 임승순, 앞의 책, 4~6면.

273 한편, 경제상의 담세력을 기준으로 해서 담세자가 법률상 납세의무자가 되는 경우를 직접세라고 하며, 부가가치세와 같이 경제상의 담세자와 납세의무자 다른 경우에는 조세의 전가(shifting)가 예정된 것이므로 간접세라고 한다(임승순, 앞의 책, 9,113면).

274「개별소비세법」제3조

275「주세법」제2조; 그러므로 주류 도매상이나 주류를 소비자에게 직접 판매하는 음식점, 편의점, 대형마켓 등 소매점은 주세를 납부할 의무가 없다.

외의 서버로 데이터를 옮겨서 가공하여 사용하는 경우 해외에 서버나 본점을 둔 다국적기업에 대한 과세는 디지털세와 마찬가지로 조세회피 문제가 발생한다. 따라서 조세회피 방지 목적에서는 데이터세를 간접세인 소비세로서 입법하는 것이 더 효과적이다. 과세대상 데이터를 전송하는 자가 데이터를 소비하는 담세자로부터 징수하게 하는 것이다. 데이터세의 과세근거가 원시 데이터를 마치 사업상 원재료처럼 사용(소비)하는 것에 대한 대가를 받겠다는 것이라면, 사용회사가 최종소비자로서 담세자가 되므로 소비세의 일반적인 과세형태와도 일치한다. 그러나 데이터를 과세하는 시점이 원시 데이터를 수집하는 단계인지, 아니면 가공하는 시점, 또는 제품이나 서비스로 출시하는 시점으로 할지에 따라 납세의무자는 바뀔 수 있다. 따라서 이하에서는 납세의무자를 특정할 수 있는 데이터세의 과세시기에 대하여 살펴보기로 한다.

나. 과세 시기

결국, 데이터의 과세를 위해서는 앞에서 살펴본 데이터의 생성주기 즉, 데이터가 만들어진 것을 수집해서 가공 등의 관리를 거쳐 외부에 판매(반출)되는 시점과 그 용량을 측정할 수 있어야 한다. 종량세의 과세시기는 일반적으로 과세대상 행위를 하는 때[276]이다. 데이터세도 효과적으로 과세하기 위해서는 납세의무자의 데이터 사용 형태에 따라 과세시기를 결정하는 것이 필요하다. 앞서 살펴본 바와 같이 데이터를 이용하는 IT 기업은 수집, 가공, 또는 판매 행위를 통해 수익을 창출한다. 그러므로 수집, 가공, 판매가 일어나는 시점을 과세시기로 하여야 조세의 일실 없이

---

276 「개별소비세법」 제4조

과세권의 행사가 가능하다.

그러나 부가가치세와 같이 거래단계마다 데이터세를 과세하는 것은 타당하지 않다. 데이터세의 과세근거가 원재료에 대한 대가수취로 본다면, 아직 미가공된(원재료) 상태에서 한번 과세하는 것이 타당하고 데이터의 재가공 할 때마다 추가로 과세하는 것은 중복과세 논란을 불러일으킬 수 있기 때문이다. 원시 데이터를 재차 가공해서 사용할 경우 추가로 과세해야 하는가는 종량세 과세체계에서 반출 또는 수집이나 가공 시점에 한번 과세하는 것이 데이터세가 원시 데이터를 마치 원재료와 같이 취급하여 그 사용료를 부과한다는 취지에도 적합하다. 빅데이터 제공회사와 가공회사 사이의 거래에서 재차 가공을 통해서 얻은 이익인 부가가치는 현행 「부가가치세법」에 의해서도 과세할 수 있으므로 데이터세의 도입 단계에서 논할 여지가 없다. 따라서 앞서 공공데이터를 최초로 사용할 때는 물품세 성격의 데이터세 과세대상에서 제외되지만, 공공데이터를 활용하여 이를 중계, 판매하는 경우에는 정보의 원천이 공공데이터라고 해서 거래단계에서도 과세가 배제되는 것은 아니다. 마이데이터 산업에서 정보 주체가 자신의 식별데이터를 직접 거래하더라도 마찬가지로 데이터세가 부과되지 않지만, 거래단계에서 부가가치세를, 발생한 소득에 대하여 소득세가 부과되는 것과 같은 이치이다.

한편, 「개별소비세법」에서 과세물품의 과세시기를 제조장에서 반출 또는 수입신고 하는 시점으로 정한 것처럼 과세대상이 되는 데이터가 수집되거나 가공 · 사용되는 시점을 구체적으로 열거할 필요가 있다. 데이터세의 과세대상은 원시 데이터이지만, 원시 데이터를 수집 · 가공하여 영리사업에 사용하는 회사들은 빅데이터 형태로 보관한다. 최근에는 데이터베이스에 기반을 둔 데이터웨어하우스를 이용하지 않더라도 오픈소스 형태의 하둡(Hadoop)[277], 아파치 스파크[278]나 분석용 패키지인 R과 분산병렬처리기술, 클라우드 컴퓨팅 등을 활용한 시스템을 운영하고 있다. 기업이 보유하고 있는 데이터는 주로 고객데이터를 바탕으로 표적 마케팅(target marketing)에 활용하는 고객 관계관리(CRM, Customer Relationship Management), 고객데이터 분석(Data Mining) 등이 대표적이다. 이러한 기업의 고객 관계관리 활동은 자사의 고객뿐만 아니라 제휴회사의 고객데이터를 활용한 제휴마케팅까지 영역이 확장되었고, 고객의 위치기반서비스(GPS)나 웹사이트의 로그 기록(Web-log)을 활용하여 대규모 고객정보를 빠른 시간안에 분석하여 고객의 성향에 맞는 상품광고나 판매 활동에 사용한다. 따라서 개인 정보의 원시 데이터가 빅데이터화 되는 단계에서부터 측정할 수 있다면 이 시기를 과세시기로 하는 것이 효율적이다. 그러나 앞서 과세대상에서 살펴본 바와 같이 고유목적으로 수집한 원시 데이터를 단순 빅데이터 형태로 보관하는 단계에서 과세하는 것은 적절하지 않으므로, 개인 정보를 제3자에게도 제공할 목적으로 반출하는 시점이 더 타당할 수 있다.

ISO/IEC27701 표준에 의하여 물리적 매체가 정보전송에 사용되는 경우 물리적 매체의 유형, 승인된 발신자 및 수신자, 일시, 물리적 매체 수

---

277 하둡(Hadoop)은 대용량 데이터의 활용·처리를 돕는 자바(Java) 소프트웨어 프레임워크(Software Framework)의 이름이다. 하둡 분산 파일 시스템은 여러 장비에 대용량 파일을 나눠서 저장한다. 데이터를 여러 서버에 저장하므로 안정적이며, 서로 다른 하드웨어와 소프트웨어 플랫폼들을 묶어도 쉽게 호환할 수 있다.

278 아파치스파크(Apache Spark)는 오픈소스 클러스터 컴퓨팅 프레임워크를 이용한 빅데이터 분석시스템이다. 인메모리 분산 프로세싱을 통한 빠른 속도 때문에 사용됨에도 불구하고 스토리지를 제공하지 않는다. 따라서 처리속도는 하둡보다 빠른 장점이 있다. 물론 호스트의 파일 시스템을 이용하여 데이터 읽기 쓰기를 할 수 있지만, 빅데이터와 같이 데이터의 규모가 엄청난 경우 하둡과 같은 분산 스토리지 시스템을 사용한다.

를 포함하여 PII가 포함된 물리적 매체의 반입 및 반출기록시스템을 설치하도록 의무화[279]하고 있고, 수탁자가 위탁받은 업무를 제3자에게 재위탁하려는 경우 등에도 사전승인[280]을 받아야 하므로 비식별 처리된 데이터의 외부유출을 과세관청이 인식할 수 있다. 국내법으로도 앞서 「정보통신망법」 제47조에 따른 ISMS 인증에 의하여 만약 「개인정보 보호법」상 익명화, 가명조치를 한 개인 정보가 제3자인 위탁, 수탁회사에게 정보를 재전송하는 경우 데이터세의 과세표준이 되는 데이터 거래량을 기술적으로 파악하는 일이 가능하다. 따라서 구글코리아 등의 외국 IT 기업들이 위 「정보통신망법」 등이 정한 의무를 수행하도록 할 수 있다면, 국내에서 수집한 데이터를 해외 서버로 옮기더라도 데이터이동에 대한 과세가 가능하다. 데이터세가 기존 디지털세의 보완세로서 역할을 기대할 수 있는 것이 바로 이러한 데이터 이동에 대한 특성과 법률체계를 이용할 수 있기 때문이다.

하지만, 매각하거나 제휴회사 등에 보내지 않고 자체 내에서 서비스이용 분석과 통계에 따른 고객 맞춤 광고성 정보제공과 같이 마케팅 및 프로모션에 활용한다면, 이 데이터도 과세대상이므로 외부반출 이외에 내부적으로 사용하는 시기에 과세해야 한다. 보통 이런 가공을 위해서도 개인 정보 자체보다는 가명정보 또는 익명정보로 바꾸는 비식별 처리를 거쳐야 하거나[281] 보존이 필요한 경우 개인 정보 또는 개인 정보 파일을

279 ISO/IEC27701 6.5.3.3

280 ISO/IEC27701 8.5.8

281 「개인정보 보호법」 제28조의2에서 개인정보처리자가 통계작성, 과학적 연구, 공익적 기록보존 등을 위해 정보 주체의 동의 없이 가명정보를 처리할 수 있고 제3자에게 제공하는 경우에도 특정 개인을 알아볼 수 없게 하도록 하고 있다. 따라서 같은 법 제28조의4에서 규정한 바와 같이 가명정보를 처리하는 경우에는 원래의 상태로 복원하기 위한 추가 정보를 별도로 분리하여 보관 · 관리하는 등 해당 정보가 분실 · 도난 · 유출 · 위

다른 개인 정보와 분리하여서 저장·관리하여야 한다.[282] 따라서 「개인정보 보호법」외 법령에 따라 보존[283]하거나 회원에 대한 상품의 발송 및 고객 응대 등에 직접사용이 불가능할 정도로 비식별 조치한 때를 과세시기로 추정 또는 간주하게 한다면 과세가 가능할 것이다.

4. 세율

데이터세는 데이터 관련 산업의 해외경쟁력 확보와 산업발전에 지장을 초래하지 않아야 하며, 중소기업 육성에도 걸림돌이 되지 않아야 한다. 따라서 데이터를 종량세로 할 때 종량세의 특징상 누진세율을 부과할 수 없다면, 잠정세율과 탄력세율을 고려해 볼 수 있다. 잠정세율은 정부가 기술개발을 선도하는 등 정부의 정책지원이 필요한 대상에 대하여 일정 기간 감면하되, 주로 일정 기간 주기별로 기본세율에 가깝게 세율을 인상하는 방법을 말한다. 예를 들어, 개별소비세는 기술개발을 선도하거나 친환경 물품에 대하여 최초 4년간은 기본세율의 10%, 이후 1년간 40%, 그 이후 1년간 70%만큼의 세율을 적용한다.[284] 따라서 중소기업의 경우 일정 기간 데이터 사용에 대한 잠정세율을 적용하는 방법으로 도입 초기에 대외 경쟁력을 잃지 않도록 지원할 수 있을 것이다. 한편, 탄

조·변조 또는 훼손되지 않도록 대통령령으로 정하는 바에 따라 안전성 확보에 필요한 기술적·관리적 및 물리적 조치를 하여야 한다.

282 「개인정보 보호법」 제21조 제3항

283 「개인정보 보호법」 제21조 제1항에 따라 개인정보처리자는 보유기간의 경과, 개인 정보의 처리 목적 달성 등 그 개인 정보가 불필요하게 되었을 때에는 지체 없이 그 개인 정보를 파기하여야 한다. 하지만, 단서 규정으로 다른 법령에 따라 보존하여야 하는 경우에는 예외를 인정하고 있다.

284 「개별소비세법」 제1조의2 제1항

력세율은 일시적으로 경기조절 또는 가격안정이 필요한 경우 할증 또는 할인 세율을 적용하는 것이다. 탄력세율은 개별소비세뿐만 아니라「소득세법」[285]「교통 · 에너지 · 환경세법」[286]「증권거래세법」[287]「지방세법」[288] 등에서도 규정하고 있다.[289] 일반적으로 탄력세율은 일정 기간 기본세율보다 적게 받지만, 세수입의 감소가 예상되면 증세 조치를 하여 안정적인 세입의 조달이 가능하다. 다만, 데이터세는 데이터산업 진흥에 친화적이어야 하므로 증세보다는 감세방향으로만 탄력세율을 운영할 필요가 있다. 데이터세를 도입할 때 탄력세율은 중앙정부뿐만 아니라 지방자치단체 차원에서 활용하는 것도 검토할 수 있다. 지방자치단체의 의사로 재정 필요에 대응할 필요가 있는 부분에 대하여 지방자치단체가 추가로 데이터세의 세율 결정에 재량권을 갖게 하는 것이다. 탄력세율을 지방자치단체가 활용한다면, 선택 과세방법을 통해 지방자치단체의 재정자주권 확보와 지방세제의 탄력성을 제고할 수 있는 장점이 있다.[290]

한편, 데이터가 텍스트냐 영상이냐에 따라 적용되는 세액은 차별적으로 다루어질 필요가 있어 보인다. 보통 영상정보는 텍스트에 비해 차지하는 용량이 수십 배에 이르지만, 텍스트 형태의 데이터에 비해 데이터 주체의 정보를 저장하는 밀집도가 떨어져서 단순히 저장용량의 크기만으로 그 가치를 적절하게 평가했다고는 볼 수 없기 때문이다.

285 「소득세법」제118조의5 제2항, 같은 법 시행령 제178조의 6
286 「교통·에너지·환경세법」제2조 제3항, 같은 법 시행령 제3조의2
287 「증권거래세법」제8조 제2항, 같은 법 시행령 제5조
288 「지방세법」제103조의3 제7항
289 보통 일시적이므로 규정한 적이 있다는 표현이 맞을 것이다.
290 임다희, 조경훈, 송상훈, "탄력세율 확대 효과에 대한 연구 : 경기도 사례를 중심으로", 「국가정책연구」, 제33권 제1호, 중앙대학교 국가정책연구소, 2019, 112면.

3절 입법상의 추가 고려사항

데이터를 세원으로 소비세를 과세하려면 일정한 사회적 합의를 이끌어야 하는데, 이를 위해 합리적인 기준을 제시하는 것이 필요하다. 우선 데이터의 과세표준이 되는 데이터의 가치를 어떻게 객관적으로 산출할 수 있는가 하는 문제점과 소비자에 대한 전가 가능성, 기존 소득기반 과세 등과 중복과세 여부, 국외 IT 기업에 대한 과세권 행사 가능성, 국내 기업에게 미치는 영향 등을 고려할 수 있다. 여기서는 데이터세의 전가 가능성을 중심으로 검토하되, 나머지는 디지털세와 비교하여 제4장에서 자세히 다루기로 한다.

1. 국민의 세부담 증가와 효용 가치(편익)

데이터세는 납세의무의 귀착이 결국 정보통신, 디지털산업과 관련된 기업들이므로 데이터 이용요금 또는 수수료인상을 통해 데이터세 만큼 전가가 이루어져 역진적일 가능성[291]이 제기될 수 있다. IT 기업이 원시 데이터의 가격을 부담하면, 빅데이터를 활용한 디지털 상품의 가격이 동반 상승함으로써 최종소비자인 개인들의 부담이 증가할 수 있다. 데이터세가 소비세가 아닌 소득세라도 이 문제에서 완전히 자유로울 수는 없다. 다시 말해, 원시 데이터의 제공자인 개인도 빅데이터를 이용하는 고객이 될 수 있으므로, 결국 원시 데이터의 제공으로 수수료(편익)를 받은

---

291 김갑순/안성희, "데이터세 도입방안", 『기본소득 재원마련을 위한 세제개혁방안 세미나 자료집』, 한국조세정책학회, 2020.12.17., 60,67면.

다음 빅데이터를 사용하기 위해 더 많은 비용을 부담하게 될 것이다. 이렇게 된다면, 정보를 이용하고자 하는 개인은 편익에 비해 비용이 많아 손해이다. 정부도 아주 복잡한 방법과 절차를 통해 IT 기업으로부터 원시데이터 이용수수료(데이터세) 징수한 후 상당한 행정비용과 시간을 소모하여 다시 배분(공평은 별도의 문제임)하는 것이므로 비효율적이고 실익도 없다.

현재 데이터를 가장 많이 소모하는 기업 중에서 가장 자산가치가 높은 회사들은 세계적으로 구글, 애플, 페이스북 등과 국내에서도 카카오, 네이버 같은 플랫폼 기업들을 꼽을 수 있다. 그런데, 전가 문제를 검토할 때 먼저 이들 플랫폼비즈니스의 특성을 먼저 이해할 필요가 있다. 네트워크효과를 이용한 양방향 시장을 지향하는 플랫폼비즈니스는 진입장벽을 낮추어 많은 이용자를 확보해야 한다. 플랫폼을 이용하는 고객과 기업이 많아야 거래가 많아지고 이를 중개하는 수수료나 광고 수익도 증가하기 때문이다. 따라서 플랫폼비즈니스는 데이터세를 기업이 납부하더라도 상품을 구매하는 소비자에게 플랫폼의 사용요금으로 쉽게 전가할 수 없는 구조를 가진다. 무상으로 접속할 수 있는 다른 플랫폼으로 이른바 '고객이동'현상이 언제든 발생할 수 있기 때문이다. 고객은 상품을 구매하기 위해 반드시 하나의 플랫폼만 이용할 필요도 없다. 다른 온라인쇼핑몰을 검색할 수도 있고, 오프라인 시장에서 더 가성비가 높은 상품을 구매할 수도 있으므로 최종소비자에게 상품가격을 올려 데이터세를 전가하는 것은 어렵다. 즉, 플랫폼비즈니스는 고객이 자유롭게 다른 플랫폼 등으로 이동할 수 있는 특성 때문에 탄력적으로 데이터 사용 비용(데이터세)을 소비자에게 전가할 수 없다.

플랫폼 비즈니스에서 나타나는 양면시장을 고려하면, 거대 IT 기업들은 네트워크 효과를 내기 위해 소비자에게 무료 사용 혜택을 제공함으로써 소비자를 많이 확보한다. 그 후 다른 회사들과의 경쟁에서 절대 우위를 차지하면, 경쟁 과정에서 줄어든 수익의 감소를 만회하기 위해 빅데이터를 이용한 디지털 상품의 판매 가격을 상승시킬 수 있다. 그러나 국민에게 최종적으로 귀착되는지에 대해서는 더 검토해보면, 이들이 판매하는 물건이 필수품과 같은 비대체제가 아닌 이상 고객 입장에서 이를 반드시 구입할 필요가 없다는 사실이다. 따라서 저소득층의 소득에서 차지하는 세금의 비율이 높아지는 역진적이라는 말 자체도 성립하지 않는다. 플랫폼비즈니스에서 제공하는 서비스가 필수재만 있는 것도 아니고, 그렇다 하더라도 그 플랫폼에서만 구매할 수 있는 것이 아니므로 이들의 선택 가능성이 배제되지 않기 때문이다. 구매시장에 따라 가격의 차이가 발생하기 마련이고 개인의 소비성향이나 취향에 따라 플랫폼에서 높은 가격의 상품을 선택한 고객의 결과를 두고 전가라고 볼 수 없다.[292]

반면, 양방향 네트워크에서 다른 쪽인 판매자나 광고회사 등에게 데이터세 만큼 수수료를 청구하는 것은 어느 정도 가능하다. 그렇게 되면 이들 기업이 판매하는 상품의 가격상승에 영향을 주는 것은 어렵지 않게 예측할 수 있다. 즉, IT 기업(플랫폼)들은 정보제공자에게 전가하지 않더라도 이들이 향후 소비자로서 부담할 정보이용료를 광고회사 등에게 전가할 수 있다.[293] 소규모 IT 기업 입장에서는 거대 IT 기업을 상대로 경쟁해

---

292 예를 들어, 유튜브를 이용하면서 광고 없이 동영상을 즐기는 조건으로 매월 정액료를 내는 것은 고객이 직접 결정한다. 더 편한 서비스를 이용하면서 그 대가를 더 지급하는 것을 가리켜 무조건 전가라고 할 수 없다.

293 예를 들어, 유튜브는 일반적으로 이용자가 일정시간 광고를 시청하는 조건으로 시청자가 무상으로 영상을 볼 수 있게 하는데, 상호교환(영상공급-광고 시청) 가치를 인정하는 계약형태로 볼 수 있다. 그런데, 유튜브는 이렇게 확보한 시청자의 성향이나 접속 횟수, 선호 등의 원시 데이터를 분석하여 효과적이고 고객의 성향에 맞는 광고를 공급한다. 만약 유튜브가 그동안 지급하지 않던 원시 데이터 비용을 추가로 지급해야 한다면, 광고주

야 하는 부담과 더불어 원시 데이터 사용료까지 부담해야 한다면, 승자독식의 네트워크 효과가 빠르게 전개될 것이며 소비자의 효용을 기대할 수 없게 된다. 결국, 데이터세가 IT 기업이 아닌 광고주 또는 사용자(정보제공자)에게 전가된다면, 데이터세의 효과는 반감된다. 따라서 국내 중소기업들의 급격한 조세 부담을 완화하기 위한 여러 가지 세액감면 또는 비과세 등의 조치는 필요해 보인다. 특히 합리적인 과세표준을 선정하여 데이터산업에 미치는 악영향을 최소화할 수 있는 대안을 마련해야 할 것이다.

장기적으로 시장효과에 의해 데이터세의 도입에 따른 편익이 사용자 등에게 전가되는 비용보다 우월한지 분석할 필요가 있다. 데이터세의 도입 초기에는 거대 IT 기업을 중심으로 사용자 등에게 전가할 가능성이 높다. 하지만, IT 기업들도 보다 양질의 원시 데이터를 손쉽게 확보할 수 있는 시장이 형성되고, 보다 빠르게 가공할 수 있게 되어 순이익이 증가한다면, 데이터 시장에서 가격을 지급해서라도 구매할 것이다. 시장에서 원재료의 가격이 결정되고, IT 기업 간의 기술격차가 감소한다면, 결국 빅데이터를 이용한 완제품을 판매할 때 가격은 시장경제 논리에 따라 경쟁력 확보를 위해 인하될 소지가 충분하다. 여기서 데이터 시장이란 데이터거래소가 될 수도 있고, 마이데이터 산업이 활성화되어 개인에게 직접 정보를 이용할 때마다 지급해야 하는 상황까지 포함한다. 따라서 개인이 발생시키는 데이터가 프라이버시권 또는 공공재로서의 조세 논리를 개발하는 것과는 별개의 문제로서 적은 양의 데이터를 취합하여 개인이 그

에게 이 비용을 전가하여 더 많은 광고수수료를 받을 것이므로 산업 전반에 가격상승으로 나타날 수 있다.

권리에 대한 대가를 청구하기 곤란한 경우나 개인이 국가에 그러한 권한을 위임한 경우 국가가 데이터 사용에 대한 대가를 징수하여 데이터 산업에 재투자할 수 있을 것이다.

한편, 정부가 추진 중인 마이데이터 산업의 취지는 정보 주체가 가진 자신의 정보데이터에 대한 권리를 원래의 주인에게 되돌려주는 것이다. 따라서 앞으로 개인 정보를 수집하는 회사들이 무상으로 수집하는 행위나 개인 정보 이용 동의를 하지 않을 경우 상품구매나 정보이용 자체를 불가능하게 함으로써 정보 주체의 opt in 권리가 침해하는 사례도 다소 완화될 것이다. 마이데이터 산업이 활성화되면 개인 정보를 수집하기 위해 데이터 기업들은 비용을 지급해야 한다. 하지만 마이데이터 산업을 도입할 때 데이터 구매비용의 전가 가능성이라는 이유만으로 정보 주체의 권리와 데이터의 효용 가치를 평가절하하지는 않았다. 마찬가지로 그동안 거의 무상으로 개인 정보를 사용하여 초과이익을 창출한 IT 기업에게 데이터 사용 대가를 지급하게 하여 필요한 세원이 확보되면 상대적으로 정보 주체의 소득세 증세를 방지할 수 있으므로 국민 개개인의 효용 가치를 높일 수 있다.

2. 소비지국 과세원칙과의 관계

국가 간 이중과세를 방지하기 위하여 세계 각국은 GATT(관세 및 무역에 관한 일반협정)의 일반원칙에 따라 소비지국 과세원칙을 채택하고 있다. 따라서 재화를 수출하는 경우에는 소비세의 국가 간 이중과세를 방지하기 위하여 「부가가치세법」에서는 영세율을 적용하고 있다.[294] 또한, 우리나라

294 임승순, 앞의 책, 1050면.

의 「개별소비세법」 및 「교통 · 에너지 · 환경세법」에서도 과세대상 물품을 수출하는 경우에는 무조건 면세하도록 하고 있다. 데이터의 해외 반출에 대하여 데이터가 재화인지 용역인지에 대한 지루한 논쟁[295]을 할 필요 없이 데이터세의 주요 목적 중의 하나는 역외 IT 기업들의 조세회피를 방지하기 위함이다. 따라서 소득 과세가 아닌 소비세 형태로 법을 입법하는 것이었고, 데이터세의 속성이 원재료(raw data를 말함)에 대한 대가 징수가 실질적 목적이므로 소비세임에도 소비지국 과세원칙을 적용하기는 곤란하다. 또한, 데이터가 옮겨지는 국가에서 데이터세와 동일 또는 유사한 소비 세목으로 과세하는 것도 힘든 상황이므로, 국가 간 과세권을 조정할 필요성이 없어 보인다. 데이터의 현지화 관점에서 보더라도 경제적 수단으로 아무런 대가 없이 무단으로 데이터를 해외로 이전하는 행위에 대한 제재이므로 데이터를 수출하는 것에 대한 면세가 아니라 국외 반출을 위한 가격 지급으로 보아야 한다. 그런 의미에서 국가가 국내 발생데이터에 대한 데이터 주권 확보 관점에서 그 과세논리를 개발할 필요가 있다.

3. 구글 등 국외 IT 기업과의 역차별 문제

디지털 경제에서 자유롭게 역외거래가 가능한 데이터의 특성상 구글 등 국외 IT 기업에게도 국내기업과 동일하게 과세할 수 있는지는 매우 중요한 문제이다. 데이터는 현행 「부가가치세법」 제53조의2에 의한 전자

---

295 부가가치세에서 이와 관련한 국내 학계의 논쟁은 2014년 「부가가치세법」 제53조의2가 입법되면서 일단락되는 것 같았으나, 여전히 그 실질에 대하여 논쟁이 이어지고 있다.

적 용역에 대한 부가가치세 과세대상도 아니므로 적어도 국내 IT 기업들이 데이터세의 부담액만큼 역차별을 받게 되어 국내외시장에서 경쟁력을 잃을 수 있기 때문이다.[296] 2004년 설립된 구글코리아는 2007년부터 인터넷 검색, 광고 및 무역, 전자상거래 서비스를 공급하는 구글의 한국 자회사이다.[297] 그동안 구글코리아는 한국에서 사업을 하면서도 서버가 국외에 있으므로 물리적인 고정사업장의 요건을 충족하지 않는다는 이유로 법인세를 회피하다 서울지방국세청에 의해 법인세 6,000억원을 추징당한 것으로 알려졌다.[298] 원칙적으로 고정사업장이 국내에 없으면 과세할 수 없지만, 정부는 2018년 세법을 개정하여 고정사업장이 없더라도 계약 등을 체결하거나 중요한 역할을 반복적으로 수행하는 자는 국내사업장을 둔 것으로 규정하여 외국회사의 국내사업장의 범위를 확대하였기 때문이다.[299] 그러나 1979년 10월 발효된 한미 조세조약이 아직 개정된 적이 없어서 해당 조약 제9조에 규정된 고정사업장의 요건을 충족하지 않아 소송에서 국세청이 이길 승산이 적다. 국내법에서 조약은 법률의 특별법의 성격[300]을 가지므로 법률보다 앞서기 때문[301]이다. 한편, 우

---

296 김신언, "데이터세 도입방안", 『기본소득 재원마련을 위한 세제 개혁방안 세미나 자료집』, 한국조세정책학회, 2020.12.17., 66~67면.

297 "구글 '네이버 아성'에 도전장…웹메모장 등 서비스 속속 공개" 한국경제 2007.4.11. 기사, hankyung.com/it/article/2007041107261 (검색일 : 2020.12.18.)

298 "국세청, 구글코리아에 6000억 법인세 추징" 한국경제 2020.7.10. 기사. hankyung.com/economy/article/2020070931561 (검색일 : 2020.12.18.) ; 현편, 국세청은 아마존의 한국자회사인 아마존웹서비스코리아로부터 1500억원의 법인세도 추징하였다. ("국세청, 아마존에 법인세 1500억 추징", 한국경제 2020. 7.21. 기사. hankyung.com/it/article/2020072135701 (검색일 : 2020.12.20.)

299 「법인세법」 제94조 제3항, 「소득세법」 제120조 제3항

300 따라서 법률이 개정되더라도 조약과 상충하면 그 범위 내에서 해당 법률은 효력이 없다(임승순, 앞의 책, 23면).

301 대법원2014.11.27.선고 2012두18356판결 등에서 법원은 조세조약의 해석을 우선시 하고 있다. 한편 정부는 과거 「국제조세조정에 관한 법률」 제28조에서는 비거주자 또는 외

리나라는 BEPS 포괄적 이행체제의 권고에 따라 2017년 6월 7일 파리에서 "BEPS 방지 다자협약"을 체결하였다. OECD 회원국을 비롯한 68개국이 서명하여 국가 간의 조세조약은 별도의 양자 조세조약의 개정 협상 없이도 다자협약에 따라 관련 내용이 자동으로 개정된다. 하지만, 미국은 이 다자협약에 참여하지 않아서[302] 한미 조세조약은 여전히 유효하고 개정을 위해서는 개별적으로 양자 간의 협상이 필요하다. 우리나라가 가입을 준비중인 포괄적 · 점진적 환태평양 경제동반자 협정(Comprehensive and Progressive Trans-Pacific Partnership, CPTPP)은 전신인 환태평양경제동반자협정(Trans Pacific Partnership, TTP)에서 데이터 서버의 현지화를 강제할 수 없다는 규정[303]을 두고 있어 이를 위반할 수도 없는 상황이다.

이렇듯 다국적 IT 기업에 대한 소득과세는 여전히 멀고 힘들지만, 물품세 형태의 데이터세는 다르다. 물품세의 특징상 과세시기는 납세의무자를 결정짓는 아주 중요한 연결고리인데, 과세시기가 데이터를 전송(반출)하는 시점이면, 국외로 전송하더라도 그 시점에 데이터는 국내에 있으므로 과세할 수 있다. 구글코리아도 데이터를 국외 서버로 전송하는 과정에서 데이터세의 납세의무자가 되며, 설사 다른 업체와 계약[304]을 맺어

국법인의 국내원천소득의 구분에 대하여 현재 국내법 보다 조세조약이 우선하여 적용되도록 규정하고 있으나, 조세조약상 소득 구분이 국내법상 소득 구분을 결정하는 것으로 오해할 소지가 있어 2018.12.31. 세법개정을 통해 해당 조문을 삭제하였다. 하지만, 고정사업장의 해석과 관련한 문제가 아니라 열거된 범위의 문제이므로 해석에 있어서는 원천지국가의 국내세법을 적용해야 한다는 주장(오윤, "조세조약 해석상 국내세법의 지위-조세조약상 '특허권의 사용'개념의 해석을 중심으로", 「조세학술논집」 제32권 제2호, 한국국제조세협회, 2016, 31면)도 적용하기 힘들 것이다.

302 기획재정부 보도참고자료 "『BEPS 방지 다자협약』 서명", 1면, 4면, 2017.6.8.

303 환태평양 경제동반자 협정 Article 14.13(2): Location of Computing Facilities; ustr.gov/sites/default/files/TPP-Final-Text-Electronic-Commerce.pdf(검색일 2020.12.18.)

304 구글은 법인세율이 우리나라보다 낮은 싱가포르에 구글아시아퍼시픽을 본사로 두고 국내에서 발생한 구글 플레이의 앱수수료 매출을 몰아주는 식으로 국내 법인세를 적게 내

국내에서 발생한 데이터를 해외 서버로 전송하더라도 국내에서 전송하는 자를 납세의무자로 보아 과세할 수 있다. 즉, 구글코리아가 직접 또는, 다른 기업[305]에게 위탁을 하여 국내 데이터를 전송하더라도 국가는 데이터세를 징수할 수 있는 것이다. 또한, 한미 조세조약의 제1조에서 명시한 적용 대상이 되는 조세는 소득세와 법인세에 국한되므로 소비세인 데이터세가 이 조약의 영향을 받지 않는다는 것도 강점이다.

4. 새로운 법률의 필요성

한편, 디지털세는 국내 고정사업장이 없는 다국적기업의 이익을 시장 소재지 국가에 배분하는데 중점을 둔 것이므로 DST와는 달리 반드시 과세표준이나 세율을 별도로 규정할 필요가 없다.[306] 그동안 BEPS 프로젝트 15개 과제에 대하여 우리나라가 대응한 사례를 보더라도, 모두 기존「법인세법」과「소득세법」또는「국제조세조정에 관한 법률」등을 수정 보완한 것일 뿐 새로운 세법을 입법하려고 시도한 사실이 없다. 통합접근법과 글로벌 최저한세의 과세대상 모두 직전 회계연도 전 세계 매출이 7.5

오고 있다. 메인 서버가 위치한 국가에서 과세권을 갖는다는 논리를 악용해서 해당 서버에 국내 이용자가 직접 접속하여 계약하는 식으로 법률관계를 만들어 놓은 것이다. 전형적인 소득이전에 따른 세원잠식(BEPS) 행위이다.

305 국내에서 구글 등의 국외IT 기업과 계약관계 등으로 국내 데이터를 전송하는 기업들은 데이터세를 부담하는 만큼 수수료를 국외IT 기업에게 요구할 것이다. 따라서 국내세수의 일실은 없다.

306 DST는 매출액을 과세표준으로 하고 1.5-7.5%의 세율을 부과하므로 각사업연도 소득에서 세무조정 후 산정된 과세표준(소득)에 10-25%의 누진세율을 부과하는 국내 법인세의 산출체계를 따를 수 없다. 그렇다고 국내 고정사업장이 없는 전 세계 매출액 7.5유로 이상의 다국적기업을 대상에게만 적용하기 위해 동일세목(법인세)에서 과세표준이나 세율을 이분해서 운영하는 것은 과세체계의 혼동을 가져올 수 있어 피하는 것이 타당할 것이다. 결국 DST는 새로운 세목을 신설하는 것이 더 효과적이다.

억 유로(약 1조원) 이상인 기업만을 대상으로 하므로 기존 법인세체계 내에서 외국 법인 관련 일부 조항만을 수정하는 것으로도 법인세 부과가 가능할 것이다. 따라서 디지털세는 국내 고정사업장이 없는 다국적기업의 조세회피 등에 초점을 맞추어 법인세 과세를 보완할 뿐 별도의 디지털세라는 세목까지 신설하여 국내기업까지 추가 과세하는 것이 아니다. 국세청도 2020년 혁신 이슈로 역외탈세 등을 꼽으면서 관건은 OECD 디지털 과세 합의에 있다고 밝힌 점[307]도 이러한 사실을 입증한다.

반면, 디지털시대의 새로운 세원으로서 데이터를 과세대상으로 하는 데이터세는 기존에 부과하지 않던 데이터 자체에 물품세를 부과하는 것이므로 새로운 세목을 신설하거나 현행 개별소비세법을 개정하여 과세대상에 데이터를 추가하는 방안을 고려할 수 있다.[308] 개별소비세법의 전신인 과거 특별소비세법[309]은 종래의 물품세법, 직물류세법, 석유류세법, 입장세법을 통합하여 24개 품목의 과세물품과 5개 종목의 과세장소의 입장 행위를 과세대상으로 하는 단일세법으로 바꾸어 현재에 이르고 있다. 그런데, 데이터세는 현행 개별소비세법의 과세물품 소비와 달리 물리적으로 확인하기 곤란하다는 점이 있으므로 정보 보호 관리체계와 연관해서 데이터의 수집과 가공, 반출에 따라 과세할 수 있는 별도의 법률체계를 갖추는 것이 과세대상 행위를 포착하는 데 쉽고 타당하다.

---

307 "국세청 혁신 2020, 키워드는 '역외탈세·체납·세원관리'", tfmedia.co.kr/news/article.html?no=78047(검색일: 2020.12.26.)

308 다만, 데이터세가 데이터 산업 육성을 위한 재원 마련 목적으로 입법이 된다면, 별도의 세목신설을 피할 수 없을 것으로 보인다.

309 특별소비세는 1976년 12월 22일 새로 재정 공포되어 새로 도입된 부가가치세법과 동시에 1977년 7월 1일부터 시행되었는데 부가가치세의 세율구조의 단순화에서 발생하는 세부담의 역진성을 완화하고, 사치성물품의 소비급증을 완화시킬 목적으로 도입되었다. 이후 2007년 12월 31일 개별소비세법로 개정되어 현재에 이르고 있다.

4절 데이터세법(안) 소개

이하 내용은 2021년 3월 더불어민주당 소병훈 의원실에 기본소득 재원 마련방안으로 제시된 데이터세법(안)을 기초로 국회사무처 법제실의 법률 검토와 자구수정 등을 거친 내용을 다시 수정 · 보완한 것이다. 목적세로서 기본소득의 재원 사용 이외에 데이터 산업진흥을 위한 재원으로도 사용할 수 있으리라 본다. 따라서 이하에서는 기본소득 재원으로 소병훈 의원실에 제출될 때와는 달리 데이터 산업진흥을 위한 재원으로 가정하고 서술하였다.

1. 제안 이유

인터넷의 발달과 정보화에 따라 세계 경제는 디지털화되고 있음. 과거 아날로그산업혁명에서는 핵심자산이 자본과 노동력, 원료 등이라고 한다면, 디지털혁명으로도 대변되는 4차 산업혁명의 핵심자원은 데이터임. 빅데이터, 인공지능 등 디지털기술로 촉발된 초연결 기반의 지능화 혁명인 4차 산업혁명이 본격화 되면서, 데이터가 마치 천연자원과 같이 채굴이 가능하게 되었고 데이터를 통해 수익을 창출하는 플랫폼 회사들이 시장을 장악해 나가고 있음. 그런데 빅데이터를 사용하는 IT 기업들은 원시 데이터(raw data)를 수집하여 빅데이터로 만든 다음 인공지능을 활용해 이를 가공하고 필요에 맞게 만들어낸 결과물을 판매하거나 서비스로 제공하여 수익을 올리고 있지만, 사회 구성원의 기여로 만들어진 데이터의 사용에 대한 대가를 지급하지 않고 있음. 이러한 대가를 조세로 징수하여 데이터산업의 진흥에 재투자함으로서 사회 구성원이 데이터를 더 잘 사용할 수 있는 생태계를 만들 수 있음.

데이터세는 4차 산업혁명 시대에 폭발적으로 증가하는 데이터 자체를 과세대상으로 함으로써 안정적인 세수확보가 가능하다는 장점을 가지며, 유럽연합을 중심으로 추진 중인 데이터의 현지화 정책을 경제적이고 실질적인 측면에서 구현하여 데이터 주권을 확보할 수 있다는 이점도 가지고 있음. 또한, 소비세 형태로 도입되는 데이터세는 소득 과세 중심의 현행 국제조세체계에서 다국적 IT 기업들의 조세회피를 완벽하게 대응할 수 없는 현실을 보완할 수 있을 것으로도 기대됨.

한편, 데이터세는 현재 마이데이터 산업과 충돌되지 않게 개인이 재산권 행사가 가능한 식별데이터를 과세대상에서 제외하고, 정부의 데이터 산업 육성 정책에 따라 무료로 개방하는 공공데이터도 과세대상에서 제외함으로써 정부 정책의 일관성을 유지하고자 함. 이에 국민 개개인의 인적정보를 포함하여 일상에서 각종 경제 활동 등을 통해 생산된 데이터를 사용한 기업들을 대상으로 그 사용 대가를 국가가 조세로써 징수하는 데이터세를 도입하려는 것임.

2. 주요 내용

가. 이 법은 국민생활의 균등한 향상과 공정한 사회발전을 위하여 데이터의 생산과 거래 및 활용 촉진과 데이터 산업의 진흥에 필요한 재원 마련을 목적으로 함.(안 제1조)

나. 데이터를 전자화된 영상 파일에 담겨 있는 데이터와 영상 파일 외의 파일에 담겨 있는 데이터로 구분하여 과세물품으로 규정하고, 과세표준은 데이터 용량으로서 데이터가 담겨 있는 파일의 용량을 측정한 것으

로 하며, 그 세율은 1기가 바이트(giga bite)당 일정 금액으로 하는 종량세 구조[310]로 함.(안 제3조)

다. 과세물품에 대한 세율을 데이터 생태계 육성 및 중소기업 부담 완화 등에 탄력적으로 대응하기 위하여 그 세율의 100분의 30의 범위에서 대통령령으로 감액 조정할 수 있도록 하고, 정부가 추진 중인 마이데이터 산업에 지장을 최소화하기 위해서 잠정세율도 규정함.(안 제4조)

라. 데이터를 수집, 가공 또는 반출하는 자 등을 납세의무자로 하고, 데이터를 수집, 가공 또는 반출할 때를 과세시기로 함.(안 제6조 및 제7조)

마. 과세물품을 수집하여 사용하려는 자에게 신고의무를 부과하되, 둘 이상의 사업장이 있는 사업자에 대하여는 총괄납부 또는 사업자 단위로 신고 납부할 수 있도록 하고, 데이터세를 포탈할 우려가 있다고 인정되는 경우 등에 대하여는 수시부과할 수 있도록 함.(안 제9조, 제11조 및 제16조)

바. 중소기업 등 데이터 사용량이 적은 기업을 고려하여 과세기간 동안 1기가바이트 미만의 데이터에 대한 소액부징수 규정을 둠.(안 제10조)

사. 미납세반출과 공공데이터, 식별데이터 및 정부기관이 수집 · 사용하는 데이터 등에 대하여 조건부 · 무조건 면세를 규정하여 데이터세를 징수하지 아니하거나 면제할 수 있도록 함.(안 제17조부터 제21조까지)

아. 데이터세의 징수 가능성을 높이기 위해 꼭 필요한 데이터의 이동 등을 포착할 수 있도록 기록장치의 설치와 장부 기록 의무 규정을 둠.(안 제25조)

자. 데이터를 사실상 이전하지 아니하고 데이터 사용과 관련한 영업을

310 종량세가 아닌 종가세로 할 경우 데이터 자체의 가치평가를 해야 하는 데 데이터 거래소 등이 현실화되지 않아 시장가격을 측정하기 곤란하고, 공정한 가치를 산출할만한 기준을 갖추는 데 소요되는 시간이 상당히 걸리기 때문임.

포괄 승계하는 경우, 승계인이 피승계인의 권리 · 의무를 승계하도록 함.(안 제26조)

차. 관할 지방국세청장 또는 관할 세무서장이 데이터세의 납세 보전을 위하여 필요하다고 인정하면 납세의무자에게 관련 자료제출 요구 등 필요한 명령을 할 수 있도록 함.(안 제27조)

카. 세무공무원이 데이터세에 관한 조사를 할 수 있도록 질문을 하거나 검사할 수 있고, 전송한 과세물품에 대하여 필요한 조치를 할 수 있도록 함.(안 제28조)

타. 관할 세무서장은 기록장치를 갖추지 아니한 경우와 납세 보전 명령을 위반한 경우 등에 영업정지 등을 요구하거나 과태료를 부과할 수 있도록 함.(안 제29조, 제31조)

3. 조문의 예시와 보충 설명

법률제 호

데이터세법(안)

제1조(목적) 이 법은 데이터로부터 경제적 가치를 창출하고 데이터 산업발전의 기반을 조성하여 국민 생활의 균등한 향상과 국민경제의 발전을 위하여 데이터의 생산, 거래 및 활용 촉진과 데이터 산업의 진흥에 필요한 재원 마련을 목적으로 한다.[311]

311 데이터세는 목적세뿐만 아니라 보통세로도 징수할 수 있어서 제1조에서 명시적으로 목

제2조(용어의 정의) ① 이 법에서 사용하는 용어의 뜻은 다음과 같다.

1. "정보"란 「지능정보화 기본법」 제2조제1호에 따른 정보를 말한다.
2. "데이터"란 「데이터기반행정 활성화에 관한 법률」 제2조 제1호[312]에 따른 데이터를 말한다.
3. "비식별 조치"란 다음 각 목의 어느 하나에 해당하는 조치를 말한다.
   가. 「개인정보 보호법」 제2조제1호에 따른 개인 정보(이하 "개인 정보"라 한다)를 가명처리(「개인정보 보호법」 제2조제1호의2에 따른 가명처리를 말한다. 이하 같다) 하는 조치
   나. 개인 정보를 더 이상 특정 개인인 정보 주체를 알아볼 수 없도록 익명처리(「신용정보의 이용 및 보호에 관한 법률」제2조 제17호에 따른"익명처리"를 말한다. 이하 같다) 하는 조치
   다. 기업의 활동을 통해서 발생하는 데이터(이하 "산업정보"라 한다)를 가명처리 또는 익명처리 하는 조치
4. "식별정보"란 정보 주체를 식별할 수 있는 정보로서, 비식별 조치 이전 상태이거나 비식별 조치된 이후 다시 정보 주체를 식별할 수 있도록 변환된 상태의 정보를 말한다.
5. "저장장치"란 일정한 서버, 클라우드 등 유형 또는 무형의 장치와 시설 등을 이용하여 데이터를 저장하거나 이를 유·무선망을 통하여 전송하는 장치

적세라는 것을 명시할 필요가 있음. 조세를 보통세와 목적세로 구분할 때 목적세는 처음부터 특정 경비에 충당할 것을 목적으로 부과되는 조세이며, 특정사업의 재원을 확보한다는 입법 목적이 특정되었다는 점에서 보통세와 다를 뿐 반드시 목적세부과를 위한 정당성을 제시할 필요가 있는 것은 아님. 즉, 목적세는 특정 정책 목적에만 사용하도록 그 용도가 분명하게 정함으로써 재정의 전용을 제한하기 위해 사용하는 것임.

312 "데이터"란 정보처리능력을 갖춘 장치를 통하여 생성 또는 처리되어 기계에 의한 판독이 가능한 형태로 존재하는 정형 또는 비정형의 정보를 말한다.

로서 대통령령으로 정하는 장치를 말한다.

6. "반출"이란 자신의 저장장치에서 타인의 저장장치 등으로 이전하는 것으로서 대통령령으로 정하는 것을 말한다.[313] 다만, 자신의 저장장치에서 고객이 무상으로 다운로드 한 경우는 제외한다.

7. "가공"이란 원시 데이터에 비식별 조치, 라벨링, 변환, 분석, 편집, 그 밖에 이와 유사한 조치를 하는 것을 말한다.

② 제1항에서 정하는 것 외에 이 법에서 사용하는 용어의 뜻은 「국세기본법」 및 「국세징수법」에서 정하는 바에 따른다.

제3조(과세대상과 세율) ① 데이터세를 부과할 물품(이하 "과세물품"이라 한다)과 그 세율은 다음과 같다.[314]

1. 전자화된 영상파일에 담겨있는 데이터: 용량 1기가바이트 당 1,000원
2. 제1호에 해당하지 아니하는 파일에 담겨 있는 데이터315: 용량 1기가바이트 당 300원

② 제1항에 따른 데이터의 용량은 데이터가 담겨 있는 파일의 용량으로 측정한다.

③ 과세물품의 세목과 종류는 대통령령으로 정한다.

④ 과세물품의 판정은 명칭이 무엇이든 상관없이 그 물품의 형태·용도·성질이나 그 밖의 중요한 특성에 의한다.

⑤ 동일한 과세물품이 제1항제1호 및 제2호에 모두 해당하는 경우에는 그 과세물품의 특성에 맞는 물품으로 취급하되 그 특성이 명확하지 아니한 경우에는

---

313 국외반출에 대하여 경제적으로 제한하는 방법으로 데이터 현지화를 실현하기 위한 조치임을 명확히 함.

314 개인 정보 데이터 외에도 산업데이터도 과세대상에 포함한다.

315 같은 양의 정보라도 한글파일과 PDF, PPT로 저장하는 방식에 따라 용량 차이가 많이 발생하는 문제를 어떻게 처리할 것인가에 대한 고민이 필요함

주된 용도로 사용되는 물품으로 취급하고, 주된 용도가 명확하지 아니한 경우에는 높은 세율이 적용되는 물품으로 취급한다.

⑥ 과세물품을 대통령령으로 정하는 사유로 가공하여 용량에 변화가 있는 경우에는 그 변화의 전후 용량을 비교하여 큰 용량을 기준으로 과세한다.[316]

⑦ 제4항 및 제5항에서 규정한 사항 외에 과세물품의 판정에 필요한 사항은 대통령령으로 정한다.

제4조(탄력세율 및 잠정세율) ① 제3조에 따른 세율은 데이터산업 활성화 및 중소기업 육성 등에 탄력적으로 대응하기 위하여 그 세율의 100분의 30의 범위에서 대통령령으로 감액 조정할 수 있다.

② 제6조의 납세의무자 중 기술개발을 선도하거나 마이데이터(MyData) 산업 또는 중소기업 육성에 필요하여 대통령령으로 정하는 기업에 대해서는 다음 각 호의 세율을 적용한다.[317]

1. 대통령령으로 정하는 날부터 4년간: 제3조제1항의 세율(이하 이 조에서 "기본세율"이라 한다)의 100분의 10
2. 제1호에 따른 기간이 지난날부터 1년간: 기본세율의 100분의 40
3. 제2호에 따른 기간이 지난날부터 1년간: 기본세율의 100분의 70

③ 제2항에 따른 세율은 대통령령으로 정하는 바에 따라 그 적용을 단축 또는 중지하거나 기본세율의 범위에서 인상할 수 있다.

---

316 만약 비식별 조치를 하여 데이터 용량이 증가하는 경우에는 비식별 조치를 한 자가 데이터세를 납부하면서 종전에 수집단계 등에서 납부한 데이터세가 있다면 이를 제22조에 근거하여 세액공제를 하도록 함.

317 정부의 데이터 생태계 육성과 데이터 산업에 미치는 지장을 최소화하고 실질적으로 급격한 조세부담을 받게 되는 기업들이 자체적으로 수익구조 개편을 준비하는 시간을 두기 위해 잠정세율을 둠.

④ 제2항과 제3항에 따른 세율은 기본세율 및 제1항의 세율에 우선하여 적용한다.

제5조(비과세) 다음 각 호의 어느 하나에 해당하는 데이터에 대해서는 데이터세를 부과하지 아니한다.

1. 검색포털 등을 통하여 데이터를 검색하고 유상 또는 무상으로 다운로드 한 데이터[318]. 다만, 알고리즘·인공지능 등 그 명칭에 상관없이 데이터 수집을 위한 기계장치 등에 의하여 대통령령으로 정하는 대용량의 파일을 다운로드 한 경우와 다운로드 한 데이터를 가공 또는 반출하거나 사업에 사용하는 경우[319]에 해당하는 데이터는 제외한다.
2. 전자우편 등을 통하여 무상으로 파일을 주고받는 등 대통령령으로 정하는 행위에 따라 전송되는 데이터[320]. 다만, 타인에게 가공을 의뢰하거나, 판매할 목적으로 전송하는 데이터는 제외한다.
3. 자신의 저장장치에 보관하던 과세물품을 자신 또는 타인의 저장장치에 대통령령으로 정하는 바에 따라 업로드 하는 데이터
4. 법률이나 정부 또는 지방자치단체의 명령에 따라 전송하는 데이터321
5. 정보 주체가 자신의 의지에 따라 개인 정보를 전송하는 등 대통령령으로

---

318 논문검색서비스(RISS 등) 또는 구글·네이버 검색을 통해 정보를 수집하는 것으로서 수집된 정보는 통상의 경우처럼 비과세하는 것이 타당함.

319 영리목적 유무와 상관없이 구글 등 다국적 IT 기업의 데이터 수집 행위를 과세대상에 포함하기 위한 목적임. 구글 등의 회사는 대용량 수집 장치를 이용해 개인 정보 이외에도 도서관 등을 통해 문헌들을 무상으로 취합하여 인공지능을 통해 분석하고 수익 사업에 활용하고 있기 때문이다.

320 일상생활에서 지인 간 또는 업무상 필요에 의하여 이메일 또는 카카오톡 등의 SNS를 통하여 소통하는 파일은 과세대상에서 제외하기 위함.

321 「개인정보 보호법」 제11조등 과세관청 등 정부가 법률에 근거하여 자료제출 요구를 함으로써 요구받은 자가 제공하는 각종 데이터를 의미함.

정하는 사유에 해당하는 데이터[322]

6. 정보 주체 자신이 직접 생산하는 데이터[323]. 다만, 해외에 영리를 목적으로 반출하는 데이터는 제외한다.[324]

제6조(납세의무자) 다음 각 호의 어느 하나에 해당하는 자는 이 법에 따라 데이터세를 납부할 의무가 있다.

1. 과세물품을 수집하는 자[325]
2. 과세물품을 가공하는 자[326]
3. 과세물품을 반출하는 자(과세물품을 국외로 반출하는 자를 포함한다)[327]
4. 과세물품의 수집, 가공, 반출 등을 위탁하는 자, 수탁자, 재위탁자 및 재수탁자[328]

---

322 「데이터산업법」 제15조에서 규정하고 있는 데이터 주체의 데이터 전송 요구권처럼 데이터 소유자가 자신의 데이터를 요구하는 경우나 「신용정보법」 제23조에 따라 공공기관에 정보를 요청하는 경우 등을 과세대상에서 제외하기 위함.

323 마이데이터 산업과 같이 정보 주체가 직접 생산에 참여하는 데이터는 생산에서 유통에 이르는 과정에서 데이터세를 과세하지 않기 위함이다.

324 주된 목적은 유튜버에 대한 과세문제와 더불어 추후 디지털세 도입시 유튜브 회사의 국내 매출 등을 확인할 수 있는 보조 자료로서 역할을 기대할 수 있음. 그러나, 그 용량이 적어서 제10조 제3호 소액부징수에 해당할 수 있으므로 논의가 더 필요할 것임.

325 「개인정보 보호법」 제39조의3에서 규정한 바와 같이 정보 주체의 동의여부와 상관없이 개인 정보를 수집하는 경우 정보통신서비스 제공자에게 데이터세를 부과하기 위함이다. 데이터를 수집하여 빅데이터화하는 작업을 하는 기업을 납세의무자로 정기 위한 조치임.

326 기업이 수집된 자료를 빅데이터화한 이후에도 인공지능을 통해 추후 데이터를 추가 투입하여 머신러닝하는 단계에도 과세하기 위함.

327 이 법 시행 이전 데이터센터 등에 데이터를 수집하는 단계에서 과세행위가 포착되지 아니하였다면 이후 데이터를 반출하여 가공하는 등의 행위에 대하여 과세하기 위한 것이며, 특히 데이터 현지화 관점에서 역외반출에 대한 경제적 제재 목적을 달성하기 위한 조치임.

328 구글코리아 등 국내에 진출한 국외기업의 자회사가 영리목적이 아니라는 이유로 과세대상에서 제외되거나 제3자에게 다시 위임하여 납세의무를 회피하는 일이 없도록 데이터의 처리 전반에 걸쳐 과세대상 행위를 하는 자를 포착하기 위함.

제7조(과세시기) 데이터세는 데이터를 수집, 가공 또는 반출할 때에 부과한다.

제8조(가공으로 보는 경우) 다음 각 호의 어느 하나에 해당하는 경우에는 해당 과세물품을 가공하는 것으로 본다.

1. 과세물품을 인공지능의 학습에 사용하는 경우
2. 제20조제1항에 따라 수집된 데이터를 회원관리 목적이 아닌 광고 등 대통령령으로 정하는 목적으로 사용하는 경우[329]
3. 과세물품을 대통령령으로 정하는 바에 따라 사업에 사용하는 경우

제9조(반출로 보는 경우) 다음 각 호의 어느 하나에 해당하는 경우에는 과세물품을 반출하는 것으로 본다.

1. 자신의 저장장치에서 타인의 저장장치로 데이터를 이전하지는 아니하였으나, 타인이 해당 데이터를 사실상 사용할 수 있도록 권한을 부여한 경우[330]
2. 과세물품의 수집자의 저장장치에 있다가 공매(公賣)·경매 또는 파산절차로 환가(換價)되는 경우
3. 과세물품의 가공 및 사용을 사실상 폐지한 경우에 저장장치에 남아있는 경우로서 대통령령으로 정하는 사유에 해당하는 경우

---

329 가명정보 또는 익명정보로 변환하게 되면, 회원 관리 등의 목적을 벗어나 광고 등 각종 수익 사업에 사용될 수 있고, 정보 주체는 자신의 정보가 사용되는지 추적이 불가능한 경우가 발생하므로 과세대상에 포착하기 위한 것임. 「개인정보 보호법」이나 마이데이터 산업에서 가명정보도 정보 주체의 권리를 인정하나, 현실적으로 정보 주체가 가명정보를 직접 식별하기 곤란한 점, 그리고 대가 지급이 이루어지지 않는 사각지대를 보완하기 위해 과세대상에 포함하고 이후 제22조에서 세액공제를 통해 기업이 마이데이터 사용 대가를 지급한 것을 공제해서 이중부담이 되지 않도록 함.

330 앞서 스노우플레이크 社의 마켓 플렛이스를 설명한 것처럼 구매자가 판매자의 서버에 직접 접속하여 데이터를 사용하는 경우를 포함하기 위함.

제10조(과세표준) ① 데이터세의 과세표준은 다음 각 호에 따른다.

1. 과세물품을 수집, 가공 또는 반출할 때의 그 용량
2. 과세물품을 가공하여 용량이 변경되는 경우에는 가공이 완료된 이후의 용량과 이전의 용량 중 큰 것[331]

② 납세의무자가 1개월(매월 1일부터 말일까지의 기간을 말한다) 동안 수집, 가공 또는 반출한 과세물품의 총량이 1기가바이트 미만인 경우에는 이를 과세표준에 산입하지 아니하고, 1기가바이트 이상인 경우 소수점 이하는 버린다.[332]

제11조(과세표준의 신고) ① 제6조에 따른 납세의무자는 매월 수집, 가공 또는 반출한 과세물품의 물품별 용량, 과세표준, 산출세액, 미납세액, 면제세액, 공제세액, 환급세액, 납부세액 등을 적은 신고서를 수집, 가공 또는 반출한 날이 속하는 달의 다음 달 말일까지 사업장 관할 세무서장에게 제출(국세정보통신망을 통하여 제출하는 경우는 국세정보통신망에 입력하는 것을 말한다. 이하 같다)하여야 한다.

② 제1항에 따른 과세표준의 신고에 필요한 사항은 대통령령으로 정한다.

제12조(납부) ① 제6조에 따른 납세의무자는 매월분의 데이터세를 제11조 제1항에 따른 신고서의 제출기한까지 관할 세무서장에게 납부하여야 한다.

② 데이터세를 납부하지 아니하고 과세물품을 해외로 반출하려는 자는 「국세징수법」 제18조부터 제23조까지에서 정하는 바에 따라 해당 데이터세액에 상당하는 담보를 제공하여야 한다.

---

331 법안 제3조 제6항과 연결

332 한 달 동안 각각 누계하여 데이터가 1기가 미만이라면 소액부징수가 되는 근거규정임.

제13조(총괄납부) ① 제6조에 따른 납세의무자로서 제7조, 제8조, 제9조 및 제17조에 따라 데이터세를 납부하거나 환급받는 자는 대통령령으로 정하는 바에 따라 총괄하여 납부하거나 환급받을 수 있다.

② 제1항에 따라 데이터를 총괄하여 납부하려는 자는 대통령령으로 정하는 바에 따라 관할 세무서장에게 신청하여 승인을 받아야 한다.

제14조(사업자 단위 신고·납부) 제11조 제1항 및 제12조제1항에도 불구하고 제23조제2항에 따라 사업자 단위로 신고한 사업자(이하 제23조제3항에서 "사업자단위과세사업자"라 한다)는 그 사업자의 본점 또는 주사무소(主事務所)에서 총괄하여 신고·납부할 수 있다. 이 경우 그 사업자의 본점 또는 주사무소는 신고·납부와 관련하여 이 법을 적용할 때 데이터를 수집, 가공 또는 반출하는 장소로 본다.

제15조(결정·경정결정 및 재경정) ① 제11조에 따른 신고서를 제출하지 아니하거나 신고한 내용에 오류 또는 탈루(脫漏)가 있는 경우에는 관할 세무서장, 관할 지방국세청장은 그 과세표준과 세액을 결정 또는 경정결정(更正決定)한다.

② 제1항에 따른 결정 또는 경정결정은 제25조에 따른 기록장치의 기록이나 그 밖의 증명 자료를 근거로 하여야 한다. 다만, 다음 각 호의 어느 하나에 해당하는 사유가 있는 경우에는 대통령령으로 정하는 바에 따라 추계(推計)할 수 있다.

1. 과세표준을 계산할 때 필요한 제25조에 따른 기록이나 그 밖의 증명 자료가 없거나 중요한 부분이 갖추어지지 아니한 경우
2. 제25조에 따른 기록이나 그 밖의 증명 자료의 내용이 데이터 처리 규모, 고객·종업원 수와 제공하는 상품 또는 서비스의 각종 요금의 시가(時價) 등에 비추어 거짓임이 명백한 경우

③ 관할 세무서장 또는 관할 지방국세청장은 제1항 및 제2항에 따라 결정 또는 경정결정한 과세표준과 세액에 오류 또는 탈루가 있는 것이 발견된 경우에는 이를 다시 경정한다.

제16조(수시부과) 납세의무자가 데이터세를 포탈(逋脫)할 우려가 있다고 인정되거나, 사업 부진이나 그 밖의 사유로 휴업 또는 폐업 상태인 경우에는 제11조에도 불구하고 수시로 그 과세표준과 세액을 결정할 수 있다. 이 경우 제15조제2항을 준용한다.

제17조(미납세반출) ① 다음 각 호의 어느 하나에 해당하는 데이터의 반출에 대해서는 대통령령으로 정하는 바에 따라 관할 세무서장의 승인을 받은 경우에는 데이터세를 징수하지 아니한다.

1. 법률로 정하는 바에 따라 정보 주체가 요구하는 경우에 해당 정보 주체와 관련된 데이터를 반출하는 것[333]
2. 법률상 의무 등 대통령령으로 정하는 사유에 따라 비식별 조치를 하기 위하여 데이터를 다른 저장장치로 반출하는 것[334]
3. 제2호에 따른 비식별 조치를 한 데이터를 의뢰인에게 반환하거나 지정한

---

333 「신용정보의 이용 및 보호에 관한 법률」 제38조의2에서 신용조회사실 통지요청을 받은 경우 그 정보를 제공하는 것과 같이 정보 주체가 법률에 의하여 그 권리행사에 제한을 없애기 위함.

334 「개인정보 보호법」 제3조 제7항에 의해 개인정보처리자는 익명 또는 가명으로 처리하여도 개인 정보수집목적을 달성할 수 있는 경우 익명 또는 가명처리를 강제하고 있다. 따라서 온라인 판매회사가 상품판매와 직접 관련된 회원 정보를 안전하게 보호 처리하는 것이 필요하면, ① 가공 및 반출행위가 있더라도 추후 광고성 정보제공 등 마케팅 및 프로모션에 활용하고, ② 서비스이용 분석과 통계에 따른 맞춤 서비스 제공 및 광고 게재 등에 다시 활용될 때와 더 나아가 ③ 제3자에게 제공하여 콘텐츠 등 사업서비스 제공(광고 포함)에 등에 사용하는 시점에 과세하도록 함. 같은 법 제28조의4에서 정한 가명정보 처리를 하는 경우 이를 관리하기 위하여 대통령령이 정한 사항을 기록하고 보관하도록 규정하고 있다. 따라서 이후 다시 사업목적으로 사용하더라도 과세대상으로 포착 가능함.

저장장치로 다시 반출하는 것(반환 또는 반출하는 자가 반환 또는 반출 후 자신의 저장장치에서 해당 데이터를 삭제하는 경우로 한정한다)

4. 데이터세의 보전이나 그 밖에 단속에 지장이 없다고 인정되는 것으로서 대통령령으로 정하는 것

② 제1항에 따라 데이터를 반출한 경우로서 정보 주체의 요구에 따라 반출한 사실, 비식별조치를 하기 위하여 반출한 사실, 자신의 저장장치에서 삭제한 사실[335] 등을 대통령령으로 정하는 바에 따라 증명하지 아니한 것에 대해서는 반출자로부터 데이터세를 징수한다.

③ 제1항 제1호·제2호 및 제4호의 경우에는 반입자를 수집한 자로 보지 아니한다.

④ 제1항제3호의 경우에는 반입자를 제6조 제2호에서 정한 가공한 자로 본다.[336]

⑤ 제1항을 적용받아 데이터를 미납세반출하는 자는 제25조에 따른 기록장치에 의하여 그 반출사실을 기록하고 보관하여야 하며, 제11조에 따른 신고를 할 때 관할 세무서장에게 신고하여야 한다.

제18조(미납세반출 후 과세특례) 제17조제1항에 따라 데이터세를 납부하지 아니하고 반출을 한 자(이하 이 조에서 "미납세반출자"라 한다)가 해당 데이터를 광고성 정보 제공 등 마케팅에 사용하거나, 분석과 통계작성 등을 위하여 활용하거나, 타인에게 제공하는 등 대통령령으로 정하는 용도로 사용[337]하는 때에는 제

---

335 데이터의 무한 복제 기능 때문에 데이터세의 부담 없이 사용하는 것을 방지하기 위함.

336 데이터를 가공하여 반출하는 단계에서 과세가 되지 않더라도 반입한 기업(비식별 조치를 의뢰한 기업)에게 납세의무를 부여하기 위함.

337 보통 수집된 정보는 이용자식별 및 본인확인 등 회원관리와 서비스 외에도 유료상품 구매/판매와 결제 처리, 비용과 정산대금의 확인 및 지급, 제휴서비스 제공, 상품배송, 광고성정보 제공 등 마케팅 및 프로모션에 활용하고, 서비스이용 분석과 통계에 따른 맞춤서비스 제공 및 광고게재 등에 다시 활용된다. 더 나아가 개인(법인포함)정보를 제3자에

17조에도 불구하고 미납세반출자가 대통령령으로 정하는 바에 따라 해당 데이터에 대한 데이터세를 관할 세무서장에게 신고·납부할 수 있다.[338]

제19조(외국 정부에 대한 면세) ① 우리나라에 주재하는 외교공관 및 이에 준하는 대통령령으로 정하는 기관과 우리나라에 주재하는 외교관 및 이에 준하는 대통령령으로 정하는 사람이 수집, 가공 또는 반출한 대통령령으로 정하는 데이터에 대하여는 데이터세를 면제한다.

② 제1항은 해당 국가에서 우리나라의 공관 또는 외교관 등에게 그 국가의 조세로서 우리나라의 데이터세 또는 이와 유사한 성질의 조세를 면제하는 경우와 해당 국가에 우리나라의 데이터세 또는 이와 유사한 성질의 조세가 없는 경우에만 적용한다.[339]

③ 제1항에 따라 데이터세를 면제받아 반출한 물품에 관하여는 제17조 및 제18조를 준용한다.

제20조(조건부 면세) ① 다음 각 호의 어느 하나에 해당하는 데이터에 대하여 대통령령으로 정하는 바에 따라 관할 세무서장의 승인을 얻은 경우에는 데이터세를 면제한다.

1. 「부가가치세법」 제8조 및 제53조의2에 따른 사업자 등록을 한 사업자가 상

게도 제공하는데, 콘텐츠 등 기존 서비스 제공(광고 포함)에 더하여, 인구통계학적 분석, 서비스 방문 및 이용기록의 분석, 개인 정보 및 관심에 기반한 이용자간 관계의 형성, 지인 및 관심사 등에 기반을 둔 맞춤형서비스 제공, 서비스 이용기록과 접속빈도 분석, 서비스이용에 대한 통계, 서비스분석 및 통계에 따른 맞춤서비스 제공 및 광고게재 등을 목적으로 사용한다. 단순한 상품의 구입과 결제 배송을 위한 것에서 끝나지 않고 기업의 수익모델을 개발하기 위해서도 활용되고 있으므로 이를 과세하기 위함이다.

338 구글코리아 등 국내에 설립된 기업이 반출할 경우 조세회피 방지목적임.

339 상호주의에 의해서만 면세가 가능하다는 것을 명확하게 함.

품의 판매와 결제, 배송, 환급 등 회원관리목적으로 회원가입 등의 절차를 통하여 수집 및 보관하는 고객의 식별정보[340]

2. 제1호에 따라 수집한 후 고객정보 보호를 위하여 다른 법률에서 정하는 바에 따라 비식별 조치를 한 데이터[341]

② 제1항의 데이터로서 제25조에 따른 기록장치에 의하여 증명되지 아니한 것에 대해서는 수집자 및 비식별 조치를 한 자로부터 데이터세를 징수한다.

③ 제1항의 데이터를 수집자가 광고성 정보 제공 등 마케팅 목적으로 가공한 사실이 확인된 경우에는 대통령령으로 정하는 바에 따라 수집자로부터 데이터세를 징수한다.

④ 제1항의 물품으로서 수탁자 및 재수탁자 등 명칭여하를 불문하고 제3자에게 반출하는 등 대통령령으로 정하는 사유가 발생하는 경우 반출하는 자는 사유가 발생한 날이 속하는 달의 다음 달 말일까지 제11조에 따른 신고서를 자신의 관할세무서장 또는 수집자 및 가공하는 자의 관할세무서장에게 제출하고 데이터세를 납부하여야 한다.

⑤ 제1항의 물품으로서 대통령령으로 정하는 바에 따라 제3자에게 반출한 사실을 증명하지 아니한 것에 대해서는 관할세무서장이 그 반출자로부터 데이터세를 징수한다.[342]

⑥ 제1항 제2호에 따라 데이터세를 면제받은 물품을 대통령령으로 정하는 바에

---

340 외국사업자가 국내에 지점 등 영업장소를 두지 않더라도 실효적으로 부가가치세를 징수할 수 있도록 사업자등록을 한 기업에게만 상품배송을 위한 정보를 수집하더라도 사업자 등록을 전제조건으로 함. 추후 법인세 등의 부과를 위해 「법인세법」에 의한 고정사업장 부분을 보강할 필요가 있음.

341 「개인정보 보호법」 제28조의2에 의하여 통계작성, 과학적 연구, 공익적 기록보존 등의 목적 또는 보관 중 해킹 등 위험에 대비하기 위하여 가명정보 또는 익명정보로 비식별 조치하는 경우에는 과세대상에서 제외하기 위함.

342 미납세반출에서 포착하지 못하는 부분을 보완하기 위한 것임.

따라 타인에게 양도한 경우에는 이를 양수한 자가, 타인이 소지한 경우에는 이를 소지한 자가 반출한 것으로 보아 데이터세를 징수한다.

⑦ 제1항에 따라 데이터세를 면제받아 반출한 물품에 관하여는 제17조 제5항 및 제18조 제5항의 규정을 준용한다.

⑧ 제1항에 따라 데이터세를 면제받아 수집 또는 비식별 조치를 한 자는 수집 또는 비식별 조치를 한 날이 속하는 달의 다음 달 15일까지 그 사실을 관할 세무서장에게 신고하여야 한다.

제21조(무조건 면세) 다음 각 호의 어느 하나에 해당하는 데이터에 대해서는 대통령령으로 정하는 바에 따라 데이터세를 면제한다.

1. 정부가 「공공데이터의 제공 및 이용 활성화에 관한 법률」 제21조에 따라 공공데이터 포털을 통하여 제공하는 공공데이터
2. 국가 또는 지방자치단체가 직접 수집·보관·가공·반출하는 데이터
3. 군사상 목적으로 수집되는 데이터 또는 그 데이터를 이용하여 가공하는 군수용 데이터
4. 조약 또는 상호주의에 따라 데이터의 이동과 관련하여 과세하지 아니하도록 규정한 데이터

제22조(세액의 공제와 환급) ① 이미 데이터세가 납부되었거나 납부될 과세물품을 수집, 가공 또는 반출하는 경우 해당 과세물품에 대한 데이터세를 납부 또는 징수함에 있어서는 이미 납부되었거나 납부할 세액을 대통령령으로 정하는 바에 따라 납부 또는 징수할 세액에서 공제한다.[343]

---

343 데이터세는 개별소비세와 같이 단단계 과세방식을 지향한다. 그러나 반출단계에서 데

② 이미 데이터세가 납부되었거나 납부될 과세물품이 다음 각 호의 어느 하나에 해당하는 경우에는 대통령령으로 정하는 바에 따라 이미 납부한 세액을 환급한다. 이 경우 납부 또는 징수할 세액이 있으면 이를 공제한다.

1. 수집단계에서 데이터세가 과세된 과세물품을 가공한 과세물품이 데이터세가 면제되는 경우
2. 저장장치에서 반출한 과세물품을 수집가공을 위해 환입한 것으로서 대통령령이 정하는 바에 따라 관할 세무서장의 확인을 받은 경우
3. 「신용정보의 이용 및 보호에 관한 법률」 제2조제9호의2에 따른 본인신용정보관리업(마이데이터사업을 말한다)을 통하여 데이터를 수집한 경우[344]

③ 제1항과 제2항에 따른 세액공제와 환급을 받기 위해서는 제25조에 따른 기록장치를 갖추고 해당 과세물품에 대한 공제 또는 환급 사유가 발생한 날이 속하는 달의 다음 달 15일까지 공제 또는 환급 사유가 발생한 사실을 관할 세무서장에게 신고하여야 한다.

④ 데이터에 대하여 비식별 조치 전 데이터세를 납부하였으나 비식별 조치 전과 비교하여 용량이 증가하여 추가로 납부할 금액이 있는 경우에는 비식별 조치를 한 자가 그 차액을 지급하여야 한다.

⑤ 제17조제2항 및 제20조제2항에 따라 데이터세를 납부하거나 면세를 받은 데이터의 용도를 변경하는 등의 사유로 데이터세를 신고·납부하는 경우에는 그 데이터에 대하여 납부되었거나 납부될 세액을 공제하거나 환급하지 아니한다.

이터는 복제가 가능하므로 여러 사람에게 반출하는 경우 그 반출하는 데이터 각각에 대하여 과세하여야 한다.

344 정부의 마이데이터 산업 육성과 충돌하지 않기 위해 과세를 제외하되, 사각지대를 최소화하기 위해 납부할 세액에서 공제하는 형태를 둠. 세액공제는 금액으로 하지만, 추후 데이터 용량으로 변경될 필요도 있음(마이데이터 사업에서 대금의 결제에 사용하는 기준이 데이터세법의 데이터 용량과 동일할 경우)

⑥ 제1항과 제2항에 따른 공제 또는 환급을 받으려는 자는 해당 사유가 발생한 날부터 6개월이 지난 날이 속하는 달의 말일까지 대통령령으로 정하는 서류를 제11조에 따른 신고를 할 때 관할 세무서장에게 제출하여야 한다.

⑦ 데이터세가 납부되었거나 납부될 과세물품에 대하여 부과하였거나 부과할 가산세는 공제하거나 환급하지 아니한다.

⑧ 제1항에 따른 공제를 할 때 이미 납부되었거나 납부할 세액이 납부 또는 징수할 세액을 초과하는 경우에는 그 초과 부분의 세액은 공제하지 아니한다.

⑨ 제2항 제2호에 해당하여 환급 또는 공제를 받은 물품이 정해진 용도로 사용되지 아니한 사실이 확인된 경우에는 환급 또는 공제된 데이터세를 징수한다.

제23조(개업·폐업 등의 신고와 사업자단위 신고납부) ① 과세물품을 수집, 가공 또는 반출하려는 자(수집, 가공 또는 반출하려는 데이터의 용량, 사용목적 등을 고려하여 대통령령으로 정하는 자를 제외한다)는 대통령령으로 정하는 바에 따라 관할 세무서장에게 신고하여야 한다. 이를 휴업 또는 폐업하거나 신고 내용이 변경된 경우에도 또한 같다.

② 제1항에도 불구하고 둘 이상의 사업장이 있는 사업자는 사업자 단위로 해당 사업자의 본점 또는 주사무소 관할 세무서장에게 신고할 수 있다.

③ 제1항에 따라 개업 신고를 한 사업자가 제2항에 따라 사업자 단위로 신고하려면 사업자단위과세사업자로 적용받으려는 달이 시작되기 20일 전까지 신고하여야 한다.

④ 과세물품을 수집, 가공 또는 반출하는 사업을 양수하거나 상속으로 승계한 자는 그 사실을 즉시 관할 세무서장에게 신고하여야 한다. 이 경우 양수인은 양도인과 연명(連名)하여 신고하여야 한다.

⑤ 과세물품을 수집, 가공 또는 반출하는 사업을 영위하는 법인을 합병하는 경

우에 합병 후 존속하는 법인 또는 합병으로 설립된 법인(이하 이 항에서 "합병법인"이라 한다)이 합병으로 소멸된 법인(이하 이 항에서 "피합병법인"이라 한다)의 사업을 승계한 경우에 합병법인은 그 사실을 즉시 관할 세무서장에게 신고하여야 한다. 이 경우 합병법인은 피합병법인과 연명하여 신고하여야 한다.

⑥ 제1항부터 제5항까지에서 규정한 사항 외에 개업·폐업 등의 신고에 필요한 사항은 대통령령으로 정한다.

제24조(폐업으로 보지 아니하는 경우) 저장장치나 과세물품을 사실상 이전하지 아니하고 사업을 포괄승계(包括承繼) 하는 경우에는 이 법을 적용할 때 해당 사업을 폐업한 것으로 보지 아니한다.

제25조(기록장치의 설치 및 장부기록의 의무) ① 과세물품을 수집하거나 보관, 가공 또는 반출하려는 자는 대통령령[345]으로 정하는 바에 따라 저장장치별로 정보전송에 사용되는 물리적 매체의 유형, 승인된 발신자 및 수신자, 정보전송 일시, 물리적 매체 수 및 물리적 매체의 반입·반출 사실을 기록하는 장치를 설치하여야 한다.

② 제1항에 따라 기록장치를 설치한 자는 관할 세무서장에게 설치 완료 신고를 하여야 하며, 기록장치의 변경과 기록된 자료의 삭제 등 대통령령으로 정하는 행위를 할 때에는 그 행위를 하기 7일 전까지 이를 신고하여 승인을 받아야 한다.

345 「정보통신망법」 제47조에 의한 관리체계(Personal information & Information Security Management System, 이하 ISMS)의 인증 또는 국제표준인 ISO/IEC 27701 인증을 받는 경우를 의미한다.

③ 제1항에 따라 기록장치를 설치한 자는 대통령령[346]으로 정하는 사항을 별도의 장부에 기록하고 비치하여야 한다.[347] 다만, 대통령령으로 정하는 바에 따라 해당 감사(監査) 테이프를 보관하는 경우에는 장부를 기록·비치한 것으로 본다.

④ 제1항에 따른 의무가 있는 자는 관할 지방국세청장 또는 관할 세무서장의 요구가 있는 경우 반입 및 반출, 자료 삭제에 관한 정보를 즉시 제공하여야 한다.

제26조(권리·의무의 승계) 과세물품을 사실상 이전하지 아니하고 저장장치를 포함하여 영업을 포괄승계 하는 경우 승계인은 피승계인(被承繼人)에게 속하였던 다음의 권리·의무를 승계한다.

1. 제11조에 따른 과세표준의 신고, 제12조, 제13조 및 제14조에 따른 세액 및 「국세기본법」 제47조의2부터 제47조의4까지의 규정에 따른 가산세 납부 등의 의무
2. 제22조에 따른 공제와 환급에 관한 권리·의무

---

346 예시)

ISMS-P 인증(2019년) 용량: Giga bite, 금액: 천원

회사명	수집정보		제3자 전송			폐기	보관	
	구매량/구매 금액	자체 수집 (정보이용 동의 등)	전송회수/용량/목적	국내/국외	수령 금액		식별정보/목적	비식별 조치/목적
스타벅스 코리아	용량/금액	용량	연간 회수/총용량/정보 조회 등	국내용량/국외용량	금액/용량	용량	000/상품배송, 회원관리 목적	000/마케팅 광고, 제3자 매각 등

347 별도로 장부기장의 의무를 부과한 이유는 현행 「정보통신망 이용촉진 및 정보 보호 등에 관한 법률」에 의한 국내 ISMS인증기관이나 이를 감독하는 정보통신부가 위 각주에 해당하는 사항에 대한 정보를 수집하여 보관할 권한을 가지고 있지 않아서 과세자료로 사용할 수 없기 때문임.

3. 제25조에 따른 기록장치의 설치·기록 및 장부의 기록·비치의 의무

제27조(명령 사항 등) ① 관할 지방국세청장 또는 관할 세무서장은 데이터세의 납세 보전을 위하여 필요하다고 인정하면 대통령령으로 정하는 바에 따라 제6조의 납세의무자에게 세금계산서 발행, 현금영수증 발행, 그 밖에 단속을 위하여 필요한 사항에 관한 명령을 할 수 있다.

② 관할 지방국세청장 또는 관할 세무서장은 데이터세의 납세보전을 위하여 필요하다고 인정하면 제17조제1항 또는 제20조에 따른 데이터를 반출하는 경우에는 해당 데이터의 구분·보관, 과세자료 제출, 그 밖에 단속을 위하여 필요한 사항에 관한 명령을 할 수 있다.

제28조(질문검사권) ① 세무공무원은 데이터세에 관한 조사를 위하여 필요하다고 인정하면 납세의무자에 대하여 다음 각 호의 사항에 관하여 질문을 하거나 제25조에 따른 기록장치, 장부 및 그 밖의 사항을 검사할 수 있다.

1. 과세물품 또는 이를 사용한 서비스 또는 제품으로서 과세물품의 수집자 또는 가공자가 보관하거나 통제하는 것
2. 과세물품 또는 이를 사용한 서비스 또는 제품의 수집·저장, 가공 또는 반출에 관한 기록
3. 과세물품 또는 이를 사용한 제품을 수집·저장, 가공 또는 반출하기 위하여 필요한 건축물·기계·기구·장치나 그 밖의 물건

② 세무공무원은 과세물품과 이를 사용한 제품의 출처 또는 도착지를 질문할 수 있다. 이 경우 단속을 위하여 필요하다고 인정하면 세무공무원은 가공행위를 정지시키거나 그 밖에 필요한 조치를 할 수 있다.

③ 세무공무원이 제1항 또는 제2항에 따라 질문·검사하거나 그 밖의 필요한 조

치를 할 때에는 그 권한을 표시하는 증표를 지니고 관계인에게 보여주어야 한다.

제29조(영업정지 및 허가취소의 요구) ① 다음 각 호의 어느 하나에 해당하는 경우에는 관할 세무서장은 대통령령으로 정하는 바에 따라 관할 지방국세청장을 거쳐 해당 사업에 관한 영업정지나 허가취소를 그 영업의 허가관청에 요구할 수 있다.

1. 영업에 관하여 「조세범 처벌법」 또는 「조세범 처벌절차법」에 따른 처벌이나 처분을 받은 경우
2. 최근 1년 이내에 데이터세의 전부 또는 일부를 3회 이상 신고·납부하지 아니한 경우
3. 과세물품의 반출자가 제12조제2항에 따른 납세담보를 제공하지 아니한 경우
4. 제25조에 따른 기록장치를 갖추지 아니하거나 무단으로 기록 장치를 변경하는 등 납세보전에 영향을 미치는 행위를 하는 경우

② 제1항의 요구를 받은 허가관청은 정당한 사유가 없으면 요구에 따라 영업정지나 허가취소를 하여야 한다.[348]

제30조(데이터세의 사무 관할) 「부가가치세법」에 따른 사업자등록을 하지 아니하고 과세물품을 수집·가공 또는 반출한 자에 대한 데이터세의 부과·징수에

---

348 「신용정보의 이용 및 보호에 관한 법률」 제14조나 「정보통신망 이용촉진 및 정보 보호 등에 관한 법률」 제23조의4에서 정한 바와 같이 법률이 정한 정보통신 관리체계의 위반사항이 있는 경우 영업정지(업무정지) 등의 조치를 취할 수 있다. 과세관청이 이를 먼저 포착한 경우 당연히 관계기관에 이를 이첩시킬 의무가 있으며, 정보 주체의 프라이버시 보호 외에 데이터세의 효율적인 징수를 위해서도 필수적이다. 따라서 통신판매회사의 경우 영업정지가 가장 효과적인 규칙준수행위 이므로 그 이행효과가 클 것으로 기대된다.

관한 사무는 수집·가공 또는 반출하는 자의 연락사무소, 주소지 또는 거소지 관할 세무서장이 처리한다.

제31조(과태료) ① 관할 세무서장은 제27조제2항에 따라 요구한 과세자료를 제출하지 아니한 자에 대하여 7천만원 이하의 과태료와 매출액의 10% 중에서 높은 금액을 부과·징수한다.

② 관할 세무서장은 제25조에 따른 기록장치를 갖추지 아니하거나 같은 조에 따른 장부기록을 하지 아니한 자에 대하여 5천만원 이하의 과태료와 매출액의 8% 중에서 높은 금액을 부과·징수한다.

부 칙

제1조(시행일) 이 법은 2023년 1월 1일부터 시행한다.

제2조(일반적 적용례) 이 법은 이 법 시행 후 수집, 가공하거나 반출하는 과세물품부터 적용한다.

4장

데이터세가 국내 조세 체계에 미치는 영향

세계가 디지털 또는 데이터 경제로 전환됨에 따라 각국은 다국적 IT 기업들의 조세회피를 방지하기 위해 국제조세체계에서 협력을 강화하고 새로운 디지털 세제를 개발하기 위해 노력하고 있다. 현재 국내외에서 논의되고 있는 세제는 디지털서비스세(DST), 디지털세, 데이터세를 꼽을 수 있다. 이로 인해 최근 국내 IT 기업들을 중심으로 새로운 디지털 세제의 도입으로 발생하는 부담이 대외 경쟁력 약화로 이어질 것을 우려하는 목소리가 크다. 하지만, 정작 이 기업들조차 위의 조세들이 무엇인지 정확히 알지 못하고, 학계에서도 조세체계 전반에 미치는 영향에 대하여 분석한 연구결과가 없었다. 따라서 이번 장에서는 이 세제들의 차이점을 비교하고, 국내도입 가능성과 더불어 국내 과세체계와 산업에 미치는 영향을 이중과세, 전가 가능성 및 국가의 세수증대 효과, 국내기업의 경제적 부담으로 구분하여 법리적으로 검토하였다.

1절 디지털 세제

1. 디지털 경제와 국제조세체계의 진화

OECD는 오랫동안 다국적기업들이 조세피난처를 이용해 국제적으로 조세를 회피하는 것을 막기 위해 다양한 방법들을 강구해 왔다. 그런데 인터넷과 과학기술의 발달로 세계가 디지털 경제로 전환되면서 물리적인 고정사업장 없이도 거래가 가능하게 되자 이러한 조세회피 행위가 더욱 쉬워졌다. 디지털 경제에서 발생하는 조세 문제를 대처하기 위해 현재까지 국제조세체계에서 논의된 세제는 유럽연합을 중심으로 DST와 OECD BEPS 포괄적 이행체제(Inclusive Framework, 이하 IF)의 디지털세(Digital Tax)가 있다. 여기서 BEPS란 'Base Erosion and Profit Shift'의 약자로 세원잠식과 소득 이전이라고 할 수 있는데, 다국적기업이 국가 간 세법 차이, 조세조약의 흠결 등을 이용하여 저세율 국가로 소득을 이전함으로써 조세를 회피하고 과세기반 자체를 잠식하는 행위를 의미한다. 이러한 세원잠식은 어느 한 국가만이 아니라 전 세계에서 발생하는 것이므로 국제적으로 공동대응이 필요하다. 이 문제점에 공감한 OECD와 G20은 디지털 경제 상황에 맞는 대책을 내놓기로 하였고 2015년에 총15개에 달하는 BEPS 프로젝트를 내놓게 되었다. 이 중 Action 1 최종보고서에서 디지털 경제의 국제조세 해결을 위한 과세권 문제와 해결방안들을 제시하였다. 하지만, 결국 합의안을 도출하지는 못하고 2020년까지 최종대책을 마련하기로 하였다.

이후 2016년 2월 BEPS 이행을 위한 IF가 구축되었고, 2018년에 들어서야 OECD와 G20은 다국적기업의 세원 잠식과 소득 이전(BEPS)을 막는 것보다 다국적기업의 소득을 어떻게 시장소재지 국가에 적절히 배분할 것인지에 집중하게 되었다.[349] 2018년 중간보고서가 제시한 방안은 시장소재지 국가가 과세권을 행사할 수 있도록 각 국가와 다국적기업 간의 연계성(Nexus)을 중심으로 이익을 배분하는 것이었다.[350] 그러나 이것은 근본적으로 BEPS 프로젝트에 참여하는 포괄적 이행체제(2020년 현재 137개국)가 합의를 기반으로 한 해결방법(Consensus-based solution)이어야 하는데, 각국의 이익을 조정하는 데 시간이 소요될 수밖에 없었다. 결국, 2020년 말(이후 코로나 19 등으로 인해 2021년 중반 이후로 연기되었다)까지 합의안이 도출되기 이전이라도 각국이 임시적 조치(Interim measure)로서 자체적인 해결방안을 마련하는 것을 허용하였다. 이미 유럽연합은 매출액에 일정 비율의 조세를 부과하는 DST 도입을 검토하고 있었는데, 프랑스를 중심으로 영국, 이탈리아, 스페인이 독자적으로 먼저 도입하게 되었고 그 이후 더 많은 나라들이 입법에 참여하였다. 따라서 2020년 중반까지 조세법학에서 이른바 디지털세제라고 하면 유럽을 중심으로 하는 DST와 BEPS 포괄적 이행체제가 구상하고 있는 디지털세를 의미한다. 국내 언론 보도를 보면 DST와 디지털세를 혼용하여 사용하고 있는데, 과세표준과 세율을 달리하는 엄연히 다른 세금이다.

그런데, OECD도 지적한 바와 같이 1920년부터 시작된 고정사업장을 근거로 각 국가에 과세권을 배분하는 현재의 국제조세 시스템은 이미 변

---

349 OECD, *Tax Challenges Arising from Digitalisation-Interim Report 2018, Inclusive Framework on BEPS*, OECD/G20 Base Erosion and Profit Shifting Project, March, 2018, p.167.

350 OECD, *Public Consultation Document-Addressing The Tax Challenges of the Digitalisation of the Economy*, 13 February~6 March 2019, p.5.

화된 디지털 경제 상황에서 제대로 동작할 수 없다.[351] 그런데 1920년부터 소득 중심의 과세체계가 형성된 이유를 살펴보면, 제1차 세계대전 이후 전후복구 등을 위해 막대한 자금이 필요하자 초기 선진국들이 주로 소득세를 인상하는 방법으로 세수를 증대하였다. 이때부터 오랫동안 소득과세(법인세, 소득세)가 국제조세체계에서 자리 잡아 오게 되었는데, 각 국가에서는 조세행정 시스템을 구축하고 원천징수제도를 시행하는 등 효과적으로 과세규정을 준수할 방법을 강화하기 시작했다.[352] 이 방식에 의하면 한 국가가 자국에서 발생한 소득을 과세하기 위해서는 해당 국가에 기업이 사업상 고정된 장소를 가지고 있어야 한다는 원칙이 준수되었다. 따라서 각국이 체결한 모든 조세조약에도 고정사업장을 예시하여 열거하고, 단순히 예비적이거나 보조적인 성격을 위해 사용되는 경우에는 사업상 고정된 장소가 있더라도 고정사업장으로 보지 않게 하였다. 이후 외국 법인에 대한 법인세 부과를 위해서는 필수적으로 고정사업장의 요건이 충족되어야만 하였고, 다국적 기업들은 조세피난처에 사업장을 옮기는 방법으로 조세를 회피하기 시작하였다. 국내 사정을 보더라도, 국세청이 론스타에 대하여 1,700억원의 법인세를 부과한 처분에 대하여 대법원은 법인세를 모두 취소하는 판결을 하였다. 한미 조세조약 등을 근거로 론스타 어드바이저 코리아 등의 국내 활동이 투자와 처분에 도움을 주기 위한 사전적, 예비적, 보조적인 역할에 불과하였을 뿐 고정사업장

351 OECD, *Public consultation document Secretariat Proposal for a "Unified Approach" under Pillar One 9 October 2019~12 November 2019*, p.6.

352 Charlotte Bartels, *Top incomes in Germany*, 1871-2013, World Wealth & Income, December 2017, p.4., wid.world/document/top-incomes-germany-1871-2013-wid-world-working-paper-2017-18/ (검색일:2020.12.18.) ; 당시 유럽에서 가장 근대화속도가 늦은 편이었던 독일연방소득세도 1920년에 도입되었다. Charlotte Bartels, *Ibid*, p.4.

요건을 충족하지 않았다고 보았기 때문이다.[353] 디지털 경제에서는 다국적 IT 기업이 서버를 저세율 국가에 두고 소득을 이전하는 것이 더욱 용이하므로 물리적 고정사업장에 근거한 시장소재지 국가의 세수 일실은 더욱 심각한 문제로 대두되었다.

한편, 플랫폼 사업을 중심으로 인공지능을 이용한 여러 가지 다양한 비즈니스 모델이 성장하면서, 데이터 자체에 대한 과세도 필요하다는 주장이 제기되었다. 따라서 현재 경제의 디지털 · 데이터화에 따른 조세는 DST와 디지털세에 이어, 데이터세가 추가되었다. 데이터세의 논의 배경에는 디지털 경제에서 데이터가 새로운 자원으로서 경제적 가치가 인정되고, 그동안 데이터를 활용해서 수익을 얻는 IT 기업들이 거의 무상으로 이를 사용하고 있었다는 점을 들어 합당한 대가를 징수해야 한다는 주장이 국내외적으로 정치 · 경제학자들을 중심으로 나타났기 때문이다. 이하에서는 각 세금을 구체적으로 비교해 보기로 한다.

2. 디지털 세제(구글세)의 비교 분석

세계 경제가 디지털화되면서 전 세계 국가들이 디지털 세제 도입의 필요성에 공감하고 있지만, 구글 등과 같은 세계적인 IT 기업들에 대한 과세는 여전히 쉽지 않다. 현재까지 OECD와 G20, EU를 중심으로 논의된 내용을 살펴보면, 크게 매출액을 과세표준으로 하여 3%의 단일세율을 부과하는 DST[354]와 수익(소득)에 대하여 과세하는 디지털세가 있다. 전자

353 대법원 2017. 10. 12. 선고 2014두3044 판결

354 매출액을 과세표준으로 단일세율을 부과하므로 부가가치세 같은 소비세 및 간접세에 해당한다고 보는 시각이 있다. 그러나 DST가 부과되면, 이후 법인세 등을 계산할 때 비

는 유럽에서 논의가 가장 활발하였으나 OECD와 G20 회원국을 중심으로 한 많은 국가가 후자의 방법을 지지하였다. 반면, 스페인을 중심으로 구글과 같은 검색엔진 회사들이 뉴스 링크를 통해 얻은 광고 수입 등에 대하여 저작권료를 강제하려는 스니펫세도 있다.

가. 스니펫세(Snippet tax)

'스니펫(snippet)'이란 사전적으로 작은 정보(소식) 또는 대화, 음악 등의 한 토막을 뜻하는 단어이다.[355] 구글 등과 같은 검색 엔진 회사들은 각종 언론사로부터 확보한 뉴스를 제목을 포함한 링크와 함께 처음 몇 문장을 미리 보여 주고, 관심 있는 이용자가 링크를 클릭하면 그 언론사의 웹사이트로 직접 접속되도록 하는 서비스를 제공한다. 독일, 스페인을 중심으로 유럽연합 회원국들은 디지털 저작권(digital copyright)에 대한 개혁으로 구글과 플랫폼 회사에게 아주 적은 양(스니펫)을 노출(display)하더라도 그 사용료를 부과하게 하는 방안을 추진해오고 있었다. '스니펫세(snippet tax)[356]'는 이러한 뉴스 기사의 일부(snippet)를 이용하여 수익을 창출하는 구글 등과 같은 검색 엔진회사들이 언론사에게 뉴스의 사용료 내지 저작권료를 지급하게 하는 것을 의미한다. 링크세(link tax)라고도 불리기도 한다.

디지털 경제에서 도입된 세금을 일컫는 정식명칭은 디지털 세제임에도 불구하고 일반인들에게는 구글세로 더 알려져 있다. 구글세란 명칭을 처음 쓰게 된 것은 2014년 스페인의회가 검색포털 회사들이 무료로 뉴스

용으로 공제하거나 기납부 세액으로 세액공제하도록 하므로 소득 과세의 일종이라고 보는 것이 타당하다.

355 옥스퍼드 영한사전

356 유럽에서 snippet tax를 link tax 또는 Google news tax 등으로 사용하며, 국내에서도 뉴스사용료, 저작권료라고도 쓰이기도 한다.

검색서비스를 제공하면서 이 뉴스콘텐츠를 통해 트래픽 유발 및 광고 수익을 창출하고 있는 것에 대한 콘텐츠 저작권료[357]를 강제하기 위해 스니펫세(Snippet tax 또는 Link tax)를 도입하면서부터이다. 유럽 각국에서 검색시장 점유율의 90% 이상을 차지하고 있던 대표 포털사이트가 구글이기에 구글세라는 별칭이 붙여진 것이다. 이후 다국적 IT 기업의 조세회피 방지를 위한 DST와 디지털세에 대한 논의의 중심에도 구글, 애플, MS 등이 있었고, 결국 구글세가 가리키는 범위가 DST와 디지털세까지 확장되어 혼용되기에 이르렀다. 한편, 스페인이 2014년 스니펫세(일명 구글세)를 입법하였지만, 과세당국이 구글 등의 검색 엔진 회사에게 조세를 부과하는 것이 아니라 언론사의 저작권을 인정한 것이었고, 다만 구글 등의 회사가 이에 응하지 않을 경우 과징금을 최대 60만 유로(758,000달러)까지 부과할 수 있게 한 것이다.[358] 따라서 스니펫세는 한국의 공정거래위원회가 부과하는 과태료 성격에 불과하여 조세법률주의에 의한 과세요건을 갖춘 조세라고 볼 수 없다.

이후 2015년 12월 유럽 집행위원회(The European Commission)는 새로운 저

---

357 유럽에서 포털 검색회사에 대하여 저작권료를 부담시키기 위해 2013년 독일이 가장 먼저 저작권법을 개정하였다. 이후 2019년 3월 유럽연합 의회는 디지털 단일시장(Digital Signal Market) 저작권지침을 통과시킴으로써 유럽 차원에서 디지털 환경에서의 저작권에 대한 기준을 확립하였다. 디지털 단일시장은 2015년 미국 등에 뒤져있는 디지털 경쟁력을 확보하기 위해 시행된 정책으로 디지털 단일 시장에서는 상품, 개인, 서비스 및 자본의 자유로운 이동이 보장되고 개인과 기업이 공정한 경쟁 조건 하에서 온라인 활동에 원활하게 접근하고 행사할 수 있는 시장이며, 높은 수준의 소비자 및 개인 데이터 보호 기능을 제공하는 시장이다. 따라서 디지털 단일 시장의 목적은 유럽이 디지털 경제에서 세계 리더 로서의 위치를 유지하고 유럽 기업들이 세계적으로 성장할 수 있도록 돕는 것이다(European Commission, 'A Digital Single Market Strategy for Europe' (Communication) COM(2015) 192 final, 2015, p.3).

358 New study shows Spain's "Google tax" has been a disaster for publishers, arstechnica.com/tech-policy/2015/07/new-study-shows-spains-google-tax-has-been-a-disaster-for-publishers/ (검색일 2020.8.27.)

작권법의 입법을 통해 온라인상의 스니펫에 구글세를 도입하는 방안을 검토[359]하여, 2016년 9월 14일 '현대적인 유럽 저작권법 개정안(Moderne Urheberrechtsvorschriften fur die EU)'을 발표하였다. 이 개정안에 따르면, 뉴스 기사에 대하여 언론사(publisher)가 대가 지급을 요구할 수 있는 권리를 명확히 인정하였는데, 유럽의회는 보도자료를 통해 언론사가 자신의 성과물을 어떠한 방법으로 공개하든지 이에 대한 공정한 보상이 있어야 한다고 밝히고 있다.[360] 검색엔진 회사들은 뉴스저작물의 이용방식이 공정이용에 해당하므로 저작권의 대가를 내지 않아도 된다는 입장이지만, 스니펫세는 소량의 정보(snippet)라도 할지라도 저작물의 핵심적인 부분이라면 공정이용으로 볼 수 없다는 주장[361]과 팽팽히 맞서고 있다.

2014년 스페인이 스니펫세를 입법할 당시 스페인의 언론사 광고 수입은 2007년 20억 유로 대비 2013년에는 7억 유로로 떨어져서 디지털화로 인해 신문발행보다 광고 수입에 의존하던 언론출판업계도 제도 도입을 막기 위해 의회 로비를 활발히 했다고 전해진다.[362] 스페인 정부도 스니펫세로 인해 구글이 스페인에서 뉴스검색서비스를 중단하는 것을 미처 예상하지 못하였다. 구글은 구글 뉴스에서 직접적인 수익 창출이 되지 않는 상황에서 수수료를 낼 수 없다고 공식적으로 밝혔지만, 스페인

---

359 Glyn moody, *New EU copyright rules would give travelers cross-border Netflix access*, Arstechnica, 9 Dec 2015, arstechnica.com/tech-policy/2015/12/eus-new-copyright-framework-could-introduce-google-tax-on-snippets(검색일: 2020.8.26.)

360 윤장렬, "기사 제공을 둘러싼 구글과 언론사의 공방전-유럽 저작권법 개정 배경과 논의", 「언론중재」 제141호, 언론중재위원회, 2016, 101면.

361 김현경, "국내·외 플랫폼 사업자 공평규제를 위한 제언", 「성균관법학」, 제29권 제3호, 성균관대학교 법학연구원, 2017, 84면.

362 '구글세' 걷으려던 스페인 언론, 백기투항, http://www.bloter.net/archives/215621(검색일: 2020.8.27.)

에서 시작된 저작권료의 여파가 유럽 다른 나라에 모델이 될 수 있다는 점을 우려했다는 것은 짐작할 수 있다.[363] 사실 저작권법이 디지털 경제에서 위기를 맞고 있는 신문사의 수익을 증대시킬 것을 목적이지만, 이용자의 수가 감소한다면 결국 더 손해를 본다는 지적은 도입 당시부터 제기된 것이었다.[364] 따라서 스니펫세를 도입할 때 자국 내에 강력한 검색엔진 회사를 갖추지 못한 국가들의 경우 이러한 위협이 광고업계 또는 자국민의 경제생활에 미칠 손해에 대해서도 고민해야만 한다. 또한, IT 회사들이 개인의 데이터를 사용하는 것이 공정이용이라고 주장할 경우 데이터 사용에 대한 법적 권리에 대한 논란이 발생할 수 있을 것이다.

우리나라에서 스니펫세에 대해 제대로 된 논의가 이루어지지 못했는데, 그 이유는 우리나라는 유럽의 경우와는 달리 네이버, 카카오 등과 같

---

363 Google is threatening to kill Google News in Europe if the EU goes ahead with its "snippet tax", niemanlab.org/2019/01/google-is-threatening-to-kill-google-news-in-europe-if-the-eu-goes-ahead-with-its-snippet-tax(검색일: 2020.9.12.)

364 그러나 여전히 독일의 Axel Springer社나 영국의 Newscorp와 같은 언론사들은 스니펫세가 언론사의 수익을 증대시킬 유일한 길이라면서 지지 의사를 밝혔다. 유럽뿐만 아니라 2017년 7월에는 미국과 캐나다 전역의 2,000여개 언론사를 대표하는 News Media Alliance는 미국 의회에 공동으로 구글과 페이스북과 협상할 수 있는 권리를 요청하기도 하였다. 이렇듯 독일과 스페인에서 이미 홍역을 치루었음에도 최근 EU에서 구글과 같은 검색 엔진 사업자들에게 언론사의 뉴스 기사를 이용할 때 사용료를 부과하는 스니펫세를 강제하려는 움직임을 보이자 구글은 만약 스니핏세를 강제로 부과할 경우 유럽 전역에서 뉴스검색 서비스를 종료하겠다고 으름장을 놓고 있다.;
- zdnet.com/article/the-google-news-effect-spain-reveals-the-winners-and-losers-from-a-link-tax/
- itpro.com/strategy/29138/the-eu-takes-on-google-with-new-copyright-reform
- theguardian.com/media/2017/jul/10/news-media-alliance-targets-facebook-and-google-in-fight-against-fake-news
- "Google is threatening to kill Google News in Europe if the EU goes ahead with its snippet tax" 2019.1.22. Nieman 뉴스기사
- niemanlab.org/2019/01/google-is-threatening-to-kill-google-news-in-europe-if-the-eu-goes-ahead-with-its-snippet-tax/ (검색일: 2020.8.26.)

은 국내기업들이 구글 같은 해외기업들보다 검색포털 시장에서 우위를 잡고 있었기 때문이다. 아울러 국내 「저작권법」상 검색뉴스의 포털기사를 외부로 링크하는 방식이 저작권의 침해로 볼 수 없다[365]는 점이다. 「저작권법」상 저작재산권은 제16조 복제권, 제17조 공연권, 제18조 공중송신권, 제19조 전시권, 제20조 배포권, 제21조 대여권, 제22조 2차적 저작물작성권으로 구성되어 있다. 단순 링크나 직접링크의 경우 저작권법적으로 문제가 되지 않는다는 것이 국내의 일반적인 견해이다. 링크된 해당 웹페이지의 이용을 편리하게 하는 데 불과하기 때문이다.[366] 따라서 구글의 뉴스저작물이 외부로 직접 링크되는 경우에는 지적 재산권이 인정되는 저작물로 보호될 수 없다는 것이 통설이다. 대법원[367]도 인터넷 링크는 웹의 위치정보 또는 경로를 나타낸 것에 불과하여 이용자가 클릭하여 개개의 저작물에 직접 연결된다고 하더라도 저작권법에서 규정한 복제 및 전송에 해당하지 않는다고 보았다. 또한, 인터넷 이용자가 링크를 클릭함으로써 저작권자의 허락을 받지 않은 저작물을 게시하거나 저작물을 송신하는 방법으로 저작권자의 복제권 또는 공중송신권을 침해하는 웹페이지 등에 직접 연결되더라도 그 링크 행위만으로는 저작재산권 침해행위를 방조한 행위에 해당하지 않는다고 보았다. 그러므로 구글뿐만 아니라 국내 네이버 등의 검색엔진 회사들에게 유럽의 스니펫세 도입에 앞서 링크와 관련된 국내 저작권법상의 법적 요건을 갖추는 것이 필요하다. 데이터의 사용도 유럽이나 미국은 저작권과 같은 재산권을 기초로

---

365 대법원 2015.3.12.선고 2012도13748판결

366 홍승희, "인터넷링크행위와 저작권 침해"-대법원 2015.3.12. 선고 2012도13748판결-, 「형사판례연구」 제24권, 한국형사판례연구회, 2016, 595면.

367 대법원 2015.3.12.선고 2012도13748 판결

접근하는데, 빅데이터의 저작권(재산권)이 이를 수집하여 만든 IT 기업에게 귀속된다면 기본소득론자들이 주장하는 빅데이터세로 과세하기 위해서는 저작권에 대한 소유 관계에서 원시 데이터의 소유자인 사회 구성원의 기여를 구분해야 하는 것도 이러한 점 때문이다.

스니펫세의 도입 당시에도 적은 양의 정보에 대하여 저작권을 인정하느냐에 대한 견해 대립이 심하였는데, 스니펫세가 유럽에서 도입될 때 유럽은 저작권법에 대한 전면적인 개편이 일어나고 있었기 때문이었다. EU는 2019년 3월 26일 디지털 단일시장 저작권 지침(a directive on copyright in the Digital Single Market)을 유럽연합의회에서 통과시켰다. 이 지침은 상업적 규모의 콘텐츠 등에 대한 저작권 침해를 방지하기 위해 2015년 통신, 빅데이터 등에 대하여 유럽연합이 단일시장전략을 수립한 이후 2016년 초안에 대한 비판 의견 등을 수렴해서 그 보호 대상 범위를 확대한 것이다. 특히 지침 제15조에서 저작권으로 보호를 받지 못하던 저작권자 등의 권리자에게 hyper linking 되거나 적은 양의 기사라고 하더라도 상업적 목적으로 사용될 경우 그 권리를 보호받을 수 있도록 명시하고, 그 저작물 등을 사용하여 얻은 수익에 대하여 적절한 보상을 할 수 있도록 하였다.[368] 이 지침은 독일과 스페인에서 이미 저작권과 관련하여 먼저 입법되었던 부수적 권리(ancillary right)가 실현된 것으로 볼 수 있는데, 종전의 저작권법에서 인정되지 않았던 영역을 배타적 권리로 인정하여 뉴스 기사의 작은 일부분을 제공하는 검색포털 등의 회사에게 이용권을 지급할 수

---

368 EU, *Directive 2019/790 on copyright and related rights in the Digital Single Market*, 2019, Article 15, 제2항, 제5항. eur-lex.europa.eu/legal-content/EN/TXT/PDF/?uri=CELEX:32019L0790 (검색일: 2020.9.16.)

있게 하였다는 점[369]에서 의의가 있다.

반면, 앞서 언급한 것처럼 우리나라에서 일반적으로 단순 링크나 직접 링크는 저작권법의 적용 대상이 아니다. 따라서 국내 언론사들이 저작권에 대한 대가를 직접 청구할 수 없는 상황이다. 다만, 한국언론진흥재단을 통해서 신문 또는 방송뉴스 기사를 사용할 때 수수료를 책정하여 상품형태로 판매하고 있고,[370] 검색포털의 뉴스 저작권료를 CP 계약을 한 언론사를 대상으로 뉴스 전재료[371]라는 명목으로 지급하다가 현재는 광고수익으로 대체한 것으로 알려진다.[372] 이렇듯 우리나라에서 광범위하게 사용되는 컨텐츠가 개인 또는 언론사의 수고로 제작되었음에도 법률적으로 그 권리를 보호하는데 취약한 구조이다.

나. 디지털서비스세(Digital Service Tax, 이하 DST)

앞서 살펴본 것처럼 2015년 OECD와 G20 회원국을 중심으로 다국적 IT 기업들의 이른바 소득 이전에 따른 세원 잠식(BEPS: Base Erosion and Profit Shifting)을 막기 위해 15개에 달하는 BEPS 프로젝트(Action 1~Action 15)를 채택한 이후 Action 1의 후속 작업으로 2018년에 중간보고서를 발표하였다. 중간보고서에 따르면, 일정 요건 충족을 조건으로 2020년 말 이후 예정된 국제적인 포괄이행체제 이전이라도 개별 국가가 임시조치를 할 수

---

369 박민주, 최신영, 이대희, "유럽연합 DSM 저작권지침상 간행물 발행자의 보호", 경영법학, 제29권, 제4호, 한국경영법률학회, 2019, 244면.

370 한국언론진흥재단 홈페이지, kpf.or.kr/front/intropage/intropageShow.do?page_id=693e328b0a74492bb666302259e8c2e8 (검색일 2020.9.14.)

371 전재료는 검색포털회사들이 1990년대 후반부터 언론사의 뉴스콘텐츠의 사용에 대한 대가를 의미한다.

372 hani.co.kr/arti/society/media/917674.html(검색일: 2020.9.14.)

있게 하였다.[373] EU 경제이사회가 가장 빨리 반응하였는데, 다국적 IT 기업이 EU 내에서 발생한 매출액에 단일세율을 부과하는 DST의 도입을 추진하게 된 것이다. 특히, 프랑스가 가장 적극적이었는데, 2019년 7월 상원을 통과한 법률에 따라 2019년에 발생한 분부터 소급해서 매출액에 3%의 세율로 DST를 과세하도록 하였다. 그러나 미국과의 통상마찰로 인해 디지털세에 관한 BEPS IF의 합의가 나오기까지 과세를 연기한 바 있다.[374]

DST 도입과 관련한 미국과의 통상마찰은 2019. 12. 2. 미국 무역대표부가 프랑스 DST가 美통상법 제301조에 저촉되는지에 대한 조사결과를 발표하면서 더욱 심해졌다. 그 내용을 살펴보면, 프랑스의 DST는 OECD 모델 조세조약이나 UN 모델조약 등에서 명시하고 있는 바와 같이, 고정사업장이 있는 국가에서 기업의 소득에만 과세(income-type taxation)한다는 국제조세 기본원칙을 위반했다고 보았다.[375] OECD 모델 조세조약뿐만 아니라 미국과 프랑스 양자 간에 체결된 조세조약에서도 고정사업장에 귀속되는 수익(the profits that are attributable to the permanent establishment)만을 명시하고 있는데, 그 의미가 기업이 창출한 수익(=매출-비용)을 의미할 뿐 고객이 소비한 기준(기업입장에서 매출액을 의미)이 될 수 없다는 점을 분명히 하였다.[376] 따라서 DST를 부과할 경우 부가가치세와 법인세 이외에 제3의 세

373 OECD/G20 Inclusive Framework on BEPS, *Tax Chanllenges Arisingfrom Digitalisatin-Interim Report 2018*(이하 Interim report 2018), p.15(9항),20(27,29항),173(399항),180(412항).

374 프랑스는 미국의 IT 기업들에 대한 DST 과세를, 미국은 프랑스 제품에 대한 100% 관세 부과를 각각 유예하기로 하였다.

375 US Trade Representative, *Section 301 Investigation Report on France's Digital Services Tax*, December 2, 2019, p.60.

376 US Trade Representative, *Ibid*, p.62.

금이 되며, 국제적 이중과세가 된다고 주장하였다.[377] 프랑스의 DST가 대부분 미국의 IT 기업인 구글, 아마존, 페이스북, 애플 등과 같은 회사만을 표적으로 했다는 점[378]도 부당하게 국제통상에서 국가에 의한 차별이라고 보았다.[379] 따라서 美통상법(US Trade Act) 제301조[19 U.S.C. § 2411(a)-(b)]에 근거하여 프랑스를 WTO에 제소하거나 프랑스 수출품에 대한 관세 및 수수료 부과, 또는 수입제한조치 등을 할 수 있다고 경고하였다.[380] 그러나 2020년 6월 미국 재무장관이 DST를 추진하고 있는 프랑스, 영국, 이탈리아, 스페인의 재무장관에게 서한을 보내 코로나 극복에 집중하기 위해 OECD에서 DST에 대한 논의 중단을 일방적으로 선언하자, 프랑스 재정경제부 장관 Le Maire는 예정대로 2020년 말 DST를 강행할 것이라고 밝혔다. 그러자 미국 역시 2020년 7월 10일 프랑스가 DST를 강행할 경우 프랑스 와인, 명품 등에 대하여 25%의 관세(약 13억 달러)를 부과하겠다고 맞대응했다.[381] 이후 프랑스 등의 DST 도입 국가들과 미국은 BEPS 포괄적 이행체제의 결과가 나올 때까지 상호 간에 DST의 부과와 보복관세 조치를 유예하기로 하였다.

DST는 다국적 IT 기업의 소득에 대하여 과세한다고 하면서도 특이하게 소득이 아니라 매출액을 과세표준으로 하며, 각국마다 다른 세율을 적용한다. 2018년 3월 EU 집행위원회는 법인소득에 대해 과세하는 디지

---

377 US Trade Representative, *Ibid*, p.66.

378 DST의 도입 논의 초기부터 일정 규모 이상의 매출액을 기준으로 DST를 과세하게 됨에 따라 조세 부과는 구글, 애플 등을 포함한 세계 100대 기업으로 한정될 것이라고 알려졌는데, 주로 미국 기업들이 그 대상이 될 것으로 예측되었다.

379 US Trade Representative, *Ibid*, p.67.

380 US Trade Representative, *Ibid*, pp.76~77.

381 "미, 프랑스 명품에 25% 관세 협박…구글세 실행 사전차단 나서", 파이낸셜뉴스 2020.7.1. 기사, fnnews.com/news/202007120432415274 (검색일: 2020.7.23.)

텔세와 디지털 서비스의 공급 자체에 과세하는 DST를 모두 검토하였다. 논의 끝에 위원회는 사용자의 가치 창출과 직접 연결되는 온라인 광고, 온라인 매출 등과 같은 디지털 활동을 한정해서 과세하기 쉽다는 점을 들어 DST를 도입하기로 하였다. BEPS IF의 디지털세가 상대적으로 디지털 서비스를 제공하면서 창출된 소득에 대한 법인세를 각국에 배분할 때 일관적이고 간결한 방법을 마련하기 힘들다는 점을 고려한 것이다.[382]

결국 EU 집행위원회의 추천으로 2019년 3월 EU 경제재정이사회에서 유럽연합 차원에서 DST의 도입을 논의하였으나 아일랜드, 스웨덴, 핀란드와 같은 북유럽 회원국들을 중심으로 자국 내 다국적 IT 기업의 철수, 미국과의 통상마찰 등을 우려하여 반대함에 따라 완전한 합의 도달에 실패하였다. 따라서 프랑스, 영국, 스페인, 이탈리아가 독자적으로 DST 도입을 추진하였고,[383] 이후 DST 도입에 찬성하던 나라들이 속속 입법하기 시작하여 EU 회원국들의 참여가 늘었다. 2020년 12월까지 영국, 프랑스, 스페인, 이탈리아 이외에도 헝가리, 폴란드, 오스트리아와 아직 정식 EU 회원국 지위를 얻지 못한 터키[384]까지 입법을 완료하였고, 체코, 벨기에[385]는 DST 법안이 발의되었다. 또한, 노르웨이, 덴마크, 루마니아, 슬로바키아[386], 슬로베니아, 라트비아도 DST를 도입할 의향을 밝히기도 하였다.

---

382 European Commission, *Commission staff working document impact assessment*, 2018, pp.78. ec.europa.eu/transparency/regdoc/rep/10102/2018/EN/SWD-2018-81-F1-EN-MAIN-PART-1.PDF (검색일 : 2020.12.21.)

383 기획재정부 2019.10.30. 보도참고자료 "디지털세 국제 논의 최근 동향", 9면.

384 터키는 현재 DST를 입법한 국가 중에서 가장 높은 세율을 적용하는 나라이다. 2020년 3월 1일 7.5%의 DST를 부과하는 법안을 통과시켰다.

385 벨기에는 글로벌 합의에 도달하지 않을 경우 2023년에 법률의 효력이 발생하는 것으로 하고 있다.

386 2018년 1월 슬로바키아에서 디지털플랫폼을 통해 서비스를 공급하는 회사는 반드시 슬로바키아에 고정사업장을 두어야 하며, 만약 이에 따르지 않을 경우 5%의 원천세가 부

2020년 11월 11일 EU 공식저널(Official Journal)은 2개의 입법결의안 NOS8-TA(2018) 0523과 P8-TA(2018) 0524를 발표하였다.

그 내용을 보면, ①전 세계 매출이 7억5천만유로(8억8800만 달러) 이상, EU 역내에서 4천만 유로(4,730만 달러)의 매출이 있는 기업들을 대상으로 ②중요한 디지털 실재가 있는 각 EU 회원국의 과세대상 수입에 대해 3%의 DST를 부과하는 것을 골자로 하는 법인세법 개정을 제안하면서 ③절차적 요소를 상세히 열거하고 요건을 보고할 것을 정하고 있다.[387] EU의회 의장 찰스 미셸도 2021년 3월 25일과 26일에 디지털세를 포함한 디지털 문제에 관한 정상회담을 열기로 했다고 밝혔다.

따라서 OECD 수준의 디지털세 논의가 실패할 경우를 대비한 EU의 DST 대응방안이 논의되기도 하였다. 한편, DST는 유럽 이외의 국가에서도 논의되고 있는데, 2022년 3월까지 케냐(1.5%)[388]와 튀니지(3%), 대만까지 이미 DST를 입법하였고, 캐나다와 브라질(3%)은 법안을 발의한 상태이며, 태국까지 도입을 추진한 것으로 나타났다.[389] 2020년 후반 디지털세에 대한 합의가 나온 이후에도 그 숫자는 계속 늘었다.

과되는 법안을 통과시켰다. 이후 2019년 1월 DST 도입에 대하여 재무장관이 언급한 적이 있지만, 추가적인 논의는 이루어지지 않고 있다.

387 KPMG, *op cit*, p.24.

388 괄호 안의 숫자는 DST의 세율을 의미한다.

389 KPMG, *Taxation of the digitalized economy- LATAM focus*, February 3, 2022, pp.5~14. assets.kpmg/content/dam/kpmg/xx/pdf/2020/08/taxation-of-the-digitalized-economy-latam.pdf(검색일: 2022.8.31.)

<그림5> 2022년 3월 현재 전 세계 DST 도입현황

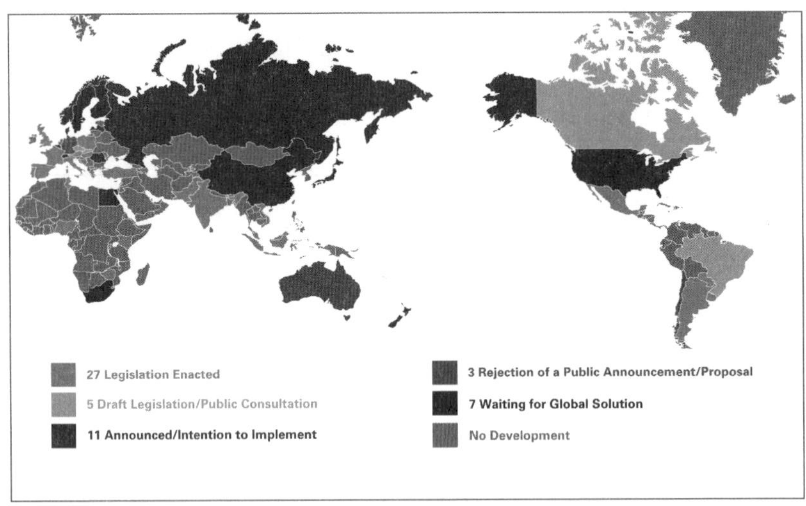

출처: assets.kpmg/content/dam/kpmg/xx/pdf/2020/08/taxation-of-the-digitalized-economy-latam.pdf

DST는 부가가치세나 법인세와는 별도로 과세하므로 이를 도입할 경우 충분한 세원을 확보할 수 있다는 장점[390]이 있지만, 법리적으로 매출액을 과세표준으로 하는 DST[391]는 수익에 대한 과세를 표방하는 디지털세의 과세원칙과 충돌한다.[392] 즉, OECD가 2018년 중간보고서에서 요구한 것과 같이 BEPS의 임시조치[393](interim measure)인 DST는 기존 조세체계와의 충돌을 최소화해야 하는 전제조건[394]에도 배치되는 문제점을 안고 있다.

한편, 현재 우리 정부는 영국이나 프랑스 등이 실시하려 했던 DST의 도입에 처음부터 부정적이었다. 그 이유로 DST를 법인에 대한 과세로 규정

390 한국금융연구원, 「주간금융브리프」, 제27권 22호, 2018년 11월, 18면.

391 매출액에 일정 세율을 부과하는 것은 법인세보다는 부가가치세(소비세)로 볼 수 있다.

392 기획재정부, 위 보도참고자료, 9면.

393 여기서 OECD가 말한 임시적 조치란 EU 일부 국가가 입법한 DST만을 의미하지 않고 디지털세(법인소득에 과세)까지 포함한 것이다.

394 OECD, Interim Report 2018, p.184(435항).

한다면 매출액을 과세표준으로 하는 DST와 소득을 과세표준으로 하는 우리나라의 법률체계가 배치되기 때문이다. 만약 법인세가 아닌 소비세로 과세하더라도 소비세의 특성상 소비자에게 전가가 쉬우므로 국민의 부담이 늘어날 수 있다는 점과 부가가치세와 중복과세 된다는 점을 문제로 들고 있다.[395] 카카오 등 매출 규모가 큰 국내 IT 회사가 증가하는 추세이고, 세계 시장에서 국내기업의 시장점유율도 높아지고 있어서 국내 기업에게 유리하지만도 않고, 미국과 통상마찰이나 조세 분쟁에 휘말릴 가능성[396]도 단점이다. 한편에서는 EU의 DST는 협의 과세의 일종이므로, 조세법률주의를 채택하고 있는 우리나라에서는 도입이 어렵다는 견해도 있다.[397] 따라서 현재 국내에서는 대체로 법적 형태로 DST보다는 디지털세가 더 타당하다고 보고 있다. 2019년 기획재정부는 공식적으로 DST는 우리나라 법체계와 맞지 않고, 미국과의 통상마찰, 부가가치세와 중복과세, 국민에게 전가 가능성 등을 들어 도입계획이 없다는 뜻을 밝혔다.[398] 따라서 국내기업이 매출액에 일정 비율을 과세하는 DST를 국내에서 납부할 가능성은 없다.

다. BEPS 디지털세

디지털 경제에서는 시장소재지에 고정사업장이 없더라도 수익의 실현이 가능하고, 주로 컨텐츠나 서비스 같은 무형자산을 이용한다는 특징을 가지고 있다. 그래서 구글 등과 같은 세계적인 IT 기업이 창출한 이익에 대하여 시장소재지 국가가 과세권을 행사하는 데 어려움이 있다. 따라서

---

395 기획재정부, 보도참고자료 "디지털세 국제 논의 최근 동향', 2019. 10. 30. 9면.

396 김은경, "디지털세의 현황 및 쟁점", 「이슈&진단」 제387호, 경기연구원, 2019. 9. 25, 3면.

397 고창열, 정훈, 여영준, "디지털 시대에 적합한 다국적 인터넷기업 과세 방안", 「전문경영인연구」 제22권 제 3 호, 한국전문경영인학회, 2019, 238~239면.

398 기획재정부 2019. 10. 30. 보도참고자료, "디지털세 국제 논의 최근 동향", 9면.

OECD와 G20을 중심으로 오랫동안 이들이 창출한 소득에 대하여 법인세를 부과하고 국가 간 과세권을 조정하기 위한 노력을 기울여왔다. 그러나 디지털세는 EU에서 논의되고 있는 것처럼 매출액을 과세표준으로 하는 것이 아니라 소득을 과세표준으로 하는 점에서 차이가 있다.

BEPS IF가 추진 중인 디지털세는 필라 1이라고 불리는 통합접근법(Unified approach, 단일접근법이라고도 함)과 필라 2로 알려진 글로벌 최저한세의 도입(Global anti-Base Erosion Proposal) 두 가지 방법을 함께 고려하고 있다.[399] 우선 제1과제(Pillar One)에 해당하는 통합접근법은 2018년부터 논의된 시장소재지 국가의 과세권을 확대하기 위해 연계성(nexus)을 바탕으로 이익 배분(profit allocation)에 중점을 둔 과세방법이다. 이는 디지털 경제의 특성상 고정사업장과 같이 물리적인 실재가 없더라도 다국적기업이 해외에서 조세를 회피함으로 인해 발생한 초과이익을 나누는 방법을 제안하고 있다.

<표1> 현행 국제조세체계와 통합접근법의 차이[400]

구분	현행기준	통합 접근법
모회사 (1국가)	통상이익 + 초과이익 (모회사 거주지국 과세)	초과이익 일부에 대한 과세권을 시장소재지 국가 2,3 에 배분
소비자 (2국가) — 자회사 (2국가)	이전가격세제에 근거 판매 기능에 대한 이익 (자회사 거주지국 과세)	금액A + 금액B
소비자 (3국가)	물리적 고정사업장 없음 → 과세권 없음	금액A

399 OECD, *Public Consultation Document-Addressing The Tax Challenges of the Digitalisation of the Economy*, 13 February~6 March 2019, p.9.

400 기획재정부 2019.10.30. 보도참고자료, "디지털세 국제 논의 최근동향", 5면 수정 인용.

그 방법으로 ①초과 수익을 시장소재지 국가에서 발생한 기업의 매출액에 비례하여 배분(금액 A)하거나, ②기획, 시장조사, 광고 선전, 판매촉진 등이 발생한 장소를 고정사업장으로 간주하여 저세율 국가에 무형자산을 이전하거나 판매할 경우 시장가격과의 차이를 과세대상에 산입(금액 B)하여 기존 이전가격체계를 보완하는 방법으로 구분할 수 있다. 한편, BEPS 포괄적 이행체제(IF)의 논의가 계속되면서, 금액 A의 적용 대상은 디지털 서비스뿐만 아니라 자동차, 식당 등 프랜차이즈, 명품 등을 판매하는 소비자 대상 사업까지 확대되었다.[401] 통합접근법의 과세대상 중에서 금액 A는 새로운 과세권을 창출하는 반면, 금액 B는 전통적인 고정사업장과 독립기업원칙(Arm's length principle)이 그대로 적용된다. 즉, 금액 B는 현재 국제조세체계에서 이전가격 규칙이 적용되는 자회사 또는 고정사업장과 같은 전통적인 연계성이 있는 경우에만[402] 사용할 수 있으므로 새로운 세제를 창출하는 것이라고 볼 수 없다. 금액 A는 기업의 초과이익을 시장소재지 국가에 배분할 때 해당 국가의 과세권을 인정한다는 의미에 지나지 않는다. 따라서 금액 A도 기존에 없던 세금을 만드는 것이 아니라 전통적인 고정사업장 원칙에 따를 때 법인세를 부과할 수 없었던 점을 보완하는 것이므로 비록 시장소재지 국가의 법인 세수의 증가는 발생하더라도 새로운 세제라고 보긴 힘들다.

---

401 OECD, *Statement by OECD/G20 Inclusive Framework on BEPS on the Two-Pillar Approach to Address the Tax Challenges Arising from the Digitalisation of the Economy*, 29-30 January, 2020, pp.10~11(22,24,28항).

402 OECD, *Public consultation document Secretariat Proposal for a "Unified Approach" under Pillar One*, 9 October 2019~12 November 2019, p.13(50항).

<그림 6> BEPS IF의 디지털세 개념도(초과 수익)[403]

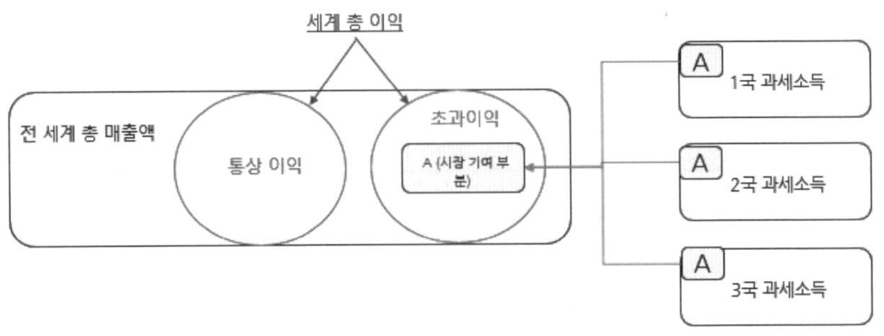

다국적기업의 배분된 초과 수익에 대한 몫을 시장소재지 국가에 배분하기 위해서는 배분 방법에 대한 합의가 있어야 한다. 디지털 경제에서는 시장소재지 국가에 별도의 물리적인 실재가 없어도 직접 소비자에게 물건을 판매하거나 서비스를 제공할 수 있다는 점에서 새로운 연계성(nexus) 기준이 필요하게 되었다. 이러한 연계성을 입증하기 위해 도입한 개념이 시장소재지 국가에서 발생하는 다국적기업의 매출이다. 시장소재지 국가에서 발생한 기업의 매출 규모(revenue threshold)는 해당 국가에서 사업 활동과 연관된 지속적이고 중요한 경제적 행위를 하고 있다는 것을 나타낼 수 있는 지표로서 역할을 할 수 있기 때문이다.[404] 따라서 다국적기업의 매출이 시장소재지 국가와의 연계성을 만들어 해당 기업의 법적 형태(지점 등)와 상관없이 국내 대리인(distributor)을 통해 소비자에게 직접 디지털 서비스를 공급할 때에도 적용할 수 있다. 새로운 연계성 기준은

---

403 김신언, "최근 디지털세제의 동향과 우리나라 과세제도의 개편방안", 「조세법연구」 제26권 제1호, 2020, 385면 수정인용.

404 OECD, *Public consultation document Secretariat Proposal for a "Unified Approach" under Pillar One*, 9 October 2019~12 November 2019, p.8(22-23항).

기존의 고정사업장 등의 국제조세원칙과 충돌하지 않도록 독립된 기준(standalone rule)[405]을 제공한다. BEPS IF도 연계성 요건의 적용 대상이 일정 규모 이상의 매출을 발생시키는 다국적 IT 기업에게만 한정될 때 국가 간 분쟁 방지와 해결절차로서 국제조세체계를 안정화할 수 있다고 보았다. 따라서 디지털세도 DST와 같이 통합접근법을 적용할 때 전 세계 매출총액이 일정 규모 이상일 경우에만 적용할 것을 권고하고 있다.[406] 시장소재지 국가에서 발생한 매출을 근거로 현재까지 의논된 시장소재지 국가별 초과 수익의 금액 A의 배분 방식[407]은 다음과 같다.

① 다국적기업 매출×(다국적기업 조정 후 세전 이익률 – 이익률 기준) = A기업의 초과이익
② 다국적기업 초과이익×배분율 = 전체 시장소재지 국가에 배분될 과세소득(시장기여분)
③ 배분대상 과세소득×배분지표 = 개별 시장소재지 국가에 배분될 과세소득

---

405 금액A는 사용자와 지속적으로 상호 작용을 하는 등 중요한 경제적(디지털) 실제가 있는 경우 시장소재지 국가에 과세권을 부여한다는 점에서 연계성(nexus)과 이익배분방식을 적용할 때 다국적기업의 실체를 하나의 기업조직으로 보는 일체설에 가까운 이전가격세제에 해당한다(한국공인회계사회, 『디지털 경제에 따른 조세현안과 과제』, 2019.10.31.,139면),

406 통합접근법의 적용대상 기업은 행정 및 협력비용을 감안해서 글로벌 매출액 또는 국외 적용업종 매출액 두 가지 기준을 적용하되, 구체적인 기준금액은 추후 논의를 통해 결정하기로 하였다. 다만, OECD 사무국은 DST와 같이 글로벌 매출액이 연간 7억5천만유로를 초과하는 경우를 제시하였다. 한편, 글로벌최저한세 적용대상도 직전 회계연도 글로벌 매출이 7억5천만유로 이상인 다국적기업만을 그 대상으로 한다(기획재정부 2020.10.12. 보도참고자료, "OECD/G20 IF, 디지털세 논의 경과보고서 공개", 5,7면).

407 기획재정부 2020.10.12. 보도참고자료, "OECD/G20 IF, 디지털세 논의 경과보고서 공개", 6면.

직접 소비자를 대상으로 기업이 자동화한 디지털 상품을 판매할 경우[408] 기업의 잔여 이익을 배분한다는 원칙은 정확한 산출근거(즉, 시장이 위치한 국가에서 다국적 IT 기업의 영리활동에 대한 데이터 등)를 제시할 수 있다면 그 징수 가능성이 높다. 그러나 위에서 보는 바와 같이 금액 A는 복잡한 단계를 거쳐 산출해야 하고 이 과정에서 국가 간의 배분 기준에 대한 합의가 원만하지 않은 문제점을 갖고 있다. 다국적기업의 매출에서 이익률을 산출하는 것도 어느 한 국가에서 하는 것이 아니라 해당 다국적기업이 전적으로 협조해야 하는 상황에서 매년 신속한 시기에 합리적인 산출기준을 도출해 낼 수 있을지는 미지수다. 특히 미국이 통합접근법에 대하여 합의하기 위한 전제조건(safe harbor)으로 디지털세를 기업에 의무적으로 부과하는 대신 기업의 자율에 맡길 것을 요구하기도 하였다.[409] 디지털세는 구글 같은 해외 IT 기업뿐만 아니라 카카오, 네이버 등 국내 기업들에게도 동일하게 적용된다. 그런데 만약 다국적 IT 기업이 이익을 창출하지 못하거나 통상이익률이 낮아 분배되지 않는다면,[410] 시장소재지 국가가 징수할 수 없는 경우가 지적되었다. 따라서 안정적인 기본소득의 재원확보를 위해서는 데이터를 수집, 가공하여 판매하는 IT 기업에 대하여 소득만을 과세표준으로 하는 것은 위험하다. 즉, 데이터세는 기업의 결손 여부와 상관없이 데이터를 사용한 대가를 징수할 수 있어야 하므로 소득에 대하여

408 OECD, IF on BEPS Two-pillar Approach, p.11(24,28항).; 귀중품, 화장품, 의복 및 브랜드 식료품(branded foods and refreshments)과 자동차까지도 포함한다. 따라서 구글, 애플, 페이스북, 아마존, 넷플릭스와 같은 IT 기업들 외에도 LVMH와 같이 럭셔리 상품을 판매하는 회사들과 테슬라와 같은 자동차 회사들까지 포함된다.

409 OECD, *Statement by OECD/G20 Inclusive Framework on BEPS on the Two-Pillar Approach to Address the Tax Challenges Arising from the Digitalisation of the Economy*, 29-30 January, 2020, p.4.

410 기획재정부, 보도참고자료 "디지털세 국제 논의 최근 동향", 2019.10.30, 4면

과세하는 디지털세와 같은 형태가 될 수 없다.

반면, 글로벌 최저한세(필라 2)는 통합접근법(필라 1)에서 해결되지 않은 나머지 BEPS 문제를 해결하기 위한 것으로 낮은 세율 부과 등으로 원천지 국가에서 1차적으로 과세권을 제대로 행사하지 않을 경우 다른 국가(거주지 국가)에 과세권을 배분하는 역할을 하며, 통합접근법의 합의가 이루어지지 않은 상태에서도 적용할 수 있다. 글로벌 최저한세는 원천지국 과세규칙을 우선 적용하여 최저한세까지는 추가적인 과세권을 인정하되, 만약 이 규칙이 적용되지 않으면 세원 잠식 방지 규칙에 따라 거주지 국가로 과세권이 이양된다.[411] 세원 잠식 방지 규칙은 특정 외국 법인의 유보소득에 대한 과세를 보완하는 소득산입규칙과 저세율 국가에 지급하는 비용공제를 부인하는 규칙으로 구성된다. 결국, 최종 모기업 입장에서 전 세계 총소득에 최저한세 금액 이상의 조세를 부과함으로써 기존 세원을 보호하겠다는 것이다. 최종 모기업에게 적용이 힘들 경우 아래 단계의 중간 모기업에게 적용되어 낮은 세율이 적용되는 자회사 등 연결기업에게 소득을 배분할 동기를 낮추게 된다.[412] 글로벌 최저한세는 원칙적으로 소득 발생의 원천국가가 과세권을 먼저 행사할 수 있도록 초점을 맞추고 있으나, 모회사 또는 연결회사 소재지 국가의 과세권도 이차적으로 강화되고 세수까지 증가시키는 방법이다. 2020년 2월 13일에 발표된 OECD 분석 보고서[413]에 따르면, 통합접근법(Pillar One)의 세수증대 효과는

411 기획재정부 2020.10.12. 보도참고자료 "OECD/G20 IF, 디지털세 논의 경과보고서 공개", 7면.

412 OECD, IF on BEPS Two-pillar Approach, p.28(8항).

413 OECD presents analysis showing significant impact of proposed international tax reforms, oecd.org/tax/beps/oecd-presents-analysis-showing-significant-impact-of-proposed-international-tax-reforms.htm(검색일: 2021.1.20.)

미미하나, 글로벌 최저한세(Pillar Two)는 상당한 규모의 추가 세수 확보가 가능하다고 예측하였다. 따라서 전 세계 국가에서 발생하는 총이익에 대하여 전 세계에서 최소한의 법인세는 징수한다는 글로벌 최저한세(GloBE proposal)는 다국적기업의 모회사가 많은 미국 입장에서도 손해가 아니므로 적극적으로 반대하지 않았다. 다만, 글로벌 최저한세 역시 통합접근법과 같이 다자간 이행체제를 통해서 일부 국가가 일방적인 조치를 하지 못하도록 하는 것이 성공을 가늠하는 결정 요소다.

라. 데이터세

다국적 IT 기업들은 소비자 등으로부터 필요한 원시 데이터(raw data)를 수집하고 이를 핵심기술인 인공지능을 통해 가공하여 필요한 사업에 활용하고 있다. 제조업은 일반적으로 원재료를 구입한 후 노동력, 기계장치 등을 이용하여 가공한 제품을 판매한다. 그렇다면, 인공지능을 통해 가공한 데이터를 활용하여 수익을 올리는 IT 기업도 빅데이터를 가공하는 기술이 사업구조의 핵심이라는 점에서 제조업의 성격을 가진다. 그런데, 원재료에 해당하는 원시 데이터를 정보 주체로부터 거의 무상으로 수집하기 때문에 원재료비(raw material)를 지급하지 않는 것과 같아서 일반기업에 비해 초과 수익을 발생한다. 데이터세의 기본개념은 이 초과 수익의 원천이 되는 데이터의 사용 대가(원재료비)를 국가가 소비(물품)세로 징수하는 것이다.[414]

다국적기업의 초과 수익에 대한 과세는 디지털세의 통합접근법에서

414 김신언, "기본소득 재원으로서 데이터세 도입방안", 「세무와 회계연구」 제9권 제4호, 한국조세연구소, 2020, 11면.

다루는 것과 경제적으로 볼 때 차이가 없다. 다만, 데이터세는 데이터의 사용 자체에 조세를 부과하는 것으로서 소비국가에서 먼저 데이터세를 납부하게 되면, 〈그림 7〉에서 보는 바와 같이 기업의 초과 수익은 앞의 〈그림 6〉의 디지털세에 비해 감소하게 된다. 데이터세는 디지털세처럼 초과 수익을 매출을 기준으로 시장소재지에 배분(금액 A)하는 것이 아니므로 복잡하고 합의가 힘든 공식배분법을 사용할 필요가 없다. 현재 다국적 IT 기업의 대부분은 플랫폼비즈니스모델을 채택하고 있고, 개인 정보나 산업정보에 대한 데이터를 매출이 발생하는 소비지 국가로부터 확보하고 있다. 시장소재지 국가에서 다국적기업의 매출 규모는 데이터 사용량과 일정한 비례관계를 가진다는 점에서 매출액을 과세표준으로 하는 DST나 초과 수익에서 매출액 기준으로 금액 A를 분배하는 통합접근법과도 연관성이 있다. 하지만, 데이터세는 소비 과세를 지향하므로 매출액 기준으로 부과할 수 없고 회계학적 접근법으로 원가에 가산하는 조세로서 역할을 기대할 수 있다.

<그림 7> 데이터세 개념도 (초과 수익)

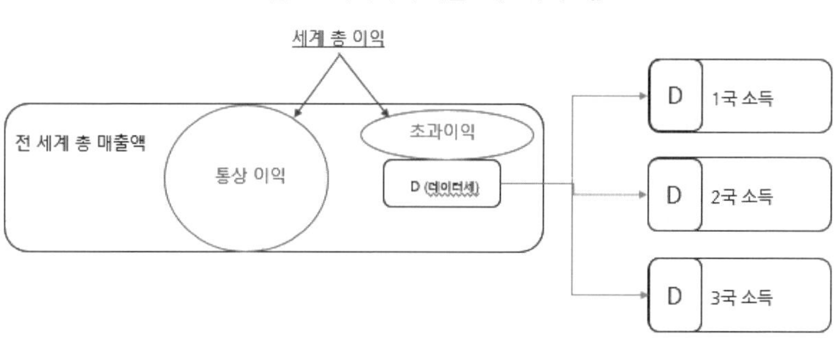

디지털 경제에서 국제적으로 논의된 디지털세를 검토하면서 알 수 있었듯이, 고정사업장의 범위를 확대하기 위해 도입한 소득에 대한 연계성

(nexus)과 이익 배분 규칙(profit allocation rules)은 각국의 이해가 첨예하게 대립하므로 다자간합의에 의한 해결방안에 도달하기 쉽지 않다. 세계 경제에서 영향력이 큰 미국이 자국 기업을 보호하기 위해 국제조세협약 등에 여러 가지 무리한 safe harbor를 요구하면서 동시에 무역제재를 통해 이를 관철해 나가고 있기 때문이다. 글로벌 최저한세가 도입된다고 하더라도 다자간 이행체제가 갖춰지지 않으면 일부 국가가 비협조적이고 일방적인 조치를 할 위험이 존재하여 모든 국가에게 부정적인 결과를 초래할 것이라는 우려는 이미 예견된 사실이다.[415] 비록 바이든 대통령이 취임한 이후 safe harbor를 철회하기로 하는 등 미국의 입장이 변경되어 다자간 협의안이 나올 가능성을 높였지만, 최종합의안이 도출되더라도 다자조약 체결과 비준, 국내법 개정 등 규범화 상당한 기간이 걸릴 것이다.[416] 따라서 소득 일변도의 기존 과세체계를 보완할 새로운 조세 Paradigm을 개발할 필요가 있다. 유럽 국가들이 시작한 DST도 새로운 접근방법이라고 볼 수 있지만, DST도 결국 소득 과세를 표방했기 때문에 현행 국제조세체제의 문제에서 벗어나지 못했다. 즉, OECD 모델 조세조약과 같은 국제 조세조약에서 매출이 아닌 고정사업장의 귀속수익에만 과세한다는 기본원칙을 DST가 위반했다는 비판[417]을 면할 수 없었다.

반면, 우리나라와 미국이 체결한 한미 조세조약을 포함하여 현재 국가간에 체결된 조세 조약들은 보편적으로 법인세와 소득세만을 그 협약체결 대상 세목으로 한정하고 있다는 점을 주목해야 한다. 다시 말해, 소득

---

415 한국공인회계사회, 앞의 책, 107면.

416 기획재정부 2020.10.12. 보도참고자료 "OECD/G20 IF, 디지털세 논의 경과보고서 공개", 12면.

417 US Trade Representative, *op cit*, p. 60.

과세가 아닌 소비세는 지금까지 복잡한 문제를 일으키는 고정사업장과 같은 여러 제약으로부터 제도적으로 자유롭다는 장점이 있다. 디지털 경제에서 다국적 IT 기업들이 인공지능을 동작하기 위한 원료로서 데이터를 사용한다는 점에서 소비세(물품세)로서 데이터세를 디지털 경제의 새로운 세원(稅源)으로 주목해야 할 이유가 여기에 있다.

마. 비교 및 시사점

과세관청이 과세권을 행사하기 위해서는 과세요건을 모두 갖추어야 하며 조세 법률주의에 따라 법률에서 반드시 규정해야 한다. 과세요건이란, 과세물건이라고도 하는 과세대상, 과세표준, 세율, 납세의무자를 의미한다. 여기서 논의하고 있는 데이터세의 과세대상은 개인이 창출한 원시 데이터의 사용가치이므로 본질적으로 앞에서 살펴본 DST나 디지털세와 다른 개념이라는 것을 이해해야 한다. 즉, 데이터세는 국내외 IT 기업들이 개인의 원시 데이터를 사용함에 따른 수수료를 징수하는 것이므로 IT 기업이 창출한 이익에 과세하고자 하는 디지털세나 DST와는 그 성격이 다르다. 반면, 스니펫세가 검색엔진 회사들의 수익 창출에 영향을 미친 뉴스 기사의 사용료를 받아야 한다는 점에서 데이터세와 같이 수익을 창출하기 위해 지급하는 원가개념과 같다고 할 수 있다. 저작권에 대한 과세가 스니펫세라면, 프라이버시권이 아닌 데이터의 재산적 가치에 대한 과세를 데이터세라고 할 수 있기 때문이다. 하지만, 스니펫세의 경우 적은 양의 기사라도 언론사의 저작권을 인정하는 것이 주요 목적이며, 그 권리행사에 응하지 않을 경우 과징금을 부과한다는 것이므로 엄밀히 말해서 조세로 볼 수 없다. 또한, 국가가 언론사와 같은 저작권자를 대신하여 그 협상에 나서는 것도 아니고, 구글 등의 회사에 과세한 후 저작권자에게 배분하는 것도 아니므로 데이터세의 목적과도 차이가 있다.

<표 2> 디지털세제의 비교[418]

	납세 의무자	과세 대상	과세 표준	세율
Bit Tax	과세대상 행위를 하는 자	데이터 거래	bit	0.000001 cents (1cent / megabit)
스니펫세	검색엔진회사	뉴스	*	*
DST	다국적IT 기업	이익	매출액	2~3%
디지털세	IT 기업, 일정 기준의 명품, 화장품, 자동차 회사 등	이익	소득 (매출액-비용 등)	각국의 법인세율
데이터세	빅데이터 가공회사 등	데이터 사용	데이터 가치 (종가세)	0~100%
			데이터 용량 (종량세)	단일세율 (금액)

DST, 디지털세의 과세대상은 모두 해당 법인이 시장소재지 국가에서 창출한 수익이지만, DST의 과세표준은 매출액이며 디지털세의 과세표준은 매출액에서 비용 등을 제외한 소득이다. 결국, DST는 시장소재지 국가에서 발생한 수익을 과세하기 위한 취지이므로 소득을 과세표준으로 해야 하는데도 불구하고 매출액을 과세표준으로 함으로써 비논리적이며, 그 형태도 기형적이다. 데이터세가 만약 과세표준을 DST와 같이 IT 기업의 매출액으로 한다면 비록 과세대상이 다르다고 하더라도 DST가 가진

418 김신언, 『기본소득재원마련을 위한 세제개편방안 세미나 자료집』, 한국조세정책학회, 2020, 21면 수정인용.

것과 동일한 문제점에 직면하게 될 것이다. 한편, 비록 이익 창출에 기여했더라도 데이터세가 디지털세와 같이 소득을 과세표준으로 할 수도 없다. 데이터 사용에 대한 대가를 받는 것이므로 원시 데이터가 소득의 창출에 미친 영향을 산술적으로 계산하는 것도 문제지만, 이를 법률로써 규정하는 것이 무척 힘들기 때문이다.

소비세의 경우 납세의무자와 담세자가 일치하지 않는다. 원시 데이터를 제공하는 개인은 이를 가공하는 IT 기업에게 자신의 데이터를 소모한다고 표현할 수 없고, 정보 주체가 아니라 IT 기업이 납세의무자가 되어야 하는 까닭에 본질적으로 데이터세는 정보 주체의 소비세가 될 수 없다. 데이터세는 정보를 제공하는 개인이 아닌 IT 기업이 소비자로서 데이터를 사용하는 것이 되므로 IT 기업이 소비자가 될 수는 있고 납세의무자와 담세자가 일치하게 된다. 디지털세의 납세의무자는 수익을 창출한 IT 기업이며, 데이터세의 납세의무자도 원시 데이터의 대가를 지급해야 하는 IT 기업이 된다는 점에서 동일하다.

2절 국내 과세체계와 산업 등에 미치는 영향 비교

앞서 살펴본 DST, 디지털세, 데이터세를 아직 시행한 국가가 없으므로 이 조세들이 현실에서 산업 등에 미치는 영향에 대한 실증적인 데이터는 없다. 따라서 이하에서는 경제적 효과에 대한 수치 등이 실증적 분석에 의해 뒷받침되어야 한다는 점을 전제로 법 이론이 충실할 경우 새로운 디지털 관련 세제의 도입이 국내산업 전반에 미치는 영향을 분석해보기로 한다.

1. 이중과세 문제

이중과세(Double taxation)의 사전적 의미는 같은 과세물건에 두 개 이상 세목의 세금이 부과되는 것이라고 한다. 그러나 이중과세 개념을 연역적으로 학계 또는 판례에서 명확하게 정의하고 있지는 않다. 다만, 귀납적 방법으로 이중과세에 대한 공통적인 징표를 추출할 수 있는데, 먼저 과세물건과 납세의무자가 동일[419]한 때, 과세대상이 같아도 납세의무자가 다른 때[420], 단계별로 선 · 후행 과세가 서로 양립할 때[421]로 요약할 수 있다.[422] 납세의무자가 다른 경우에 이중과세되는 것은 통상 특수관계가 성립된 경우로 한정된다.[423] 따라서 특수관계와 상관없이 납세의무자가 동

---

419 헌법재판소 1994.7.29. 선고 92헌바49,52(병합) 결정; 다만, 이 경우에도 다른 세목에서 하나의 세목에서 납부한 세액을 공제한다면 이중과세로 보지 아니한다(헌법재판소 2008. 11. 13. 선고 2006헌바112, 2007헌바71·88·94, 2008헌바3·62, 2008헌가12(병합) 결정 ; 헌법재판소 2010. 12. 28. 선고 2008헌가27, 2010헌바153·365(병합) 결정).

420 법인소득에 대하여 법인세를 부담하고 이후 법인의 주주에게 배당할 때 과세하는 것을 이중과세로 보는 경우를 말한다. 현행 소득세법 제56조에서 배당세액공제의 방법으로 이중과세를 조정하고 있다.

421 헌법재판소 2003.7.24. 선고 2000헌바28 결정 ; 과거 소득세법 101조 제2항에서 양도소득세를 부당하게 감소시키기 위하여 특수관계자에게 자산을 증여한 후 2년 이내에 증여받은 자가 이내에 다시 이를 타인에게 양도한 경우에는 증여자가 그 자산을 직접 양도한 것으로 본다는 규정이 있었다. 그런데 헌법재판소는 증여행위의 부인과 양도행위에 의제에 기초한 과세는 서로 양립하게 되어 입법 목적의 범위를 과도하게 넘은 이중과세로 보았다. 따라서 이후 해당 조문은 수증자의 증여세와 양도소득세액의 합계액이 증여자가 직접 양도할 때 양도소득세액보다 적은 경우에만 증여자가 그 자산을 직접 양도한 것으로 보도록 개정되었다.

422 오문성, "귀납적 접근방법에 의한 이중과세 개념에 관한 소고", 「회계연구」 제22권 제1호, 대한회계학회, 2017, 102, 113~115면.

423 김현동, "이중과세금지원칙의 의미와 한계", 「세무학연구」 제34권 제4호, 한국세무학회, 2017, 85면. ; 앞의 헌법재판소 2003.7.24.선고 2000헌바28 결정에서 다룬 증여자와 수증자의 경우처럼 과세대상이 되는 법률행위가 다르더라도 다른 세목의 과세대상이 되는 경우에는 중복되는 부분이 이중과세에 해당한다, 과세관청 입장에서는 납세의무자가 다르지만 특수관계자 간의 거래에서 부당하고 조세를 회피할 수 있다고 보아 과세한

일하더라도 납세의무를 성립시키는 과세대상과 시기가 다른 경우[424]에는 이중과세로 볼 수 없다. 우리나라에서 이중과세와 관련된 헌법재판소의 위헌심사 기준은 재산권, 조세법률주의, 과잉금지 및 소급과세 금지원칙에 따라 판단하였고, 과세권의 한계를 결정짓는 작용은 결국 국민의 재산권 침해를 방지[425]하는 데 있다.

가. 기존 세법의 보완 과세일 때

그런데 미국은 2019년 12월 프랑스의 DST 부과가 미국 통상법 제301조에 저촉되는지 검토한 보고서를 발표하면서 DST가 제3의 세금으로서 법인세 및 부가가치세와 중복과세 된다고 보았다.[426] 우리나라 기획재정부도 DST의 중복과세 부분을 염려하였다. 하지만, 유럽연합이 법인세 부과를 위해 DST를 도입한 것은 BEPS IF의 디지털세의 완성이 기술적으로 어려울 뿐만 아니라 세법이 가져야 할 간결성과 일관성이 부족하다는 점 때문이었다. 유럽연합의 DST는 한시적인 조치로써 다자간 합의에 의한 디지털세의 합의가 실행되기 전에 일시적으로만 적용된다는 사실을 인지하고 도입하였다.[427] 만약 BEPS 디지털세가 고정사업장 문제를 완벽하게 해결할 수 있다면, DST를 별도로 유지할 동기가 없어지기 때문이다. 프랑스가 미국과의 통상마찰에 굴하지 않을 것이라는 강경한 입장을 공식화하면서도 BEPS IF의 디지털세 합의 결과가 나올 때까지 그 시행을

것인데, 특수관계가 없다면 이러한 과세행위가 발생하지 않았을 것이므로 납세의무자가 다르더라도 이중과세가 되는 현상은 특수관계자일 때로 한정된다는 것이다.

424 대법원 2003.5.13.선고 2002두12458 판결

425 김현동, 앞의 글, 101면,

426 US Trade Representative, *op cit*, p.66.

427 한국공인회계사회, 앞의 책, 65면.

잠정 유보했던 이면에는 이러한 이유가 있었다. 만약, DST가 부과되고 법인세가 다시 부과되더라도 이중과세를 방지하기 위해 DST는 기납부세액 공제대상이 되도록 설계되었다.[428] 다른 세목에서 하나의 세목에서 납부한 세액을 공제한다면 이중과세로 보지 아니하는 것은 우리나라 헌법재판소의 결정 취지와 동일하다.[429] 한편, 유럽연합의 입장에서는 그동안 구글, 애플과 같은 다국적기업들이 과연 무슨 세금을 냈는데 이중과세가 되느냐고 반문할 수도 있을 것이다. 오죽하면 디지털 경제에서 언급되는 디지털 관련 세금들이 모두 구글세라는 이름으로 전 세계에서 통칭되고 있겠는가? DST의 과세대상 기업이 전 세계 100개의 다국적 IT 기업에 한정될 것이라는 추산[430]도 이러한 근거를 뒷받침한다. 이러한 DST 과세대상에 공교롭게도 미국 기업이 많이 들어가게 됨에 따라[431] 미국 통상법 제301조 미국 기업을 부당히 차별한 조치에 해당한다고 해석될 수 있어서 결국 미국의 보복관세 부과의 빌미를 주게 되었지만, DST 자체를 명백히 이중과세라고 볼 수는 없다.

디지털세가 필라1에 의해 원천지국에 과세권을 배분하게 되면, 거주지국에서 과세할 때 이중과세가 발생할 수 있다. 따라서 BEPS IF가 2020년 10월 발표한 자료에 따르면, 디지털세를 부담하는 기업을 식별하여 그 기업의 소재지 국가에서 소득공제 또는 세액공제를 통해 중복과세를 제거할 수 있는 보안책을 마련하였다. OECD와 G20을 중심으로한 IF에서

---

428 European Commission, *op cit*, p.57.

429 헌법재판소 2008. 11. 13. 선고 2006헌바112, 2007헌바71·88·94, 2008헌바3·62, 2008헌가12(병합) 결정 ; 헌법재판소 2010. 12. 28. 선고 2008헌가27, 2010헌바153·365(병합) 결정

430 European Commission, *op cit*, p.111.

431 이는 디지털세의 부과대상도 매출액이 일정규모가 초과되는 기업을 대상으로 하기 때문에 동일한 문제점을 불러일으킨다.

도 공제가 되면 이중과세로 보지 않는 것이다. 다만, 구체적인 디지털세 부담 법인의 식별기준과 제거방법은 OECD 사무국이 사업 활동, 이익률, 시장 관련성, 비례적 배분 4단계의 기준을 제시한 가운데 최종합의안에 수록될 예정이다.[432] 따라서 디지털세는 기존의 법인세를 강화하여 다국적기업의 조세회피를 보완하는 방식으로 발전할 가능성이 높고 그 과정에서 이중과세의 위험은 적다.

나. 과세대상의 차이

유럽의 DST는 매출액의 일정 비율로 과세하므로 서비스를 이용하는 고객 입장에서는 부가가치세와 중복과세 된다는 주장[433]도 있다. 그러나 DST의 운영 형태가 부가가치세와 비슷해 보여도 소득에 대한 과세이지 소비에 대한 부가가치세와 중복된다고 볼 수 없다. DST는 고정사업장의 개념을 수정하여 EU 역내에 고정사업장을 두지 않더라도 일정 기준을 초과하면 사실상의 고정사업장으로 간주하여 법인세 과세를 인정하는 것[434]이며, DST의 부과목적은 원천지국에서 법인의 수익에 대하여 과세하는 것이다. 즉, DST는 법인세를 보완하는 소득 과세이며 부가가치세와 같은 소비 과세를 지향하고 있지 않다. 앞에서 살펴본 바와 같이 DST는 법인세가 과세되면, 이중과세를 피하도록 법인세 비용을 공제하게끔 하고 있다. 납부한 세액만큼 추후 법인세 산출과정에서 비용으로 공제한

---

432 기획재정부 2020.10.12. 보도참고자료 "OECD/G20 IF, 디지털세 논의 경과보고서 공개", 6면.

433 US Trade Representative, *Section 301 Investigatin Report on France's Digital Services Tax*, December 2, 2019, p.66.

434 한국금융연구원, "디지털 과세 도입 논의과 향후 과제", 『주간금융브리핑』 제28권 제14호, 2019.7., 23면.

다면 이중과세 여지가 없다. 부가가치세는 법인세 과세를 위한 매출에도 포함하지 않고 세액의 산출단계에서 비용이나 기납부 세액으로 공제되지 않는 것과 차이가 있다.

따라서 현재 유럽연합이 EU 역외에서 공급하는 디지털 서비스에 대한 부가가치세를 부과하기 위해 만든 간이등록제도(Mini One Stop Shop, 이하 MOSS)[435]에 의한 사업장과 법인세를 부과하기 위한 고정사업장의 개념도 다르다. 법인세를 부과하기 위한 기준인 고정사업장은 장소적 또는 기간적으로 고정성을 충족하였는지가 중요하므로 서버의 위치가 중요하게 작용하였고, 이후 기능적 측면의 중요성이 부각되어 실질적이고 중요한 사업 활동을 수행한 장소까지 범위가 확대되었다. 고정사업장과는 달리 부가가치세법상 사업장은 부가가치세를 부과하기 위한 과세단위이며, 공급지는 과세관할을 획정하는 의미로서 우리나라 부가가치세법도 EU과 유사한 국외사업자의 간편 사업자등록 제도를 두고 있다.[436] EU의 MOSS와 우리나라의 간편 사업자 등록제도는 다국적기업이 전자상거래 등으로 소비지국에 사업장을 설치하지 않고도 디지털 서비스를 공급할 수 있으므로 역외거래에서 공급장소가 아닌 소비되는 장소에서 VAT를 과세하기 위해 만든 장치이다. 따라서 법인세법과 같이 server의 위치를 전혀 고려하지 않고 소비 장소에 대한 부가가치세 과세를 단지 사업장 등록절차만으로도 가능하게 할 수 있는 것이다. 즉, MOSS는 부가가치세의 소비지국 과세원칙에 근거하고 있으며, OECD도 B2B와 B2C 모두 최종소비

435 사업자는 모든 회원국마다 사업자등록을 할 필요 없이 회원국 중 한 곳에서만 하면 되고, EU역내에 있는 비사업자에게 디지털서비스를 공급할 때 등록했던 회원국의 과세관청에만 신고와 납부를 하면 된다.

436 박종수, 김신언, "국제적 디지털거래에서의 고정사업장 과세문제", 「조세법연구」 제21권 제3호, 한국세법학회, 2015, 506면.

자에게 조세를 부담시키는 것을 명확하게 하도록 소비자에 소재하는 국가에 과세권을 갖도록 권고하였고, EU도 B2C에 대한 공급장소 규정을 2014년 OECD와 일치시켰다.[437] 따라서 법인세법이나 소득세법상 고정사업장 개념은 원천지국 과세원칙[438]을 실현하기 위한 수단이며, 부가가치세법상 사업장 개념은 소비지국 과세원칙을 구현하기 위한 것으로 서로 같다고 볼 수 없으므로 DST와 법인세는 중복과세로 보기 힘들다.

현재 OECD를 중심으로 한 BEPS 프로젝트의 일환으로 DST나 디지털세에 대한 논의가 완전히 종식되지 않은 상황에서 선불리 데이터세를 도입할 경우 디지털세와 데이터세의 이중과세 문제가 발생할 여지가 있다는 비판[439]도 있다. 그러나 데이터세가 개별소비세와 같은 물품세라면, 이중과세 문제에서 자유롭다. 현행 개별소비세는 일정한 과세대상 물품의 소비에 부과되는 반면, 부가가치세는 해당 물품의 거래 과정에서 발생한 부가가치에 대하여 과세하는 것이므로 중복과세로 보지 않고, 소득에 대

---

437 과거 EU는 B2B와는 달리 B2C에서 공급 장소를 소비 장소가 아닌 공급자인 사업자의 (고정)사업장이 있는 곳으로 보는 공급지국 과세원칙이 적용되었다. 따라서 부가가치세 납세의무와 과세관할은 공급자의 위치에 따라 결정되었기 때문에 디지털 경제 상황에서 사업자가 EU역외에서 최종소비자에게 직접 공급하는 경우 EU회원국들이 부가가치세를 징수하기 곤란하였다. 2014년 EU지침이 수정됨에 따라 B2B와 B2C모두 소비 장소의 회원국가에서 부가가치세 과세권을 행사할 수 있게 되었다.(European Commission, *Explanatory notes on the EU VAT changes to the place of supply of telecommunication broadcasting and electronic services that enter into force in 2015*, 3 April 2014, pp.10-11.)

438 외국법인은 법인세법 제93조에서, 비거주자는 소득세법 제119조에서 열거된 국내원천소득에 대해서만 납부할 의무를 지는 제한적 납세의무자로서 조세조약에 의해 과세대상이 아닐 경우에는 그 마저도 과세할 수 없다. 그러나 일반적으로 조세조약은 법인세와 소득세에 대한 과세권에 대하여 규정하고 있을 뿐, 소비세를 대상으로 체결하지 않는 특징이 있다.

439 한국조세정책학회, 국회기본소득연구포럼, 서울지방세무사회, 『기본소득 재원마련을 위한 세제개혁방안 세미나 자료집』, 한국조세정책학회, 2020.12.17., 70면.

한 과세가 아니므로 법인세와도 이중으로 과세된다고 볼 수 없기 때문이다. 즉, BEPS 포괄적 이행체제가 구상하고 있는 디지털(소득)세는 법인의 이익을 과세대상(소득 과세)으로 하므로 데이터의 사용에 부과되는 소비세로서 데이터세와 이중으로 과세하지 않는다. 개별소비세는 부가가치세는 같은 소비세이지만, 과세대상이 법률이 정한 물품과 부가가치라는 점에서 차이가 있고, 각각 종량세와 종가세로서 과세체계도 다르다. 따라서 데이터의 사용에 대하여 데이터세가 부과되고 이후 거래단계에서 부가가치세가 부과되더라도 이중(중복)과세로 볼 수 없다. 또한, 개별소비세는 과세물품 가격에 포함되어 추후 법인세 계산에서 비용으로 공제가 되는 것처럼 데이터세도 원재료 성격으로 비용으로 공제가 되어 디지털세 또는 법인세의 세액 계산에 포함조차 되지 않으므로 이중과세가 아니다.

예를 들어, GS칼텍스가 정제를 거친 휘발유를 석유사업자에게 판매할 때 받는 대금에는 교통에너지환경세(과세물품의 제조반출)[440], 부가가치세(재화의 공급)가 포함되어 있다. 이후 GS칼텍스는 휘발유를 판매하고 남은 이익에 대하여 다시 법인세를 납부한다. 휘발유를 유통하면서 과세되는 세금이 3가지나 되는데 이것을 이중과세라고 하지 않는다. 휘발유와 경유에 붙는 교통에너지환경세(개별소비세 대신 부과됨)는 GS칼텍스의 법인세 산출과정에서 원가(비용)으로 처리된다. 그리고 GS칼텍스가 거래징수하여 대신 납부하는 부가가치세는 GS칼텍스의 매출액에 산정되지 않으므로 법인세 자체가 과세될 수 없는 구조이다. 마찬가지로 데이터세도 개별소비세와 같은 물품세에 해당하므로 거래단계에서 데이터세를 포함하여 부가가치세가 부과된 후

440 휘발유에 개별소비세와 교통에너지환경세가 리터당 각각 475원 부과된다(「개별소비세법」 제2항 제4호 가목), 「교통에너지환경세법」 제2조 제1항 제1호).

다시 IT 기업이 법인세를 내더라도 이중과세가 될 수 없다.

2. 국내 세수에 미치는 영향

DST는 앞에서 언급한 것처럼 기획재정부가 국내도입을 검토하지 않기 때문에 국내 세수에 미치는 직접적인 영향은 없을 것이다. 다만, 만약 국내 기업이 소득 과세로서 그 DST를 납부한 것이 인정되면, 국내에서 외국납부세액으로 공제되므로 국내 법인세의 징수액이 감소될 소지가 있다.

한편, 디지털세가 BEPS 포괄적 이행체제가 목표한 대로 완성된다면, 구글 등의 국내 자회사가 국내에서 얻은 수익에 대한 법인세 과세가 가능하므로 해당 기업들이 납부한 법인 세수는 증가할 것이다. OECD 분석 보고서에 따르면, 통합접근법과 글로벌 최저한세의 도입에 따른 세수 증가는 해마다 4%의 전 세계 법인세가 증가하는 데 금액으로는 약 1,000억 달러가 될 것으로 추정되었고 앞서 설명한 대로 통합접근법보다 글로벌 최저한세가 더 많은 추가 세수를 확보할 것으로 분석되었다.[441] 글로벌 최저한세는 원천지국 과세원칙이 우선 적용되지만, 만약 원천지국에서 최저한세만큼 징수하지 않는 경우 세원 잠식을 막기 위해 모회사의 소득에 합산시키거나 거주지국에서 특수관계 법인에게 지급한 비용을 손금 부인하는 방법으로 과세를 보충한다. 즉, 원천지국에서 최저한세율만큼 법인세를 징수하지 않을 때만 거주지국으로 과세권이 이동하는 것이다. 일반적으로 자본수입국인 개발도상국이나 신흥국가들은 자국 내에서 발

---

441 OECD presents analysis showing significant impact of proposed international tax reforms, oecd.org/tax/beps/oecd-presents-analysis-showing-significant-impact-of-proposed-international-tax-reforms.htm(검색일: 2020.3.10.)

생한 소득에 대해 원천지국 과세원칙을 추구하고, 기업의 전 세계 소득을 과세하는 거주지국 과세원칙은 다국적기업의 본사 소재지가 주로 있는 자본수출국인 선진국들이 선호한다.[442] 네이버나 카카오 같은 국내 IT 기업들의 해외 진출도 커지고 있으므로, 이들로부터 징수하는 국내 법인세 세수는 국외 원천지 국가에서 납부한 외국납부세액만큼 감소하게 되어 국내 세수의 변화는 유동적이라고 할 수 있다. 특히 국내기업의 해외 직접투자 비중이 2016년 이후 급격하게 증가하는 추세이므로 원천지국 과세권을 강화하는 디지털세의 전면 시행은 마냥 우리 나라에게 긍정적일 수만은 없다.[443] 다만, 제조업이 디지털세 과세대상에 포함됨에 따라 총 국내 세수에 미치는 영향에 대해서 기획재정부는 정확한 추정이 곤란하고 반드시 불리하지 않을 것으로 전망한 바 있다. OECD가 디지털세의 과세수입의 절반 이상이 세계 100대 기업으로부터 발생할 것이라고 판단한 것처럼[444] 소비자 대상 사업이라도 세부기준을 충족하는 경우에만[445] 디지털세가 적용되므로 국내기업의 수가 상대적으로 많지 않을 것이며,[446] 애플의 아이폰이나 주얼리, 가방 등과 같이 해외명품의 국내 소비[447]

442 한국공인회계사회, 앞의 책, 134면.

443 김신언, "최근 디지털세제의 동향과 우리나라 과세제도의 개편방안", 「조세법연구」 제26권 제1호, 한국세법학회, 2020, 418면.

444 "OECD presents analysis showing significant impact of proposed international tax reforms", oecd.org/tax/beps/oecd-presents-analysis-showing-significant-impact-of-proposed-international-tax-reforms.htm(검색일: 2021.1.6.)

445 OECD는 디지털세의 과세수입의 절반이상이 세계 100대기업으로부터 발생할 것이라고 판단하고 있다.

446 기획재정부 2020.10.12. 보도참고자료 "OECD/G20 IF, 디지털세 논의 경과보고서 공개", 13~14면.

447 한국은 명품 소비 세계 8위라는 점, 명품가방은 종주국 프랑스를 앞선 4위에 올랐다는 점을 볼 때 국내세수에 부정적일 수만은 없다.
(view.asiae.co.kr/article/2020030909103950654/검색일:20201.1.5.)

에 대하여 일정부분 국내에서 과세할 수 있기 때문이다.

반면, 데이터세가 도입되면 국가가 제공하는 공공데이터와 마이데이터 산업에서 정보 주체가 활용하는 개인 정보를 제외한 모든 데이터에 대하여 이를 사용한 국내외기업에게 소비세가 부과된다. 서버가 외국에 있더라도 국내에서 데이터를 전송하는 시점에 과세할 수 있으므로 조세회피를 원천적으로 차단할 수 있는 장점이 있다. 과거 매출액을 과세표준으로 하는 DST를 도입할 때 프랑스는 애플, 구글, 페이스북, 트위터 등과 같은 거대 IT 회사들에게 자국 내 매출액의 3%를 디지털서비스세로 부과할 경우 2019년 기준으로 1년간 최소한 2500만 유로의 세수가 확보될 것으로 추정하였다.[448] 하지만, 데이터세는 소비세를 지향하므로 IT 기업들의 매출액을 과세표준으로 과세할 수 없다. 반면, 데이터의 사용량을 과세표준으로 정하더라도 세수 규모가 작지 않을 것으로 예측된다. 디지털 경제에서 데이터는 폭발적으로 증가하고 있어서 세율의 인상 없이도 매년 안정적인 세수 증가가 가능[449]하다. 예를 들어, 전 세계 인구가 1분마다 구글을 통해 200만 건을 검색하고 유튜브(YouTube)를 통해 1분마다 72시간의 비디오가 업로드되고, 트위터에서 27만건의 트윗이 생성된다고 한다. 시장의 발달과 더불어 세계적으로 매년 새로 생성되는 데이터의 규모는 확대되고 있으므로 거래되는 데이터의 용량을 과세표준으로 정한다면 매년 데이터세의 규모도 계속 증가할 것이다.

---

448 aa.com.tr/en/europe/france-to-impose-digital-tax-on-us-tech-corporations/1881704(검색일: 2020.7.23.) 스페인의 경우 18억 유로로 추산하고 있다. euractiv.com/section/digital/news/spain-delays-collection-of-google-tax-amid-us-pressure(검색일: 2020.8.25.)

449 김갑순, 『기본소득 재원마련을 위한 세제 개혁방안 세미나』, 한국조세정책학회, 2020.12.17., 59면.

3. 전가 가능성

정부가 조세정책을 입안할 때 그 조세를 부담하는 자가 궁극적으로 누구인지 알 수 없다면, 그 조세의 경제적 효과를 제대로 파악했다고 할 수 없다. 조세의 전가는 조세 부과로 인해 납세의무자의 실질소득에만 영향을 미치는 반면 조세의 귀착은 모든 경제주체의 실질소득에 영향을 미치는 것을 의미한다. 따라서 애당초 세법의 입법 의도와는 다르게 그 부담이 타인에게 전가되는 현상이 나타날 수 있다면 공평성 관점에서 조세정책이나 징수절차의 입법에 앞서 우선해서 해결방안을 마련해야 한다.[450] 현실적으로 조세 부과로 기업의 수익이 감소하면, 그 비용을 상품의 판매가에 포함하여 이익을 보전하려고 할 것이므로 결국 소비자에게 전가될 확률이 높다. 따라서 디지털세나 데이터세가 부과될 때 플랫폼을 이용하는 소비자의 이용요금이 증가하는 부정적인 외부효과를 발생시킨다. 과거 소비세 중에서 종가세(부가가치세)와 종량세(물품세)의 소비자 전가에 대한 분석을 살펴보면, 불완전 경쟁 시장구조에서 경쟁의 형태, 진입조건, 수요와 공급에 따라 영향을 받게 되는 것으로 나타난다. 실증분석 결과에 의하면, 불완전시장에서는 일반적으로 종가세(valorem tax)에 비해 종량세(specific tax)의 전가가 더 두드러지게 발생한다.[451] 데이터세가 종가세가 아닌 종량세 형태로 먼저 도입되면 이 실증분석 결과에 관심을 가질

---

450 한현식, "조세전가와 귀착의 이론분석", 「최고경영자과정 논문집」 제15집, 경북대학교 경영대학원, 1992, 483~484, 497면.

451 Delipalla, Sophia; O'Donnell, Owen, *Estimating Tax Incidence, Market Power and Market Conduct: The European Cigarette Industry*, International Journal of Industrial Organization, 1999, p.9,15,19., econstor.eu/bitstream/10419/105526/1/9901.pdf(검색일: 2021.1.11.)

수밖에 없다. 하지만, 소비자의 충성도가 높은 특정 브랜드의 경우 기업이 소비자에게 세부담을 전가하기 쉬운 반면, 경쟁력 있는 다양한 브랜드와 효과적인 마케팅 같은 시장 내부의 치열한 경쟁구조는 오히려 기업의 세부담 전가 능력을 낮춘다.[452] 그런데 디지털 경제에서 구글, 애플, 페이스북과 같은 다국적 IT 기업뿐만 아니라 국내의 카카오, 네이버 같은 회사들도 모두 양방향 시장의 네트워크 효과를 이용한 플랫폼 기업이다. 이 비즈니스 모델은 진입장벽을 낮추어 더 많은 고객을 확보하여야 경쟁력을 갖는 구조이므로 만약 경쟁 플랫폼 회사보다 소비자가 부담하는 금액이 증가하면, 경쟁회사로 고객 이동이 현실로 일어날 수 있으므로 가격을 소비자에게 전가하기 힘들다. 예를 들면, 유튜브에서 앞으로 음악을 무료로 듣지 못하게 하고 모든 사용자에게 매월 정액의 사용료를 받겠다고 한다면, 같은 가격이면 멜론이나 FLO 같은 대체회사를 통해서 음악을 다운로드 받는 고객이 생겨날 수 있고 해당 기업의 고객이 증가함에 따라 광고주도 고객층이 많은 플랫폼 회사로 광고를 옮기게 될 것이다. 따라서 간접세가 거래 과정에서 소비자에게 귀착되지 않고 기업의 부담으로 남는 이른바 간접세의 직접세화 현상[453]이 나타난다.

BEPS 다자간협의체가 추진 중인 디지털세는 통합접근법의 금액 A의 대상이 소프트웨어 등을 공급하는 전통적인 디지털 기업뿐만 아니라, 호텔이나 식당과 같은 프랜차이즈, 의류와 화장품, 귀중품, 자동차와 휴대전화 등 소비자를 대상으로 하는 기업으로 확대되었다.[454] 따라서 국내 제

452 홍인기, "조세정책을 통한 가격통제의 소비자부담 경감효과에 관한 실증분석", 「조세연구」 제16권 제2집, 한국조세연구포럼, 2016, 240면.

453 임승순, 앞의 책, 10면.

454 OECD, *Statement by OECD/G20 Inclusive Framework on BEPS on the Two-Pillar Approach to Address the Tax Challenges Arising from the Digitalisation of the*

조업체인 삼성전자, SK하이닉스 등이 그 대상에 포함될 것이므로 플랫폼에서 거래되지 않던 소비제품의 가격에 영향을 미칠 가능성이 있다. 독일을 중심으로 한 자동차, 프랑스 및 이탈리아의 명품, 한국의 휴대전화 등이 원천지국의 과세대상에 포함된 것은 상대적으로 미국 IT 기업들이 해외 원천지국에서 납부하는 세금만큼 미국에서 소비되는 제품에 대한 과세권을 행사하겠다는 미국의 주장이 관철된 것이라 추론할 수 있다. 이 제품들은 원천지국의 세율에 따라서 디지털세가 어느 정도 소비자에게 전가될 가능성이 있다.

DST는 부과 대상이 디지털 서비스를 유럽지역에 제공하는 다국적기업으로서 매출액 기준 전 세계 약 100여개로 추산하고 있으므로 국내기업 수도 많지 않을 것이다. 네이버나 카카오 등이 유럽 이외의 해외시장에서 DST를 납부하더라도 그 세액을 국내 소비자에게 전가하기는 쉽지 않다. 또한, DST의 국내도입은 고려되지 않으므로 DST로 인한 전가는 발생하지 않을 것이다.

4. 국내기업에 미치는 영향

한편, 전가가능성이 낮다는 것은 그만큼 기업이 모든 부담을 떠안게 된다는 것을 의미하므로 국내기업이 디지털 세제의 도입에 대하여 느끼는 부담감은 충분히 예측할 수 있다. 한 언론에 따르면, "국내기업, 디지털 · 데이터세 도입 논의에 전전긍긍"이란 제목의 기사[455]를 통해 디지털

Economy, 29-30 January, 2020, pp.10~11.

455 "국내기업, 디지털·데이터세 도입논의에 전전긍긍", it.chosun.com/site/data/html_dir/2020/12/17/2020121702878.html(검색일: 2020.12.19.)

세의 도입을 앞둔 국내 IT 기업들이 우려를 전하였다. 그 내용을 보면, OECD(경제협력개발기구)가 디지털세(Digital Tax) 도입하기로 했고, 우리나라에서도 디지털세와 데이터세(Data Tax)의 도입 논의를 시작했기 때문에 만약 이중 하나라도 도입하게 되면 이중 · 삼중으로 관련 업계가 타격을 입게 될 것이라는 것이다. 우리나라 기업들은 기술경쟁력이 있음에도 국내 자본시장 규모가 미국과 비교해 작고, 유럽연합이나 중국보다 국내에서 발생한 데이터의 현지화가 어렵다는 점 때문에 국가 간 경쟁에서 상대적으로 불리한 상황에 직면하고 있다. 디지털세나 데이터세가 도입되면, 이미 내는 세금이 증가하는 것에 관심이 있을 뿐이지 국내 IT 기업 보다 해외 기업이 국내에서 법인세를 적게 내는 것에 큰 관심을 두지 않는다는 말도 이러한 우려를 반영한 것이다.

그러나 국제조세 분야에서 진행된 디지털세와 관련된 논의는 조세피난처를 이용하여 다국적기업이 조세를 회피함으로써 각국의 과세기반이 침식되는 이른바 세원 잠식과 소득 이전(BEPS)에 대한 대응이었다. 즉, 디지털세는 디지털 기업에게 법인세 외에 추가로 새로운 세목을 만들어 과세하려는 것이 아니라 기존의 세법과 조세조약 등을 수정함으로써 국가 간 세제 차이의 간격을 없애고 협력하기 위한 국제적 공조 방안이다. 그러므로 국내기업이 해외 조세피난처를 이용하거나 세법 등의 흠결을 이용하여 내야 할 법인세 등을 누락한 사실이 없다면 원칙적으로 디지털세로 인해 연간 통상납부세액보다 추가로 납부할 법인세는 거의 없다. 우리 정부도 국내 디지털 관련 기업들의 규모가 외국기업에 비해 상대적으로 작아 디지털세의 적용 범위에 드는 경우가 적을 것으로 예상[456]하였다.

---

456 기획재정부 2020.10.12. 보도참고자료 "OECD/G20 IF, 디지털세 논의 경과보고서 공

또한, 디지털세의 과세대상이 되는 제조업의 경우 조세 부담을 상품가격에 일정 부분 전가할 수 있으므로 국내기업이 디지털세로 인해 추가적인 조세 부담을 질 가능성도 낮다. 앞에서 살펴본 바와 같이 DST가 국내에 도입될 가능성이 없고, 유럽 등의 국가에서 DST를 납부한다고 하더라도 법인세를 납부할 때 외국납부세액으로 공제가 될 것이므로 모기업이 연간 납부하는 법인세의 총액이 증가된다고 볼 수 없다.

반면, 데이터세는 새로운 세원으로서 신설되는 세목이며, 전가도 쉽지 않기 때문에 그 부담은 모두 기업의 몫이 될 것이다. 다만, 아마존, MS, 구글 등이 공급하는 클라우드 서비스[457] 중의 하나인 인프라 서비스(Infrastructure as a Service, 이하 IaaS)의 경우 데이터를 구매하는 기업으로부터 사용료를 받게 되므로 데이터세가 해당 IT 기업에게 전가될 수 있다. 정부가 추진하고 있는 마이데이터 산업이 궤도에 올라가게 되면 개인으로부터 획득하는 식별정보에 대한 대가도 지급해야만 하므로 데이터를 사용하는 기업들의 수익성이 감소될 가능성은 충분하다. 그러나 데이터세는 그동안 거의 무상으로 데이터를 수집하여 사용한 기업들의 초과이익을 환수하는 것이므로 불공정하다고 볼 수 없다. 데이터세의 세수가 데이터 산업 진흥에 재투자할 목적으로 징수한다면, 데이터를 많이 사용하는 국

개", 14면.

457 클라우드 서비스는 데이터 저장공간과 서버만 제공하고 소프트웨어 문제는 고객이 알아서 해결한다. 데이터센터 자원을 빌려 쓸 수 있는 인프라 서비스(IaaS)는 컴퓨팅 자원을 빌려 주는 체계다. 서버 · 통신망장비 · 메모리 · 스토리지 등 거의 모든 컴퓨팅 하드웨어를 대여한 뒤 사용한 양에 따라 요금을 받는다. '하드웨어 애즈 어 서비스(HaaS)'라고 부르기도 한다. 소프트웨어를 개발할 수 있는 플랫폼을 묶음으로 제공하는 플랫폼 서비스(PaaS), 소프트웨어까지 함께 주는 소프트웨어 서비스(SaaS) 등으로 나뉜다. 대기업과 공공기관 등이 주 고객인 IaaS 시장을 주도하는 업체는 아마존웹서비스(AWS 점유율 33%), 마이크로소프트(Azure 13%), 구글(GCP 6%) 등이 있고, 국내기업 중에서는 네이버(NCP)가 대표적이다.

내 IT 기업에게 장점으로 작용할 수도 있다.

데이터세는 단순히 국내 IT 기업의 경제적 부담이 증가한다는 부정적인 문제만이 아닌 국내외 기업 간 불공평한 조세부담의 차이에서 발생한 대외 경쟁력 약화를 보완할 수 있는 장점과 함께 고려해야 한다. 특히 데이터세는 현행 소득 중심의 기존 국제조세체계가 다국적기업의 조세회피 행위를 완전히 근절시킬 수 없는 현실을 보완할 수 있다는 점에서 조세법적으로 큰 의미를 갖는다. 구글 등 다국적 IT 기업의 조세회피 문제는 국내도 예외가 아니다. 2019년 기준 국내시장에서 1조원 이상의 매출을 올리면서 법인세를 전혀 납부하지 않는 국외기업이 구글을 포함하여 9개나 된다. 2019년 네이버가 납부한 법인세는 4,500억 원 수준인데, 일각에서는 구글코리아의 매출이 네이버의 전 세계 매출을 넘어섰을 것으로 추측하고 있다.[458] 국외기업이 국내에서 걷어 들인 수익에 대하여 적절히 과세할 수 없다면, 부족한 세수를 보충하는 것은 결국 국내기업과 국민의 몫으로 돌아온다. 따라서 디지털 경제에서 효과적으로 외국기업의 조세회피를 차단하는 것은 조세 정의뿐만 아니라, 현실적으로 국가의 주권을 확립하고 국민의 세부담을 억제하며, 국내기업의 대외 경쟁력 확보에도 도움이 된다. 또한, 디지털 경제에서 새로운 세원으로 향후 데이터 사용에 대한 과세는 피할 수 없게 될 것이며, 우리나라뿐만 아니라 다른 국가들도 이를 도입할 확률이 높다. 정부는 데이터세를 도입할 때 기존의 법인세처럼 국내기업들의 조세 부담만 증가하지 않도록 국외기업에 대한 과세를 보다 적극적으로 나설 필요가 있다. 국내외 기업들의 동일

---

458 "5조원 매출에 법인세 0원…구글코리아 등 외국계 법인 세금 무법천지", cnews.thepowernews.co.kr/view.php?ud=202010131035438897b34704d9b8_40(검색일 2021.1.5.)

한 조세 부담을 하게 되면, 조세평등주의를 실현하는 것이고 더불어 국내외 기업 간의 경쟁력 제고에도 도움이 될 것이다.

<표 3> 디지털 관련 세제가 국내에 미치는 영향[459]

구분	성격	과세 가능성	이중 과세 가능성	전가 가능성	국내 세수 영향	국내 기업의 추가부담
DST	소득과세	낮음	낮음	보통	없음	낮음
디지털세	소득과세	보통	낮음	보통	변동적임	낮음
데이터세	소비과세	높음	낮음	낮음	증가	높음

한편, 데이터세가 부과되지 않으면, IT 기업의 수익률이 상대적으로 높아지고, 법인세 과세표준도 증가하여 납부세액이 많아지는데, 굳이 전 단계에서 데이터에 대하여 과세할 필요성이 있는가에 대한 의문이 생길 수도 있다. 하지만, 데이터세가 100원일 때 이를 걷음으로써 100원만큼의 법인세 과세표준이 감소하므로 최고세율 25%를 적용받는 기업의 경우 법인세가 25원만큼 감소한다. 역으로 100원의 데이터세를 걷지 않으면 25원만큼 법인세를 더 징수할 수 있지만 전체 국세에서 75% 이상의 손실이 발생한다. 소득 과세 전에 적정한 세수확보를 위해 소비세를 징수하는 간단한 이유이다.[460] 비록 세수 측면만 아니더라도 국내 IT 기업에 대한 역차별은 현

459 한국조세정책학회, 『기본소득재원마련을 위한 세제개편방안 세미나 자료집』, 2020, 21면 수정인용.

460 따라서 디지털세의 전제조건인 합의기반해결책을 만들 가능성이 쉽지 않지만, 국외IT 기업에게 국내기업과 동일하게 법인세를 부과할 수 있는 날이 오더라도 데이터에 대하여 과세하지 않으면, 전체 세수측면에서 손해이다.

행 법인세체계에서 검증되고 있는 것이나 마찬가지이다. 데이터세가 도입될 경우 조세저항의 제1차적 대상은 국내 IT 기업들이다. 디지털 경제의 치열한 경쟁환경에서 다국적 IT 기업과 적어도 국내에서만이라도 평등한 베이스를 확보하기 위해서는 국외 IT 기업에 대한 과세권을 동일하게 행사할 수 있어야 한다. 결국, 데이터 가치의 객관적 산출기준과 더불어 조세평등주의를 실현할 수 있는 데이터세의 도입에 성패 여부는 어떻게 과세요건을 촘촘히 만들 수 있는지와 적절히 과세대상을 포착할 수 있는 메커니즘을 구비할 수 있는지에 달려있다고 할 수 있다.

5. 결론

디지털 경제 또는 데이터 경제로 불리는 현대 사회는 새로운 플랫폼 비즈니스 모델이 경쟁적으로 도입되고 있어서 적절한 디지털 세제의 도입은 모든 국가가 피할 수 없는 과제가 되었다. 하지만 우리 정부는 유럽을 중심으로 논의되는 DST는 국내 도입을 검토하지 않고 다만, 디지털세의 합의안에 따라 필요한 조치를 할 예정이다. 그런데, 현재까지 정부가 OECD BEPS IF의 협의를 근거로 추진한 정책들은 기존 국제 조세 체계에서 법인세 등의 법률을 보완하는 정도로 매년 세법을 개정하고 있어서 새로운 세제도입을 통해 국내 IT 기업들의 법인세 부담이 늘어난 확률은 거의 없어 보인다. 따라서 앞서 소개한 디지털세와 관련된 기업들의 염려는 기우에 지나지 않는다. 반면, 국내기업들의 세계화도 가속화되면서 원천지국 과세 원칙을 강화하는 국제 조세 체계가 자리 잡게 되면, 결국 국내 법인세의 세수 감소로 이어질 수 있다는 점을 정부로서는 고민하지 않을 수 없다. 국내 경제 규모의 성장과 더불어 연간 징수되는 세수도 증가하고 있지만, 여전히 구글 등의 다국적 IT 기업으로부터 법인세를 징수하는 실적은 좋지 않기 때문이다. 따라서 외국 기업들의 국내 원천소득에 대한 과세를 강화하는 것과 더불어 다양한 세원을 개발하는 것은 어쩔 수 없는 선택이다. 디지털 경제에서 마치 천연자원과 같이 채굴이 가능한 자원으로서 데이터를 새로운 세원(稅源)으로서 검토해야 할 이유가 여기에 있다.

소득 중심의 국제 조세 체계에서 소득을 이전하는 행위를 통해 세원을 잠식해온 다국적 IT 기업들의 조세 회피를 보완할 수 있는 방법은 소비에 대해 과세하는 것이다. 데이터세는 소비세로서 데이터를 원재료로 보아 과세하므로 현행 국제조세체계의 문제점인 고정사업장 요건을 충족할 필요가 없다. 또한, 외국기업에 대한 세수 확보와 더불어 정부가 데이터를 국가 자원으로서 경제적으로 통제할 수 있게 함으로써 국민과 국가의 데이터 주권을 강화한다는 장점도 있다. 뿐만 아니라, 데이터세는 정부가 정보 주체의 권리를 강화하고 데이터를 보다 잘 활용할 수 있는 산업 생태계를 만들기 위해 도입을 추진 중인 마이데이터 산업과도 협력관계를 유지할 수 있다. 다만, 디지털세와 달리 데이터세는 디지털 상품의 가격 인상으로 이어져 국민에게 전가시킬 수 없는 사업구조를 가진 기업들에게는 조세 부담이 증가할 것으로 예상된다. 따라서 국내 IT 기업들도 정부의 마이데이터 산업 육성과 데이터세의 도입에 따른 데이터 사용 환경의 변화가 예상되는 만큼 경쟁력 확보를 위해 더욱 유연한 대책을 강구할 필요가 있다. 데이터세로 인한 국내 기업들의 급격한 세부담이 산업 발전에 걸림돌이 되지 않도록 일정기간 탄력세율이나 잠정세율을 적용하는 등 보완책을 통해 제도 도입에 연착륙을 기할 수 있을 것이다. 정부도 조세 평등주의에 입각하여 같은 세원에 대하여 외국 기업들에게도 같은 세금을 부담시킬 수 있도록 제도를 정비하여 국내시장에서만이라도 국내 기업이 국외 기업과 제대로 경쟁할 수 있게 하여야 한다.

참고문헌

강남훈, 『기본소득의 경제학』, 박종철출판사, 2019, 151~153면

경기도, 『기본소득의 정석』, 2020(6월)

김옥기, 『데이터는 어떻게 자산이 되는가?』 이지스퍼블리싱, 2021

김용학, 『개인정보 보호법』, 청호북스, 2020

송쌍종, 『조세법학총론』, 도서출판 나라, 2010

우창완/ 김규리, 『(EU 정책분석 보고서) 데이터 주권과 데이터 국경』, 한국정보화진흥원, 2020

이성엽, 『디지털 트랜스포메이션과 법』, 고려대학교 출판문화원, 2021

이성엽 외, 『데이터와 법』, 사단법인 한국데이터법정책학회, 2021

이창희, 『세법강의』, 박영사, 2020

임승순, 『조세법』, 박영사, 2020

전동흔, 『2020 지방세실무』, 한국세무사회, 2020

중소기업기술정보진흥원, 2020 이슈 리포트, 『데이터 3법 개정이 국내 산업에 미치는 영향』, Vol2, 2020

한국공인회계사회, 『디지털 경제에 따른 조세현안과 과제』, 2019.10.31.

한국데이터산업진흥원, 『2019 데이터산업 백서』 통권 22권, 2019

한국데이터산업진흥원, 『마이데이터 서비스 안내서』, 한국데이터산업진흥원, 2019.12

한국데이터산업진흥원, 『마이데이터 서비스 안내서(웹용)』, 2020

한국세무학회, 『2020년 한국세무학회 추계학술발표대회 자료집』, 2020.10.30.

한국인터넷진흥원, 『정보 보호 관리체계(ISMS) 인증제도 개요』, 미래창조과학부, 2017

한국조세정책학회, 국회기본소득연구포럼, 서울지방세무사회, 『기본소득 재원마련을 위

한 세제개혁방안 세미나 자료집』, 한국조세정책학회, 2020.12.17.
(사)한국지식재산학회,『데이터 거래 가이드라인』, 한국데이터산업진흥원, 2019

강남훈, "인공지능과 기본소득의 권리-마르크스의 지대이론과 섀플리 가치관점에서"「마르크스주의 연구」 제13권 제4호, 경상대학교 사회과학연구원, 2016
강남훈, "4차 산업혁명과 공유부 배당 - 섀플리 가치의 관점에서-",「한국사회복지학회 학술대회 자료집」, 한국사회복지학회, 2018
강민조, 전병욱, "납세자의 소득원천과 지출행태가 조세공평성 인식에 미치는 영향",「조세연구」, 제18권 4호(통권 42호), 한국조세연구포럼, 2018
강형구/전성민, "국내 전자상거래의 규제 및 글로벌 경쟁 이슈: 시장지배력, 데이터 주권, 아마존 효과를 중심으로"「법경제학연구」 제15권 제3호, 한국법경제학회, 2018
고창열,정훈,여영준, "디지털 시대에 적합한 다국적 인터넷기업 과세 방안",「전문경영인연구」 제22권 제 3 호, 한국전문경영인학회, 2019
금민, "공유자산 배당으로서의 기본소득",「Future Horizon」 34호, 과학기술정책연구원, 2017
곽노완, "지구기본소득과 지구공유지의 철학",「마르크스주의 연구」 제15권 제3호, 경상대학교 사회과학연구원, 2018
김공회, "긴급재난지원금은 기본소득의 마중물인가? : 기본소득(론)의 과거, 현재, 미래",「마르크스주의 연구」, 제17권 제3호, 경상대학교 사회과학연구원, 2020
김경훈, 이준배, 윤성욱, "EU 데이터거버넌스 법안 주요내용 및 시사점",「KISDI Premium Report」 21-01, 정보통신정책연구원, 2021
김성국, 오창헌, "빅데이터 분석을 위한 자료 수집 방안 비교", 2018
김송옥, "유럽연합 GDPR의 동의제도 분석 및 우리 개인정보 보호법제에 주는 시사점",「아주법학」 제13권 제3호, 아주대학교 법학연구소, 2019
김신언, "최근 디지털세제의 동향과 우리나라 과세제도의 개편방안",「조세법연구」 제26권 제1호, 한국세법학회, 2020
김신언, "기본소득재원 마련을 위한 데이터세 도입방안",「세무와 회계연구」, 제9권 제4호(통권 제23호), 한국세무사회부설 조세연구소, 2020
김은경, "디지털세의 현황 및 쟁점",「이슈&진단」 제387호, 경기연구원, 2019
김은석, "빅데이터 활용을 지원하는 수집 데이터의 가공과 정제".「TTA 저널」 192호, 한국정보통신기술협회, 2020
김현경, "국내 · 외 플랫폼 사업자 공평규제를 위한 제언",「성균관법학」, 제29권 제3호, 성균관대학교 법학연구원, 2017

김현경, “구글(Google)의 뉴스저작물 정책에 대한 고찰”, 「강원법학」 제49권 , 강원대학교 비교법학연구소, 2016

김현동, “개인의 소득공제와 포괄적 소득개념과의 정합성과 그 한계”, 「법조」, 제65권 2호 (통권713호), 법조협회, 2016

김현동, “이중과세금지원칙의 의미와 한계”, 「세무학연구」 제34권 제4호, 한국세무학회, 2017

김창수, “정보의 국제적 유통에 관련된 문제들”, 「논문집」 제1호, 광주대학교 민족문화예술연구소, 1992

김현경, “국내 · 외 플랫폼 사업자 공평규제를 위한 제언”, 「성균관법학」 제29권 제3호, 성균관대학교 법학연구원, 2017

류병윤, “개인데이터의 보호 대(對) 자유로운 국제이동: 국제법의 현재와 미래”, 「IT와 법연구」 제21집, 경북대학교 IT와 법연구소, 2020

문병순, “행태 데이터의 수집 방식과 규제방안-쿠키를 중심으로-”, 「증권법연구」 제23권 제1호, 한국증권법학회, 2022

문화경, “신의성실이 원칙과 비과세관행의 상호관계”, 「인권과 정의」, 통권 438호, 대한변호사협회, 2013

목광수, “빅데이터의 소유권과 분배 정의론 –기본소득을 중심으로-”, 「철학 · 사상 · 문화」, 동국대학교 동서사상연구소, 2020

박민주, 최신영, 이대희, “유럽연합 DSM 저작권지침상 간행물 발행자의 보호”, 경영법학, 제29권, 제4호, 한국경영법률학회, 2019

박상철, “데이터 소유권 개념을 통한 정보 보호법제의 재구성”, 「법경제학연구」 제15권 제2호, 한국법경제학회, 2018

박종수, 김신언, “국제적 디지털 거래에서의 고정사업장 과세문제”, 「조세법연구」 제21권 제3호, 한국세법학회, 2015

박주석, “빅데이터, 오픈 데이터, 마이데이터의 비교 연구”, 「한국빅데이터학회지」, 제3권 제1호, 한국빅데이터학회, 2018

배영임, 신혜리, “데이터 3법, 데이터 경제의 시작”, 「이슈&진단」 No 405, 경기연구원, 2020

손기준, 조인호, 김찬우, 전채남, “하둡 기반 빅데이터 수집 및 처리를 위한 플랫폼 설계 및 구현”, 「한국콘텐츠학회 2015 춘계종합학술대회 자료집」, 한국콘텐츠학회, 2015

신영주, “분산스토리지 시스템에서 데이터중복 제거를 위한 정보분산 알고리즘 및 소유권증명 기법”, 「정보 보호학회 논문지」, 제25권 제1호, 한국정보 보호학회, 2015

오문성, “귀납적 접근방법에 의한 이중과세 개념에 관한 소고”, 「회계연구」 제22권 제1호,

대한회계학회, 2017

오윤, "조세조약 해석상 국내세법의 지위-조세조약상 '특허권의 사용'개념의 해석을 중심으로", 「조세학술논집」 제32권 제2호, 한국국제조세협회, 2016

우지훈, 양인준, "세법체계 관점에서 목적세의 허용범위 및 정비방안에 관한 소고". 「조세와 법」 제10권 제1호, 서울시립대학교 법학연구소, 2017

우창완, 김규리, EU 정책분석 보고서 「데이터 주권과 데이터 국경」, 한국정보화진흥원 2020.7

윤수영, "4차 산업 혁명 시대의 소비자 데이터 주권에 대한 고찰: EU GDPR을 중심으로", 「소비자학연구」 제29권 제5호, 한국소비자학회, 2018

윤장렬, "기사 제공을 둘러싼 구글과 언론사의 공방전-유럽 저작권법 개정 배경과 논의", 「언론중재」 제141호, 언론중재위원회, 2016

윤종철, 손혁, "인적용역 관련 사업소득과 비교한 기타소득 과세제도에 대한 문제점과 개선방안", 「세무와 회계저널」, 한국세무학회, 2017

이동진, "데이터 소유권, 개념과 그 실익", 「정보법학」 제22권 제33호, 한국정보법학회, 2018

이민영, "정보통신서비스 제공자에 대한 법적 고찰", 「성균관법학」, 성균관대학교 법학연구원, 2018

이상용, "데이터 거래의 법적 기초", 「법조」 제67권 제2호, 2018

이상윤, "유럽연합 디지털 정책의 동향과 전망: 유럽의 미래, 유럽 데이터 전략, 인공지능 백서의 주요내용과 의의", 「고려법학」 제97호, 고려대학교 법학연구원, 2020

이양복, "데이터 3법의 분석과 향후과제", 「비교사법」 제27권, 제2호, 한국비교사법학회, 2020

이창민, "캘리포니아 소비자 프라이버시법(CCPA)에 대한 비교법적 연구, 「정보법학」, 제24권 제1호, 한국정보법학회, 2020

이흔재, "인터넷서비스제공자의 공정이용 – 구글의 사례를 중심으로 -, 「동북아법연구」 제10권 제2호, 전북대학교 동북아법연구소, 2016

임다희, 조경훈, 송상훈, "탄력세율 확대 효과에 대한 연구 : 경기도 사례를 중심으로", 「국가정책연구」, 제33권 제1호, 중앙대학교 국가정책연구소, 2019

중소기업기술정보진흥원, 2020 이슈 리포트, 「데이터 3법 개정이 국내 산업에 미치는 영향」, 2020. 4

전강수, "기본소득 사상의 세 흐름에 대한 비교 검토와 그 함의 -재원 정당성을 중심으로-", 「시민과 세계」, 제35호, 참여연대, 2019

정상조, 권영준, "개인 정보의 보호와 민사적 구제수단", 「법조」 제630호, 법조협회, 2009

차상윤, "세이프하버협정 무효판결 이후 EU일반개인 정보 보호규정의 내용과 우리 개인 정보 보호법제상 시사점-개인 정보의 국외이전에 관한 비교법적 연구를 중심으로", 「법학논총」 제36권 제1호, 한양대학교 법학연구소, 2019

최경진, "데이터와 사법상의 권리, 그리고 데이터 소유권", 「정보법학」, 제23권 제1호, 한국정보법학회, 2019

한국금융연구원, "디지털 과세 도입 논의과 향후 과제", 『주간금융브리핑』 제28권 제14호, 2019.7.

한국모바일산업연합회, 2019 모바일콘텐츠 산업현황 실태조사, 2020.3

한국금융연구원, 「주간금융브리프」, 제27권 22호, 2018.11.

한중과학기술협력센터, "중국의 빅데이터 지원 정책과 동향", 「Issue Report」 2018. vol 3, 한중과학기술협력센터, 2018

한현식, "조세전가와 귀착의 이론분석", 「최고경영자과정 논문집」 제15집, 경북대학교 경영대학원, 1992

홍승희, "인터넷링크행위와 저작권 침해"-대법원 2015.3.12. 선고 2012도13748판결-, 「형사판례연구」 제24권, 한국형사판례연구회, 2016

홍인기, "조세정책을 통한 가격통제의 소비자부담 경감효과에 관한 실증분석", 「조세연구」 제16권 제2집, 한국조세연구포럼, 2016

현재호 · 조경민 · 이윤경 · 한승진 · 안광석 · 곽준영, "4차 산업혁명의 정의 및 거시적 관점 대응방안 연구", 산업통상자원부 연구보고서, 산업통상자원부, 2016

KISO 기획팀, "데이터 배당(Data Dividend) 도입 추진 배경과 전망", KISO 저널 (35), 한국인터넷자율정책기구, 2019

Kristina Irion/권헌영(역), "개인 정보의 국경 간 이전에 관한 EU 법률의 이해 - 글로벌 환경과의 조화 - EU Law on Cross : Border Flows of Personal Data in a Global Perspective", 「경제규제와 법」 제11권 제2호, 서울대학교 법학연구소, 2018

국세청 보도자료, "국세청, 국제표준 기반의 개인 정보 보호체계 확립", 2020.9.21.

국세청 보도자료, '술' 그리고 세금 바로 알기, 2020. 1. 5

기획재정부 2017.6.8. 보도참고자료, " BEPS 방지 「다자간협약 서명」"

기획재정부 2019.10.30. 보도참고자료, "디지털세 국제 논의 최근 동향"

기획재정부 2020.10.12. 보도참고자료, "OECD/G20 IF, 디지털세 논의 경과보고서 공개"

기획재정부 2022.10.8. 보도자료, "디지털세 포괄적 이행체계 총회 결과"

금융보안원 2020.7.22.보도자료, "금융보안원-KDX 한국데이터 거래소, 데이터 유통 및 활용 혁신을 위한 MOU 체결”

금융위원회 2020.1.21. 보도자료, “‘안전한 데이터 유통’ 금융분야가 선도하겠습니다.”

금융위원회 2020.5.11. 보도자료, “데이터 경제 활성화를 위한 금융분야 데이터거래소 출범”

개인 정보 보호위원회 보도자료, “국민이 신뢰하는 데이터 시대, 개인정보 보호법 2차 개정으로 선도한다.”, 2020.12.24.

산업통상자원부 보도자료, “미래차, 가전 · 전자 등 6대 산업 분야 ‘연대와 협력’으로 산업 디지털 전환(DX) 앞장서다.“ 2020.10.28.

Baker Hostetler, *The California Consumer Privacy Act: Frequently Asked Questions*, 2019

Charlotte Bartels, *Top incomes in Germany*, 1871-2013, World Wealth & Income, December 2017

Christopher Kuner, *Reality and Illusion in EU Data Transfer Regulation Post Schrems*, 18 German Law Journal, 2017

Court of Justice of the European Union, PRESS RELEASE No 117/15, Luxembourg, *The Court of Justice declares that the Commission's US Safe Harbour Decision is invalid*, 6 October, 2015

Delipalla, Sophia; O'Donnell, Owen, *Estimating Tax Incidence, Market Power and Market Conduct: The European Cigarette Industry*, International Journal of Industrial Organization, 1999

European Commission, *A European Strategy for Data*, COM(2020) 66 final, 2020

European Commission, *A Digital Single Market Strategy for Europe*, COM(2015) 192 final, 2015

European Commission, *Commission staff working document impact assessment*, 2018

European Commission, *Explanatory notes on the EU VAT changes to the place of supply of telecommunications, broadcasting and electronic services that enter into force in 2015*, 3 April 2014

European Commission, *Proposal for a Regulation of the European Parliament and of the council on European data governance(Data Governance Act)*, 25.11.2020.

European Commission, *Shaping Europe's Digital Future*, COM(2020) 67 final, 2020

EU Working Party, *Guidelines on the right to data portability*, 16/EN WP 242 rev.01, 13 December 2016

EU, *Directive 2019/790 on copyright and related rights in the Digital Single Market*, 2019

EU, *Regulation 2016/677 of the European Parliament and of the Council of 27 April 2016*

KPMG, *Taxation of the digitalized economy*, December 22, 2020

Karl Widerquist, Allan Sheahen, *The Basic Income Guarantee in the United States: PastExperience, Current Proposals*, Georgetown University, 2012

Ruth Boardman, Arian Mole, *Guide to the General Data Protection Regulation*, Bird & Bird, May 2020

UK Midata Strategy Board, *Potential consumer demand for midata Findings of qualitative and quantitative research*, 2012

US Trade Representative, *Section 301 Investigatin Report on France's Digital Services Tax*, December 2, 2019

OECD, *Government at a Glance 2019*, OECD, 2019. 11

OECD, *Statement by OECD/G20 Inclusive Framework on BEPS on the Two-Pillar Approach to Address the Tax Challenges Arising from the Digitalisation of the Economy*, 29-30 January, 2020

OECD, *Tax Challenges Arising from Digitalisation-Interim Report 2018, Inclusive Framework on BEPS*, OECD/G20 Base Erosion and Profit Shifting Project, March, 2018

OECD, *Public Consultation Document–Addressing The Tax Challenges of the Digitalisation of the Economy*, 13 February~6 March 2019

OECD, Public consultation document Secretariat Proposal for a "Unified Approach" under Pillar One, 9 October 2019~12 November 2019

OECD, *Statement by OECD/G20 Inclusive Framework on BEPS on the Two-Pillar Approach to Address the Tax Challenges Arising from the Digitalisation of the Economy*, 29-30 January, 2020

British Horseracing Board v. *William Hill Organization Ltd*, 9 November 2004 Case C-203/02

Feist Publications v. *Rural Telephone Service*, 499 U.S. 340 (1991)

Google Spain SL and Google Inc. v *AEPD and Mario Costeja González*, 13 May 2014

Pollstar v. *Gigmania, Ltd.*, 170 F.Supp.2d 974(E.D.Cal.,2000)